教育部人文社会科学研究课题 项目编号：16YJA770003

城建溯踪
——青岛近代城市遗产发展探究

陈雳 著

东南大学出版社
南京

序 一

  人类在关注古代遗产的同时，也应该关注那些历史并不久远的 20 世纪遗产，保护它们肩负着与对待古代遗产同样重要的义务。当前一些国家和地区，尤其是一些发展中国家，普遍存在着对 20 世纪遗产的漠不关心，或是附加种种之偏见，由于缺乏应有的保护使它们出现了局部直至整体的破坏，很多个体仍然处于危险之中，更有一些建筑遗憾地永远消失了。现在我们亟待解决的问题是，如何正确地理解、定义、阐释与管理 20 世纪建筑遗产。

  正如对待古老的遗产我们都制定了明确的价值鉴定与评估标准一样，20 世纪遗产同样不应缺少此种标准，这是保证它们能够展现自身价值的必然配置要求。我们的 20 世纪遗产是它们所处的特殊时间、地点与功能的真实物理记录，它们既存在于物质层面，如区位、形式设计、建造系统、技术设备、材料、美学质量抑或其功能等，也可能存在于非物质的价值层面，如历史、社会、科学、精神的关联或创造的天赋。

  为做出适宜的保护决策，保留其真实性与完整性，作为保护者的我们必须了解它们的文化价值如何体现，它们不同的特征属性及细部构件如何影响其价值地位。建筑价值是一个动态变量，由于时间不同所，表现的重要性也会有所差异，某些情况下后来的干预也可能成为价值的一部分，当然最初设计者及施工者是价值考虑的重要依据。

  然而价值认识并非遗产工作的全部，遗产实体的物质层面保护更具有现实意义，记录是保护工作重要的步骤，横跨保护干预的前后整个过程，协助遗产的展示和阐述；材料和修复技术是遗产修复不可或缺的内容，需要对原始材料进行调研分析，并进行模拟实验，将有遗产损失的风险降到最低限度，以达到最小干预之原则。

  除此之外，遗产管理的干预是维护文化价值、真实性与完整性的重要环节。

  亚太地区很多城市都有近代殖民的历史，这些城市遗产就构成了 20 世纪遗产的重要组成部分，很多已经成为世界文化遗产，国际古迹遗址理事会 20 世纪遗产国际科学委员会（简称 ISC20C）致力于这些重要遗产的研究与保护工作。陈雳先生从事东亚重要城市青岛的城市遗产研究多年，并为此付出了大量的精力和热情，希望他的辛勤工作能够为中国 20 世纪建筑遗产价值的深层次认识及保护工作带来新的希望。

谢里登·博克
堪培拉大学兼职教授
国际古迹遗址理事会（ICOMOS）咨询委员会主席
20 世纪遗产国际科学委员会（ISC20C）前主席，现任秘书长
澳大利亚 DOCOMOMO 工作组副主席

序 二

近代复杂的历史进程决定了青岛特殊的城市形态，经过了德国殖民占领、两次日本占领、北洋政府和国民政府的统治，青岛的城市发展表现出了多元融合的文化特征。近代青岛受到西方的直接影响，外来文化输入改变了原有的单一文化形式，而现代城市发展又促进了文化形态的进一步演化；在城市管理方面，西方先进的城市管理制度直接介入城市建设，如土地制度、行政制度、法律制度、教育制度等，使得青岛城市进入了高效的发展阶段。

德国人制定了最早的青岛城市规划，当时的村镇非常原始且并未形成规模。在城市开发的强力推动下，仅仅 10 年左右，青岛就以崭新的面貌亮相。这是一个带有鲜明西方特点的城市结构，此后该结构不断地扩展、延续，直至影响到了今天的城市形态。青岛的城市起源及发展进程值得我们思考，青岛也有太多珍贵的遗产需要得到保护。

陈雳博士从做学位论文时起就以青岛城市建筑为课题展开研究，并且以此为基础，十几年来持之以恒、积累钻研，不断延伸扩展研究内容，本书即是对近些年来研究成果的集中总结。

本书特别提到了青岛开埠以来华人社区的产生和发展。在德国人的初始规划中，华人社区是一个重要的部分，该区域的城市结构与欧人区有显著的区别，但又能与之和谐共处，共同组成完整的城市。华人社区的存在，不仅表现在城市结构上，更表现在社会结构上，华人参与了越来越多的城市事务，成为城市建设的中坚力量。青岛的欧人区的规模始终没有改变，而华人社区则由点到面，渐渐展开，直至第二次日本占领时期，生发成愈发明显的带形城市结构。华人社区同样带来了全新的街道肌理和建筑形式，形成了被人们称为"里院"的民居建筑类型。

在建筑遗产方面，青岛近代建筑表现出了丰富多样的建筑风格，它们带有强烈的欧洲新建筑特征。书中对德国占领时期青岛的特殊建筑风格——新罗马风和青年风格派进行了深入的研究，通过收集、整理翔实的资料，厘清青岛建筑风格发展的脉络。书中也对青岛工业建筑进行了探讨，梳理了德国时期出现的工业类型和现存的遗产状况，揭示了青岛早期工业化的发展面貌。本书对当代青岛城市建筑发展的总结，对青岛城市遗产重要价值的揭示，是对以往研究的进一步提升。

经过近几十年的建设，青岛在保护和传承城市文脉方面取得了巨大的进展，其城市风貌得以延续，并因此成为更具特色的现代化大都市。然而，只要城市持续发展，就必然存在保护与开发的矛盾，城市遗产保护之路依然任重道远。

探讨一座近代历史城市的起源和发展，对于所有近代发展城市的遗产保护而言必然具有启示意义。

杨昌鸣 教授
2020 年 8 月于北京工业大学

前　言

笔者于青岛出生，一直到大学毕业都没有真正离开过这座城市，对青岛这座城市既熟悉又陌生。真正详细了解、深入思考青岛这座城市，还是在读研究生的时候。笔者的硕士导师是姜传宗先生，他在青岛度过了少年时光，对青岛很有感情，得知笔者准备将青岛建筑作为硕士论文的题目，非常高兴，滔滔不绝地向笔者讲起了青岛往事。他希望论文能将历史建筑和建筑设计结合在一起，并提出一些基于历史文脉的建筑创作观点。

1997年冬天寒假回家，笔者开始了紧张而又充实的调研工作，此时才真正开始重新认识青岛的城市。很快笔者就发觉，尽管在这里生活了20多年，但是对于它的历史、建筑、城市风貌、文化等方方面面知之甚少。

每一次现场勘查都从事先计划好的路线开始，最后都不知不觉走到其他的地方。青岛的老街区，尤其是以前欧洲人居住区的街道是自由布局的，顺着地势，崎岖蜿蜒，变化丰富，不断呈现精彩的风景，令笔者不知不觉中就忘记了原先的计划，从岔路走到另外的岔路，越走越远……直到今天，每到老城区，笔者都兴奋异常，乐此不疲。

硕士论文借鉴了类型学的方法，现场勘查，收集资料，进行建筑的类型分析，最终提出了现代设计手法结合历史元素的思路，以教学严谨著称的姜老师对最后的成果还算满意。

2004年开始在杨昌鸣老师门下攻读博士学位。杨老师知道笔者以前做过青岛的研究，在开题时就鼓励笔者继续深化这一课题。杨老师讲话言简意赅，经常用短短几句话就能切中肯綮，解决问题，在研究的方法、论文的结构、资料的选择、关键创新点等方面，都给予了关键的指导。以博士论文的层面来研究青岛的城市和建筑，比之前的研究有更高的要求，不仅要查阅更多的权威资料，也必须要有更强的理论性和应有的研究深度。博士阶段是自由的，辗转于青岛、天津、北京、上海这些城市，除了实地考察，还必须长时间泡在档案馆、图书馆、博物馆这些地方。青岛档案馆关于近代青岛的资料尤其丰富，重新查阅档案资料时更体会到档案资源数量的庞大和自己的渺小，经常辛苦一天却并不见得有所期望的收获。随着查阅范围的不断扩大，接触到的信息也越来越多，论文的架构也就丰满起来。因为已经有了前期的大量工作，博士论文很顺利地完成了。

在德国的研究对笔者课题的拓展起到了重要的作用。2005

年笔者申请获得了德意志学术交流中心（DAAD）的资助，次年来到亚琛工业大学（RWTH）古迹保护研究所做短期的访问研究，导师是著名的古迹保护专家哈特维格·施密特（Hartwig Schmidt）教授。除了施密特教授之外，为笔者提供巨大帮助的还有波恩大学马维利（Wilhlem Matzat）教授，他是一位慈祥的老人，1930年代出生于青岛，父母都是德国的传教士。他除了是一位地理学教授，还是一名青岛问题的文史专家。从笔者计划去德国做访问研究，到去德国之后拜访他，直至他2016年去世，笔者和他一直保持着联系。在课题研究方面，他给予笔者大量无私的帮助。在德国笔者还见到了托尔斯滕·华纳博士（Dr. Torsten Warner），他的很多见解拓展了笔者的思路。

青岛的城市结构确实比较特殊，在德国期间笔者没有发现与青岛城市结构相似的德国城市，但是1900年前后的建筑遗产在德国比比皆是，威廉二世时期的风格、青年风格派的建筑遗产特别多，可以将它们与青岛的建筑遗产相比较。

在德国搜寻青岛的资料要比在国内复杂，弗莱堡军事档案馆是德国馆藏青岛城建资料最多的地方，此外柏林还有两处档案馆，笔者也都去过。在德国见到的青岛的资料本身就是珍贵的文物，因其数目庞大，解读也很有难度，所以短时间内笔者只能找寻自己关心的部分资料，其他内容浅尝辄止，了解其大概而已。笔者一直在想，后续的研究必须还要到德国进行。

一年之后，博士阶段结束，笔者先后到上海和北京工作，后来修改、出版了博士论文，陆续发表了一些成果，参与了多个与青岛有关的课题和项目。无论怎样，直到现在仍然在关注青岛的城市建设和研究动态，青岛的城市建筑始终是笔者感兴趣的课题内容。多年来对于青岛的思考更加广泛和深入，青岛近代的建筑类型、历史街区、城市结构、历史进程、运行机制、文化内涵等等很多内容构成了城市遗产的复杂体系。接触得越多，就会认识到未知领域越多。对近代建筑的研究不仅仅是回望历史，更在于启示当今。

本书是笔者多年来对于青岛城市遗产思考的集中整理，主要聚焦于德国租借时期的城市遗产。本书的每一章节都是一个独立的题目。其中，有的观点已经在近年来的会议论文集和学术期刊上发表过，在此进行了修正和完善；有的观点来自近年来参加的课题研究对一些重要问题的归纳和总结。不可否认，青岛城市发展迅速，城市面貌日新月异，很多既有的观点或思路可能已经不太适应当前的发展，无论怎样，曾经的思考对于城市发展仍然有其特别的意义。此外，"附录：青岛课题的探究"是笔者多年来研究过程的概述，将经历过的人和事回忆成文，既是一种对往事的追述，也是一种对笔者认识青岛的线索的呈现，或许能给后来的研究者带来某些启示。杨昌鸣老师讲过，如果在某个研究领域有一些具有思考深度的观点，就可以尝试着讨论它们之间的联系，整体地深化完善，现在的这本书就是按照这一思路的实践。

从开始青岛的课题到今天，二十多年过去了，这段不短的岁月，既关乎个人的成长，也呈现了一段很平凡的生活。期间许多慈祥的长者离我们而去，曾经朝气蓬勃的年轻老师渐渐鬓角斑白，而更多充满活力的少年才俊成长起来，逐渐走向了前台。从更长的历史跨度来看，时光飞逝，个人所做的事情那么微乎其微，只要能够尽心竭力，就问心无愧了。本书的出版是近些年来对青岛城市遗产的研究、思考的总结，也是一个心意表达，以此回忆过往的岁月，感恩关心帮助过笔者的师长、朋友。

陈 雳

完稿于阿德莱德莫森湖畔

目 录

绪论 / 008

青岛的城市 / 011

    01 青岛城市的初始形成 / 013

    02 近代青岛城市兴起中的三个德国人 / 047

    03 近代单威廉的土地政策 / 057

    04 近代青岛华人街区的产生和形态 / 067

    05 青岛城市南北势差的格局及演变 / 089

    06 历史环境的回归与城市功能的整合 / 101

青岛的建筑 / 117

    07 青岛近代建筑的风格脉络 / 119

    08 罗克格和青岛的新罗马风建筑 / 167

    09 德租时期青岛建筑形态的演变 / 183

    10 德租时期青岛工业建筑遗产 / 203

    11 德租时期青岛建筑类型学分析 / 219

    12 青岛当代城市建筑发展 / 245

    13 青岛近代城市建筑遗产的价值 / 259

参考文献 / 266

图片索引 / 268

附录：青岛课题的探究 / 275

    14 初识青岛 / 276

    15 青岛认识的新视野 / 280

    16 后续的探究 / 287

后记 / 290

绪　论

青岛是一个非常独特的近代新兴城市，它的特殊历史进程造就了与众不同的建筑文化和城市形态，并且一直影响了今天城市的发展。1891年登州总兵章高元驻兵青岛，被认为是青岛建置的开始。1897年德国基于向远东扩张的世界政策，借口"巨野教案"，占领青岛，强迫清政府签订了《胶澳租借条约》，青岛从一个默默无闻的滨海村镇瞬间成为世界瞩目的焦点，近代青岛大规模的规划建设也就由此开始。

青岛近代建筑的形成有其客观的自然条件，也有其他人为的因素。自然条件是青岛近代建筑形式生成的客观原因，胶州湾的特殊位置和地理、气候特点是德国人选择青岛作为远东殖民地的重要先决条件；文化因素是青岛近代建筑形式生成的根本原因，德国人以优秀民族自居，但是将文化输出作为使命来完成，在青岛，德国建筑文化的移植对建筑的产生起了重要的作用，而德租时期之后的多元建筑文化的融合成就了今天丰富多样的近代建筑遗产；德国人在青岛殖民统治期间颁布的各种法律和规章制度是青岛近代城市建筑形成的一个重要条件，城市规划体系的确立奠定了青岛的风貌体系；当时欧洲的建筑思潮是影响青岛近代建筑风格的另一个重要因素，德租时期青岛的建筑风格影响了青岛城市后续发展的建筑风格。

青岛近代城市经历了德租时期（1898—1914）、第一次日占时期（1914—1922）、民国时期（1922—1937）三个重要阶段，这是青岛城市从产生到发展的重要时期；在其后的抗日战争阶段（1937—1945）和1949年前的短暂阶段（1945—1949），由于战争的影响，青岛城市并没有太大的发展。青岛的建筑文化则经历了从单一被动输入外来文化到完全主动吸纳不同的先进建筑文化的过程。其中德国人统治青岛的阶段对青岛的城市发展起到了至关重要的作用，在这短短的十六年间青岛社会发生了巨大的现代化转变。然而此时中国社会原有封建制度仍未消失，社会整体呈现出一种多元势差的结构形式，青岛建筑形态就是在这种社会结构基础上演变发展的。

西方建筑文化进入青岛伊始就呈现出一种强势楔入的姿态。当时中国国力衰落，欧洲列强依仗船坚炮利和强大的国际资本进入中国时，没有遭遇正面抗争力量，其建筑文化也附着在一起，同样展示了强势的一面。德国人在青岛建设了一个很纯粹的欧洲城市，所建建筑为德国盛行的新罗马风和青年风格派的风格，在青岛老城区中国建筑文化的痕迹非常之少。

在德国殖民后期直到1930年代，中国民族经济不断发展，德国对青岛及山东地区势力范围的经济掌控逐渐减弱。中国传统文化渐渐融入西化的城市建筑之中，多元化的近代建筑文化形态逐步形成。

在近代青岛的建筑风格之中，新罗马风建筑风格非常有特色，因为受到德皇威廉二世的推崇，一度在德国盛行，又作为帝国文化的标志在青岛群体亮相，成为德国统治青岛时期中心城区的主要建筑风格。库尔特·罗克格（Curt Rothkegel，1876—1945）是近代德国在华建筑师的杰出代表，他在中国进行了多种建筑风格的实践，在青岛留下了如基督教堂那样的一批优秀作品。

外廊特点的建筑是青岛的德国建筑中数量较少的一类。像许多中国近代城市一样，德租时期青岛最早出现的建筑有很多为外廊式样。但因出现的年代较晚，加之气候等原因，这种形式存在的时间很短，因为使用功能方面的原因，它们后来都经过了封闭改造处理。

青岛早期的建筑遗产中还有不少工业建筑。德国是近代工业强国，在侵占青岛地区时进行了全面的规划建设，在开发建设的同时也带来了先进的工业技术，拉开了青岛地区早期工业化的帷幕，胶济铁路和港口建设是带动该地区工业化的强大动力，在此基础上各类新兴工业应声而起，与此同时，在这些企业周边成片地出现了产业工人的住区。承载这些早期工业化现象的重要载体是大量的工业建筑遗产，它们在建筑技术、使用功能、风格式样、使用主体等方面都有其自身的特点，为城市现代化赋予了更加实质的内容，也为后人的深入研究提供了众多的实例。

除了具体的建筑，青岛城市的产生和发展具有更加丰富的内涵。德国占领青岛之后青岛的现代化雏形是短期内实现的，在城市建筑兴起过程中有三个重要体现：西方文化的传播和东西文化的交融、基本城市制度的确立、城市建筑的设计及实施。有三个很有代表性的德国人发挥了重要的作用，他们是传教士卫礼贤（Richard Wilhelm，1873—1930）、土地官员单威廉（Wilhelm Schrameier，1859—1926）和建筑师罗克格。其中单威廉一生充满传奇，他在华工作二十余年，与中国结下了不解之缘。作为殖民政府土地官员的单威廉，主持制定了青岛的土地政策，这是单威廉多年来对中国近代城市土地问题研究的宝贵成果，它不仅对青岛城市建设起到了关键的作用，而且对孙中山土地思想的形成、欧洲土地政策的发展都产生过重要的影响。

华人街区是德租时期青岛的一种特殊的居住形态，也被称为里院街区，因为它是由若干的合院式住宅组合在一起的。这也是一种非常特殊的居住模式，是近代德国城市新区居住模式的翻版再现。它们主要集中在青岛的三个区域，其居住标准良莠不齐，城市功能也不尽相同，其中以中山路北段为主轴的大鲍岛商业区最为典型。大鲍岛区域在近代青岛港口商业的驱动下迅速发展起来，殖民当局的规划和华人商业的兴起对它产生过重要的影响。

青岛城市结构在很长一段时间呈现出南北的差距，这是城市的一大特点，德国人开发和建设之初就是这样。在德国人撤离之后的几个历史阶段，青岛市域不断填充和扩展，遂成型于南工北宿的带状格局，而且南北的发展差距不断加大。从1935年起就有市中心迁移的构想，到1992年行政中心东迁，均未能改变"南北"这一格局，直到今天青岛城市还留有很多这样的痕迹。针对历史遗留下来的问题，青岛未来城市的发展应更加强调综合平衡，构建和谐的城市关系。

青岛作为一个近代历史城市，同样面临着老城保护更新和新区发展的各种问题。近代历史城区保护的关键不仅在于历史环境诸多要素的完整回归，更在于城市功能结构的合理组织。唯有如此才能既保持完整的历史城市形态，又能使之良性运转，成为有机的整体。回归原有的城市建筑、街区、景观、文化等历史环境要素，整合离散的城市结构功能是实现城市有机保护的重要策略，同时还应当建立科学有效的城市保护管理机制以保证城市协调有序地发展。

青岛城市经历了德国租借的初创时期，又经历了1930年代前后的全面发展阶段以及1990年代的城市结构扩张阶段，获得了跨越式的发展，当今的城市规划格局更大，在中国北方沿海城市中，青岛的城市地位愈发凸显。

青岛的特色风貌来自独特的城市历史，并且通过城市规划、开发建设和建筑设计一幕幕地展现给世人。新时代青岛城市建设，既有对历史形成的城市特色的传承与呼应，也有通过富有时代感的创新来对城市精神进一步的丰富和塑造；既有对历史形成的城市特色的传承，也有新时代的创新，同时还展示了美好的前景。

青岛的城市

01 青岛城市的初始形成

"青岛"之名从明代开始就作为陆地上村镇的称谓，并一直沿用到清代。青岛优越的地理位置和胶州湾有利的自然条件非常适合建设港口，清政府也认识到青岛海防的重要性，于1891年在青岛设防，这成为青岛历史的开始。德国人费迪南·冯·李希霍芬（Ferdinand von Richthofen，1833—1905）最早提出了建设港口铁路的设想，德国在进行了数次考察后，确立了将青岛作为殖民地的计划。1897年德国以"巨野教案"为借口占领青岛，后与清政府签订《胶澳租借条约》，进行了全新的规划建设。德国人制定的规划分区而治，港口和铁路作为城市发展的基础，并且规划方案与自然环境相协调，建设了比较完善的基础设施。德国人的青岛规划受到了德国本土规划理念的影响，体现了威廉二世的"世界政策"的主张，也体现了德意志民族的"浪漫主义的普世主义"。

文献中的"青岛"最早出现在明代，那时的青岛为即墨县海滨的村落。明万历年间，即墨县令许铤在《地方事宜议》中就曾指出："本县东南滨海，即中国东界，望之了无津涯，惟岛屿罗峙其间。岛之可人居者，曰青（即青岛）、曰相（即大福岛）、曰管……"当时青岛、大福岛、大小管岛、田横岛等均属即墨县辖。这里的"岛之可人居"是指陆地上的村庄，开为海口后，亦称青岛口。清光绪十二年（1886），刘含芳在《查勘胶州湾条陈》中称："（胶州澳）口东青岛，高四十七八丈，有市有关，地属即墨，山脉来崂山；口西陈家岛，高三十六七丈。……青岛、陈家岛为外口门户，相去八里。……以全澳论之，地虽宽广，而能泊大舰有屏蔽之处，仅此青岛。"由此可见"青岛"的商业繁华及港口效应。当时"青岛"指的是现在的青岛市区的一部分，并非前海的小青岛。"青岛"之名从明代开始就作为陆地上村镇的称谓，并一直沿用到清代。

1.1 初始青岛

1.1.1 青岛的自然概况

（1）青岛的气候

青岛地处北温带季风区域，属温带季风气候，又因其三面连海，海洋环境的调节作用使它具有海洋性气候的特点：空气湿润，雨量充沛，温度适中，四季分明。《胶澳志·方舆志·气候》载：处于山东半岛的青岛市"为海洋气候，吸热缓而退冷亦缓，冬有暖流之灌溉，夏有凉风之鼓荡，故寒暖均不甚烈"，"青岛市街三面环海气候极佳，日暖风和实为良港，但由中区至内地则为大陆气候，故寒暖之差极大"[1]。

（2）青岛的地理

青岛位于山东半岛西南端，位于东经119°30′—121°00′，北纬35°35′—37°39′之间，南向黄海，西临胶州湾。青岛为海滨丘陵地貌，地势东高西低，南北两侧凸起，中间低陷。全市大体有三大山系，东南是崂山山脉，北部是大泽山，南部是大小珠山、铁橛山等。全市海岸分为岬湾相间的山基岩岸，山地港湾泥质粉砂岸及基岩砾质海岸等三种基本类型（图1-1.1-1）。

（3）胶州湾

胶州湾可以说是"背山面海，气候温和。海临其南，虽夏日之炎炎，不敌海风之拂拂……北枕群山，借层峦为屏障，不畏朔风之凛冽"[2]。胶州湾降水正常，少风袭之害，亦无封冻之忧，是一个夏无酷暑、冬无严寒、雨不虞涝、风不忧灾的建港良址。

胶州湾之深度虽不均匀，像胶州湾之北部，自阴岛至红石崖以西，在千潮时尽为干出部分，最广之处，距岸约有10公里，他处亦有类似情况；但是，沧口以外自大港至女姑口之间有一海沟，深度较大。自海岸渐至湾之中部，海底坡度大，海深亦迅速增加。游内山和黄岛之间，是胶州湾最深之处，距岸数百米，深度即达40~65米。其间自大湾出湾，航道的深度在10~40米之间，足以保证大型的船舶航行、锚泊和停靠。

胶州湾以东和东京、旧金山，以西和直布罗陀、马耳他岛几乎处在同一纬度线。地处黄海的咽喉要道，诚如《胶澳志》所载，1880年代，清朝官员就指出：该地"上顾旅顺，下趋江浙"，或曰"上可蔽登莱，下可控江浙，盖形胜必争之地"。青岛距离东亚的大港长崎、仁川、天津、上海等港不远，并居于它们的中心，由此到国内外，海上交通堪称方便。

西方列强对胶州湾觊觎已久，在德国人勘察胶州湾之前，1863年英国海军部就派军舰进行胶州湾的测绘，并于1865年出版，这是迄今为止发现的最早的胶州湾的现代测绘图纸（图1-1.1-2）。

1.1.2 开埠之前青岛地区的历史

青岛古为东夷地，《礼记》中说："东方曰夷"。商周时期，青岛地区分属莱、莒、介诸国，春秋战国时期，青岛大部分划入齐国的版图，小部分归属鲁国。秦朝统一中国后，实行郡县制，初设36郡，郡下设县。当时，青岛地域有胶东郡和琅琊郡。其中，琅琊成为秦东部沿海地区政治、经济、文化中心和重要的港口城邑。东汉初年，光武帝刘秀封伏湛为不其侯，六传到伏完。据考证，不其位于今城阳区城阳镇。南北朝时期，发生宋魏不其之战，城地损毁严重，为北魏所攻占。北齐天保七年（556），即墨和不其同时废县，并入长广县（今平度市），统辖范围包括平度、莱西、即墨的大部分地区和城阳、崂山及市内各区。

隋朝初年恢复即墨和不其原来的建置。到隋文帝开皇十六年（596），不其县并入即墨县，青岛地区基本上纳入它的版图，增设胶西县（位于今山东高密），唐高祖武德六年（623），裁废胶西县，并入高密县，下设板桥镇，板桥镇港便成为唐宋时期盛极一时的外贸港口。

宋元祐三年（1088），复置胶西县，县治板桥镇，为促进对外贸易，专门成立密州板桥镇市舶司。明洪武二年（1369），又废胶西县，改设胶州，隶属山东布政使司莱州府管辖。从此时至清初，即墨县隶属胶州管辖，而即墨县又涵盖今青岛市区（当时称为仁化乡文峰社）的大部分地区，所以，青岛便间接纳入了胶州的行政管辖范围，青岛与胶州结下了"不解之缘"，许多与青岛有关的事物都带上了"胶"字，如"胶州湾""胶澳""胶济铁路"等等。

明朝，倭寇来犯，垂涎于青岛的险要和富庶，便以黄岛为巢穴，频频袭扰胶州湾沿岸。据统计，明洪武二年（1369）至明永乐十四年（1416）四十余年间，倭寇对山东沿海进行了十五次大规模的侵扰行动，胶州湾周围的胶州、即墨等地均遭劫掠。明朝政府不得不在胶州湾沿岸设置卫、所多处，派兵驻守。这些卫、所主要有灵山卫（管辖浮山所、胶州所）、鳌山卫（管辖夏河所、雄崖所）等，驻军万余人。

清朝初年，青岛农渔业经济有了初步的发展。中国沿海地区的炮火硝烟在短时间内并没有弥漫到青岛这片不为世人瞩目的土地，青岛依然平静，俨然一座世外桃源。咸丰九年（1859），清政府在今青岛地区的塔埠头和金家口设立厘金局，在青岛口和女姑口设立分局，兼管胶州湾一带的港口贸易及征税事务。咸丰十一年（1861），清政府在烟台设立东海关。同治四年（1865），清政府将塔埠头、金家口、青岛口、女姑口的厘金局分别改为东海关分关和分卡。女姑口位于胶州湾东北女姑山下、白沙河口，今归属青岛城阳区。青岛口即今天的栈桥海面，亦即"青岛村"。此名来源于海中的小青岛。当时胶州湾有三座岛屿很有特色：一为小青岛，一为黄岛，一为阴岛。青岛村分成上下两村。上青岛村在今迎宾馆和龙口路一带，村民多从事农业、渔业和畜牧业；下青岛村在离海较近的今太平路天后宫附近，居民多为渔民、艄公和商人。青岛村的人口约计三四百户，船舶上百只，

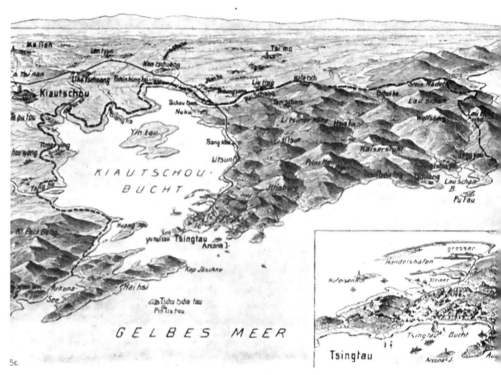

图 1-1.1-1 青岛地区的地形

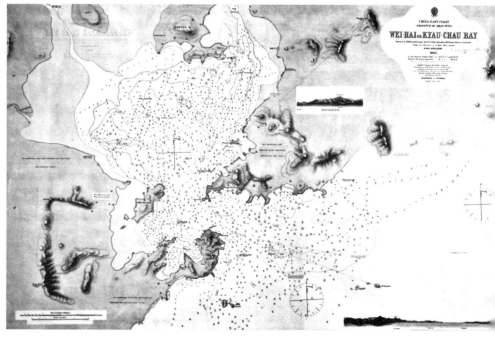

图 1-1.1-2 1863年英国人测绘的胶州湾地图

村民靠自己辛勤的双手,丰衣足食,过着殷实平静的生活。

同治十二年(1873)《即墨志》记载,除了青岛村、会前村外,当时青岛还有小泥洼、鲍岛、仲家洼、扫帚滩、海泊、四方、杨家村、亢家庄、斩山、辛家庄、墨岛等村落,这些村落的整体无疑是青岛市的雏形。

1.1.3 青岛的建置

中法战争中,法国"屡次声言将由胶州进图北犯"。1884年,为提防法国舰队侵犯胶州湾,对北京构成威胁,清朝下令山东巡抚陈士杰调派两百余名官兵进驻青岛口设防,战后旋即撤走。此次青岛设防,虽然时间十分短暂,但表明清朝已经初步认识到青岛重要的战略地位。

1891年3月26日,北洋海军成立三周年,李鸿章在山东巡抚张耀陪同下,到旅顺军港校阅北洋海军。校阅完毕,6月6日,由旅顺经威海,抵胶州湾"查看港湾"。李鸿章见到胶州湾的地势险要,认为此"口门系属湾形,从东至北环山蔽海,形胜天成,实为旅顺、威海以南一大要隘"。6月11日,他便上奏朝廷,力主在胶州湾派兵驻防。6月14日,光绪帝批准了李鸿章的奏折,这标志着青岛正式建置的开始(图1-1.3-1)。

1892年春,李鸿章商请新任山东巡抚福润,派驻军将领、登州镇(今蓬莱)总兵章高元主持青岛防务。同年秋,章高元便亲率清军一镇(计有骧武营、广武营、嵩武营、炮兵营),共约两千名官兵开进青岛设防(图1-1.3-2、图1-1.3-3)。

来到青岛,章高元即修建胶澳镇守衙门。该衙门位于青岛口海滨,规模庞大,是章高元及其部下办公和居住的地方。门前旗杆耸立,刁斗入云,显得十分雄伟高大。衙门对面为青岛河,长达15米的照壁墙立于河岸与大门之间,上面绘有一幅恶龙捉太阳的大型壁画,这是贪欲的象征,用以告诫那些每天进出衙门的官吏,时刻牢记要"勤政为民"。

章高元的进驻,对青岛政局的稳定和经济的发展,起到一定的作用。1893年,为解决章高元驻军的通讯问题,清政府在杨家村(今登州路一带)设立有线电报房。据《海防档·电线篇》记载,这条电报线"由胶州造至青岛海口止,埋线141里,动用工料转运后赞银8848两"。尽管这座有线电报房只有一人负责,使用的是一台老掉牙的手摇"莫尔斯"电报机,但它可与济南、烟台、胶州通报。青岛再也不是一个与世隔绝、默默无闻的渔村了。

以衙门和天后宫为中心的前海沿儿,变得日益繁荣。衙门前的主要街道叫"衙门街";通向东北方向的是"东关街",此处多为车马店和酒店;通向西北方向的是"大街",又称"新街",大体在今天的龙江路一带,分布着不少杂货店、绸布店。农历逢五、十为赶集之日,四里八乡的百姓,纷纷云集前海沿儿,摆摊设点,买卖兴旺。尤其是清明节前,春汛即将开始,渔民们虔诚地来到天后宫,举行盛大的"祭海"活动,祈求天后娘娘保佑,更使前海沿处在一片热闹的气氛中(图1-1.3-4、图1-1.3-5)。

1.2 德国人的觊觎与占领

1.2.1 李希霍芬对胶州湾区域价值的认识

李希霍芬(图1-2.1-1)是德国著名的经济地质学家、德国殖民局长,号称"中国通"。1860年曾受普鲁士政府的派遣,首次来华调查土地资源,但未深入中国大陆内地。早在1869—1872年时,德国政府曾派李希霍芬(或译李希德霍芬)来中国进行"地质"调查,李希霍芬特别注意调查山东地区的资源,"游历山东内地,于矿山物产调查甚详,盛为称誉,以是德人愈益垂涎"[1]。但此时的德国还未将占领问题提上日程。对于德国将在中国获得一个据点的企图,李希霍芬在一开始大力建议舟山,但在占领舟山的计划失败后,最迟在1882年,他已公开谈到一个以胶州为中心的铁道网的计划,并专门写了《山东及其门户:胶州》(Schantung und Seine Eingangspforte Klautschou)及《胶州的地位及其将来的意义》等论著。他首先从地理学家角度,通过区域分析认识到胶州湾的区位价值以及胶州湾与腹地山东、华北的关系,德国选择胶州湾作为在华据点的决定与李希霍芬的著作关系甚大。

在中国期间,李希霍芬对山东各地考察期间,首先发现了

图1-1.3-1 19世纪末青岛前海景观

图1-1.3-2 李鸿章

图1-1.3-3 青岛村原貌

图 1-1.3-4 青岛总兵衙门和天后宫一带全景

图 1-1.3-5 青岛总兵衙门

山东的煤矿资源，包括山东的农产和矿产。他对山东的煤矿特别注意，记载了各煤矿的地点和产销情况，认为山东的煤"品质优良，乌黑而坚硬，火焰明亮，能制成上等焦煤"，是理想的能源。

其次，他从区域发展的角度，认识到胶州湾优越的地理条件，因为"此地的港口符合一个伸展到华北的铁路网的海岸据点的条件"[3]，所以他认为胶州湾具有"未来的重要性"，并"盛称胶州湾之重要，及山东省将来发展之最有望"。总之"欲图远东势力之发达，非占胶州湾不可"（图1-2.1-2）。

第三，也是最重要的，他提出了开发利用胶州湾区位价值的方案——修建胶州湾通往山东内地的铁路线。李希霍芬设想的这条铁路经过济南再通向北京和河南，为出口华北的棉花、铁矿和其他产品创造一个便利条件[4]。

1.2.2 德国选择和占领青岛

李希霍芬对山东以及胶州湾的评价，引起德国政府的极大兴趣，但这毕竟仅是有限的调查和论述的结果。

在其后的几年时间里，德国通过多次实地考察和多方论证，才最终决定了夺取胶州湾。1870年代，德国先后考虑过三沙湾、台湾、海南岛、舟山、厦门、金门、威海卫等地区，但因种种原因没有付诸行动，1894—1895年的中日战争使德国人重新看到了机会。中日战争之后，德国以出面干涉、还辽有功为由，获得了汉口、天津租界，但德国人并不满足，继续积极活动，以实现获取一个据点的企图[5]。对于德国来说，胶州湾地区存在三个缺点：一是胶州湾位于大陆之上，容易与中国发生纠纷；二是胶州湾的价值必须通过修建铁路才能体现，这无疑会增加投资；三是胶州湾位置偏北（德国人一度认为胶州湾在12月—次年3月期间港口冰冻）。1895年9月，胶州湾已被德国外交大臣认为是"关于取得它的交涉最有成功的希望，因为在这方面我们只需与中国单独交涉"[6]。

1896年8月，德国政府命令远东舰队司令阿尔弗雷德·冯·提尔皮茨（Alfred von Tirpita，1849—1930）在中国沿海查勘，包括调查胶州湾和山东半岛的军事形势与经济情况。提尔皮茨认为胶州湾有许多优点适宜做军港。

图1-2.1-1 李希霍芬　　图1-2.2-1 弗朗鸠斯的《胶州》一书

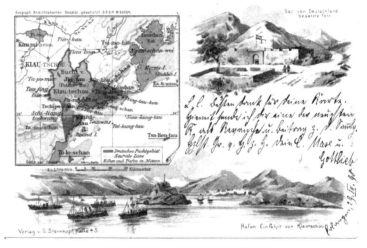

图1-2.1-2 德国人绘制的占领胶州湾的明信片

1897年1月，海军部建筑顾问、海港工程督办、著名海河工程专家乔治·弗朗鸠斯（Georg Franzius）被派往中国，从海军技术及商业之用对几处有关地点进一步考察。经过与其他地点的比较以及对胶州湾地区的初步调查，弗朗鸠斯认为胶州湾最适宜于德国的需要（图1-2.2-1）。弗朗鸠斯首先对港湾和它附近的土地做了最仔细的研究，他发现：1）充满港湾的泥沙是

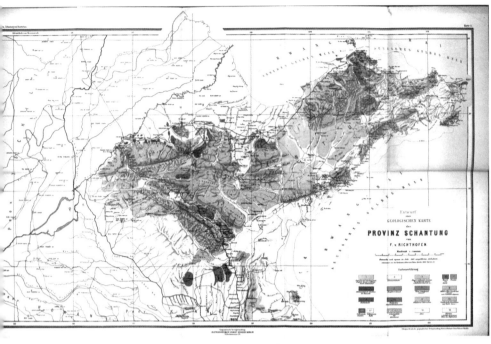

图1-2.2-2 李希霍芬标注的山东地理地图

图1-2.2-3 1897年德国军舰侵占青岛

被溪流从附近的土地上冲来的，这些土地上连树木都没有。可以把这些溪流控制起来，从而使泥沙淤积，很快形成干燥的土地。同时对各个山丘重新进行绿化，也会最终阻止泥沙的流失。2) 海湾的大部分很浅，但港湾的入口处却很深，足以通过最大的远洋船舰。3) 进入港湾后水面2里宽，有一处深水盆地的直径接近4里。从这一盆地开始沿着东部海岸延伸着一条约4里长、1000多米宽的海沟，退潮时约有6米深，这一地带非常适合建港口。

弗朗鸠斯还亲自验证了李希霍芬在30年前的结论，即胶州湾在与济南府的连接上没有不可克服的技术困难，通过铁路的延伸与北京也可连接起来，并得出了胶州湾作为自由港将会迅速发展的结论。1897年6月18日德皇威廉二世批准了夺取胶州湾的计划。

弗朗鸠斯写成了有关胶州湾资料的详细的技术性考察报告，其中对胶州湾的位置、形势、港口、面积、岛屿、气候、风位、潮汐差度、地质、饮水、居民、商业、工业、交通、渔业、农业、道路、航路、房舍、建筑材料、车站地点、海水盐分、动植物分布、水深之增减、海岸高低、泊锚地等近30项内容做了极其详细的调查记录和研究。甚至"小而一块礁石、一片沙土此后如何利用，大而铁路航路船坞如何设备，以与香港上海竞争，逐条计划，以立日后建设之基础"[1]。

在目标决定之后，德国又通过种种外交方式，排除占领胶州湾的外来干涉因素（主要是俄国，因为俄国舰队曾多次在胶州湾过冬），制订了占领胶州湾的计划。而清末中国国内混乱的社会局面，以及国人对外国人的敌对排斥情绪，使德国人自信可以很容易找到一个借口达到他们的目的。1897年11月4日，两名德国施泰勒教会的传教士韩理和能方济在山东曹州府境内的巨野磨盘张庄教堂被杀。德国人终于找到借口，迅速做出反应，两天后，德皇威廉二世下令远东舰队立刻驶往胶州湾。1897年11月13日，德国远东舰队司令奥托文·迪特里希（Ottovon Diederichs）少将率领恺撒号、亨利亲王5号和考默隆号三艘战舰抵达胶州湾（图1-2.2-2、图1-2.2-3）。11月14日舰队以演习的名义通过青岛前海栈桥登陆，占领青岛。12月17日，章高元率清军全部撤离。

1.2.3 中德《胶澳租借条约》的签订

德国人在占领胶州湾后,很快提出了"巨野教案"的赔偿要求,包括:1)山东巡抚撤职;2)中国政府出资修建安治泰主教教堂,并由皇帝勒石保护;3)严惩一切祸首并赔偿全部损失;4)担保不再发生类似事件;5)赔偿德国因此事而产生的一切费用。当时清政府坚持要求德国从胶州湾撤军后才能开始谈判。德国方面则考虑到中国以及在华其他列强可能的反对态度,一开始并没有充分的信心认为自己可以取得这一地区的所有权,甚至做好了把胶州湾地区作为一个可以换取中国其他沿海地点的交换条件的准备。但由于清政府懦弱无能,既害怕得罪众列强,又害怕德国要求巨额赔偿,在与德国的交涉过程中,甚至提出比德国人的要求给得更多的提议,这使得德国人坚定了长期占领胶州湾地区的信心(图1-2.3-1~图1-2.3-3)。

1898年1月5日,清政府接受了德国的领土要求,胶州交涉基本结束。1898年3月6日,德国驻华公使海靖与李鸿章、翁同龢在北京签订《胶澳租借条约》。条约确定了德国人在青岛统治的特权。条约包括三个方面的内容:

(1)胶澳租界

中国允许离胶澳海面潮平周边一百里内,准德国官兵无论何时过调,中国如有饬令设法等事,先应与德国商定。中国允将胶澳之口南北两面租与德国,租期99年,租期未完,租界均归德国管辖,中国无权治理。

兹将所租各段之地开列于后:1)胶澳之口北面所有连旱地之岛,其东北以一线自阴岛东北角起至崂山湾为限。2)胶澳之口南面所有连旱地之岛,其西南以一线自离齐伯山岛西南偏南之湾西南首起往笛罗山岛为限。3)齐伯山、阴岛两处。4)胶澳之内全海面至现在潮平之地。5)胶澳之前防护海面所用群岛,如笛罗山、炸连等屿。至德国租地及胶澳周边一百中国里界址,将来两国派员查照地情,详细定明。

嗣后如德国租期未满之前,自愿将胶澳归还中国,德国所有在胶澳资项,中国应许赔还,另将较此相宜之处,让于德国。德国向中国所租之地,德国应许永远不转租与别国。租地界内华民,如能安分并不犯法,仍可随意居住,德国自应一体保护。倘德国需用地土,应给地主地价。并中国原有税卡设立在德国

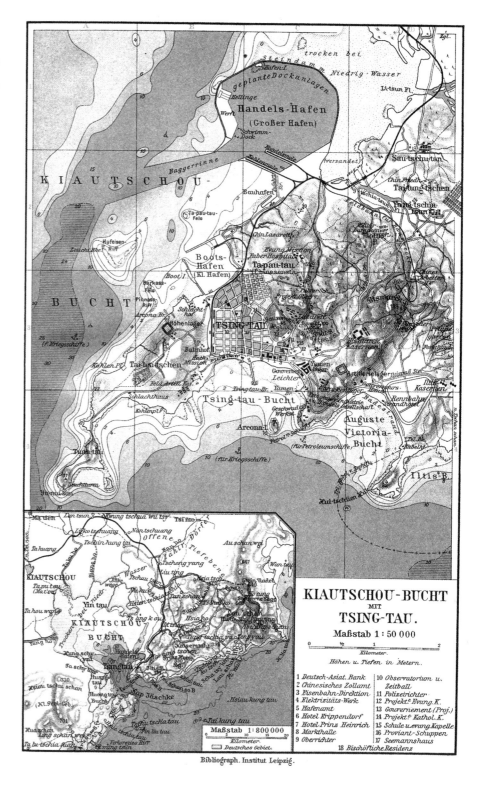

图1-2.3-1 1898年青岛规划

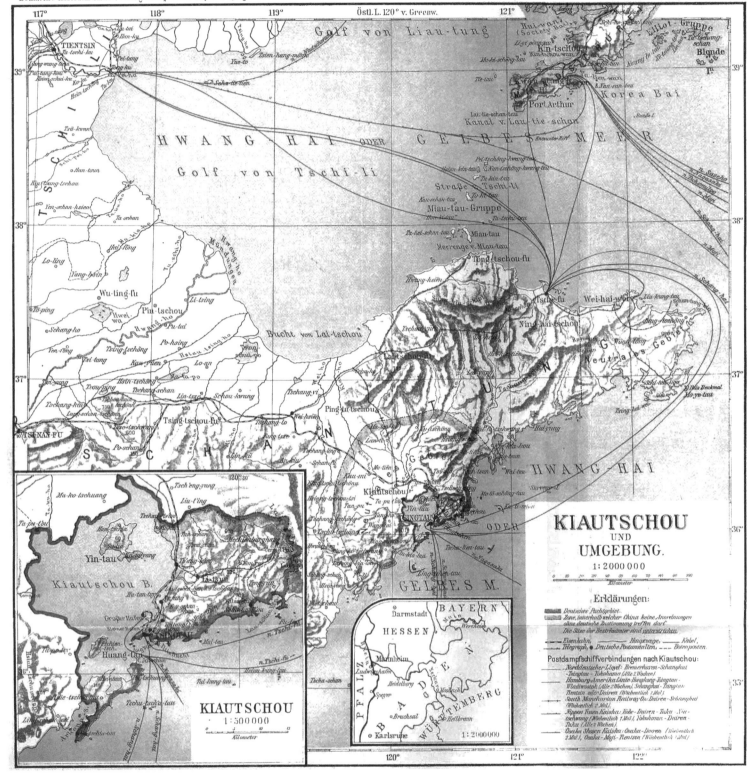

图 1-2.3-2 胶澳租借地周边图

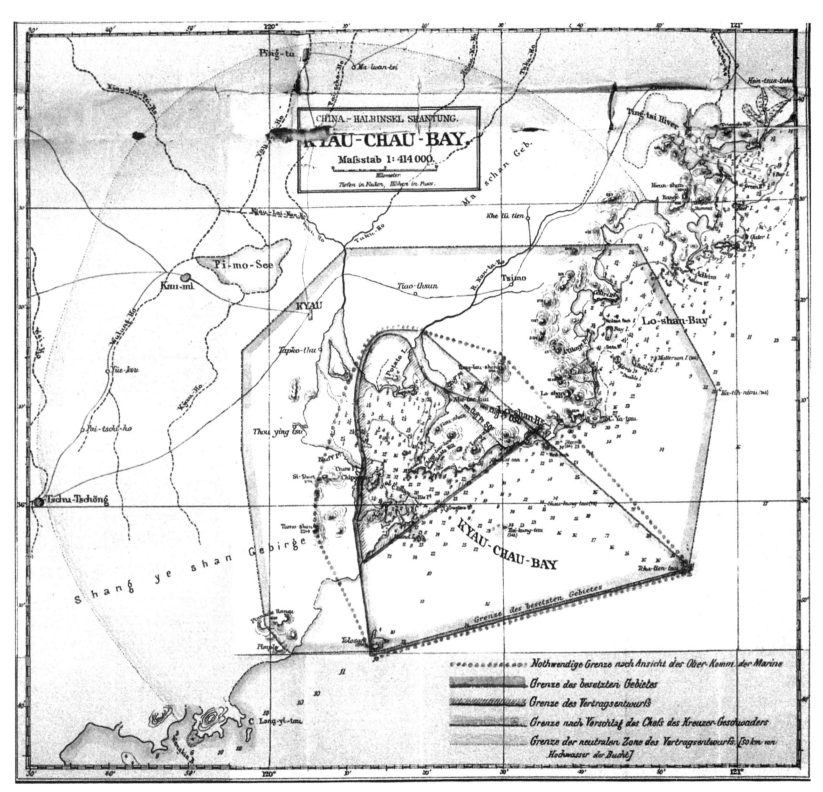

图 1-2.3-3 1898 年胶州湾图

租地之外，惟所商定一百里地之内，此事德国即拟将纳税之界及纳税各章程，与中国另外商定，无损于中国之法办结。

（2）铁路矿务

中国允许德国在山东修筑两条铁路，一条由胶澳经潍县、青州、博山、淄川、邹平等处到济南，一条由胶澳往沂州及由此经莱芜至济南。铁路两方各30华里内，允许德国开挖矿产。

（3）山东全省办事之法

山东省内无论开办何项事务，或需外资，或需外料，或聘外人，德国商人享有优先承办之权。

8月至10月，中德又签订了《胶澳租借地合同》《胶澳潮平合同》和《胶澳边界合同》。

根据3月1日颁布的《帝国法令》，1898年4月16日，德国在租借地设立胶澳总督府；4月27日，德国政府向世界宣布胶澳地区为其保护地；9月2日德国政府将整个租借地作为自由港宣布向世界各国开放；1899年10月12日，德皇威廉二世命名"胶州保护地的新市区"为"青岛"。

1.3 德租时期青岛的规划

1897年德国海军占领青岛，次年德国与清政府签订了中德《胶澳租借条约》，并于1898年9月2日在德国国内首次公开了青岛新城的"建筑规划"。1899年5月德国又根据占领的要求和征求的意见，对原规划进行了修改，1900年正式推出了青岛第一个城市规划。作为殖民者，德国人最关注的是稳固和强化其殖民统治，实现对华北地区资源的掠夺和海外霸权的扩张。德国人要把青岛"逐步发展为传播欧洲文化的基地，尤其是德国文化在东亚的中心"，将青岛市区按照欧洲式城镇模式进行设计规划。

1.3.1 分区而治的规划特点

德国人一开始就在青岛施行分区规划制度，它对于青岛发展产生的影响超乎寻常。德国人于1900年6月14日公布了《德属之境分为内外两界章程》，把租界地分为内外两界：青岛附近等处作为内界，分为九区，即青岛、大鲍岛、小泥洼、孟家沟、小鲍岛、杨家村、台东镇、扫帚滩、会前等处。

内界亦划分为欧人区和华人区。"自西边非大利街（Friedrich Straβe，今中山路南段），北边侯汉娄阿街（Hohenlohe Straβe，今德县路）一线，由此顺溯小北岭过挂旗山（今信号山）至凤台岭（今青岛山），再由此相沿各山岭至会前东山以至海沿止"为欧人区，"此界线内不准起盖华人居住房屋（即不准建造房屋供华人使用），仅容西人雇用各人以及常佣等人在内限数居住"[2]。欧人区以北，通过隔离地段（今黄岛路和平度路一带）为华人居住区与商业区，也称大鲍岛区，即今天四方路与沧口路、芝罘路与中山路北段之间围成的区域。最早的分区是按社会等级划分的，按高低排列顺序分别是青岛区（欧人聚居区）—大鲍岛区（华商聚居区）—台东镇（华人劳工聚居区）—台西镇（贫民聚居区）。这种分区规划，在城市路网形式、基础配套设施、建筑设计标准等方面都有具体体现，同时又是这种种的差异，影响到了后来城市发展过程中的城市结构（图1-3.1-1、图1-3.1-2）。

在建筑方面，欧人区"属官厅会社及欧美人之住所，屋的高度以十八公尺为限，楼则限于三层以下"，每层4米以上，"建筑面积应占宅地面积十分之六以下"。大鲍岛区的设施及建筑质量则远不及青岛区，建筑面积最多达75%，居住的房间面积须在5平方米以上，房间高不得低于2.7米。欧洲区雨水管和污水管分别设置，而在大鲍岛区则两管合一。在非欧人区的其他区域，设施条件则更加恶劣。1899年11月10日为台东镇所需而公布法令。"人们长时间停留所设之空间至少须有4平方公尺面积与2.5公尺高度"；"政府保留五年后可无偿拆除台东镇所选定形式之临时性建物之权，或遇有严重传染病，或异常脏乱时亦然"。由此可见，华人的居住权利毫无保障[7]，建筑形式也毫无特色，海军建筑顾问博克曼称之为"平凡的前线"，并且抱怨说，人们没有成功地"从老中国城市绘画般的美景中汲取任何有益于我们的新建筑的东西"。传教士魏克尔报道说："台东镇景色十分单调，但建得很合目的，很规矩，并驾齐驱，间距相等，始终如一地呈直角裁剪状"[8]，各区之种种因为歧视而造成的差别不胜枚举。

城市分区的划分，相应带来不同阶层的居民分区聚集。比如最早的欧人区，在德国人离开青岛后，也是达官贵人的聚居区；而大工业在四方沧口一带的建设，使工厂周围形成青岛最早的产业工人住宅区；台东最早是平民聚集地，后来随着中小企业的开办以及相关商业配套设施的发展，逐渐形成青岛平民聚居区；靠在码头卖苦力或以捡破烂为生的城市贫民则聚居在台西镇、挪庄、仲家洼一带。海水浴场、赛马场的位置，本来属于德租和日占时期的别墅区，后来此区域沿海岸线向东继续扩大到太平角、八大关一带，在1930年代一直是别墅区，后来则成为全国闻名的避暑疗养胜地。

1.3.2 港口和铁路是城市发展的基础

作为一个"贸易殖民地"，青岛发展最初阶段的一大任务就是修建铁路和港口。铁路可使青岛尽可能远地延伸到华北重要经济区。中国其他古老沿海通商口岸都有天然水道（河流）起着交通干线的作用，而青岛没有。因此很有必要在青岛修建现代化的大型港口，开辟大量的海上航线。铁路和港口将建立从内地到世界的联系纽带，尽最大可能地发挥青岛的区位价值。

历史上胶州湾的港口都建在北岸，与胶莱河结合便利，符合古代运输的特性——海运之后接着河运。然而河道的泥沙容易在港口造成淤塞，历史上胶州湾的两个码头板桥镇和塔埠头都深受此害（图1-3.2-1、图1-3.2-2）。德国人将港口外移至胶州湾南部，虽然远离内地，使陆上交通延长，然而使胶州湾防区面积大为减少，又可有效防止港口淤塞。通过铁路将港口与内陆腹地联系起来，而不是通过河流；靠近前海已有的栈桥码头，方便港口施工所需的材料和设施运输便捷（青岛港建设的建筑材料和建筑设施都由德国直接装船运来）；港口设在胶州湾内，可以避免海浪直接冲击，减少港口的工程费用[4]。

德国工程师沿胶州湾东岸规划了大港（远洋轮船使用）、小港（中国民船使用）和船渠港（供修船用）（图1-3.2-3~图1-3.2-5）。青岛港作为青岛最重要的建设项目，其所有设施都是按照当时世界先进水平设计建设的。《胶澳租借条约》签字后仅五个月，德国国会就先后两次通过了高达850万马克的建港拨款议案。此后又经过一年多的详细勘查、设计和准备工作，

图1-3.1-1 胶澳租借地范围图

图1-3.1-2 青岛市中心规划图

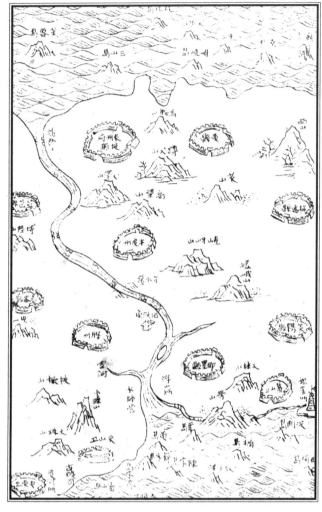

图 1-3.2-1 1752年胶州海运图

图 1-3.2-2 塔埠头

1899年第四季度开始着手在胶州湾内兴建防波堤，1901年建成小港，然后大港举行开工仪式。1904年3月6日建成大港第一码头并正式对外开放，此时胶济铁路已修通至港口，铁路、港口连成一体。1906年建成当时亚洲最大、世界上最先进的1.6万吨浮船坞和大港第二、五码头，到1908年，又建成大港第四码头和船渠港。这样花费10年时间，投资2930.2万马克，加上期间各种管理费用，共计投资5383.3万马克，占德国在青岛全部建设投资的四分之一。此时的大港，拥有宽敞的轮船码头和货物仓库、先进的起重机械与照明装置，尤其是在装卸码头的安全与便利方面超越所有东亚的海港。在青岛大港，即使最大的船都可以直接在码头边将货物转装火车，共有6条铁路线直接联系港口与胶济铁路。大港可同时靠泊6000吨船舶18艘，或3000吨船舶26艘，最大靠泊能力为10000吨。小港可泊帆船约1000艘，设备虽然没有大港优良，但由于与胶济铁路和市区有便利的联系，很快成为胶州湾最重要的民船聚集地。在修筑码头的同时，在大港五号码头还同时建成了耗资500万马克的青岛造船所，各有一个16000吨浮船坞和150吨的大吊车以及一条近1000米的码头，可以修理各种类型的军舰和商船。青岛港建成后即被誉为东亚第一良港，并使东亚大多数主要港口，如香港、上海、天津、长崎和神户在某些方面都相形见绌[9]。

德国的胶澳总督和建设局长曾经在青岛大港竣工仪式上发表过扬扬自得的讲话：

我们要以今天的庆典为我们殖民地历史的一个如此重要的阶段立一块碑，一块同时是牺牲和年轮的纪念碑，为感谢全能的上帝迄今给予我们事业的护信，并祈求他将护信和支持的手保持对这项工程的始终；我们要为所有以其才智和双手奉献过和正在奉献于这些工作的人立一块工程纪念碑！……

这个防波堤，它已是不折不扣的德国土地，是以德国人的勤奋、德国人的才智和德国人的坚忍不拔的精神夺取和重新创造的。它同时是一个有力的佐证，我们在六年前，当签订那份租借条约时，尽管我们要求中方为所犯的过失进行赔偿，但从中华帝国却一无所取，而是给了它，我们在这里所有的花费全都给了中华帝国，尤其是山东省，带给他们的好处和带给我们自己的同样多[10]。

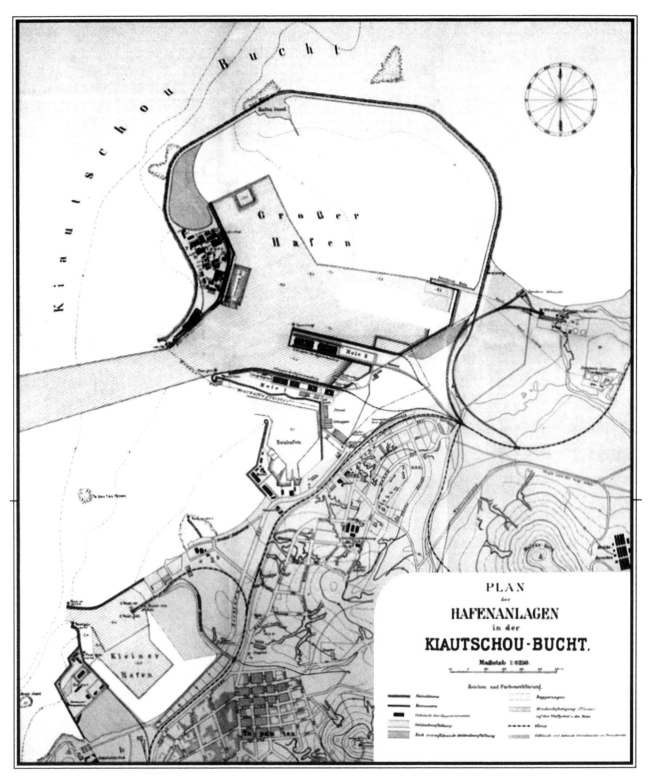

图 1-3.2-3 1908 年胶州湾港区图

图 1-3.2-4 青岛港 1 号码头开启仪式

图 1-3.2-5 青岛港 1 号码头

德国人计划通过铁路,将山东的煤矿、城镇与青岛联系起来,并通过济南,为青岛开拓更广阔的华北腹地。与港口建设模式不同,胶济铁路由德国14家银行投资5400万马克成立的德华山东铁路公司负责建设。胶济铁路于1899年6月开始勘测,9月23日正式动工。中间虽有义和团运动的反抗,但整体进度并没有受到影响,1901年4月1日青岛至胶州段完工通车,1902年6月1日至潍县,1904年6月1日全线建成通车,按德国政府特许命令的5年内完成(图1-3.2-6)。胶济铁路青岛至济南的干线总长394.6公里,另有张店至博山的支线长38.87公里,全线长436.39公里。全线架设大小桥梁共351座,共花费52901226马克。

其后,随着铁路营业的发展,每年都增加一些设备,到1911年,资本累计达到5692多万马克。德国人对铁路的计划不仅于此,除希望胶济铁路继续向西延长外,还计划修建从青岛经过沂州(今山东临沂)、莱芜到济南的第二条铁路线,但都没有实现。胶济铁路由于其重要的战略地位,一直处于严密的军事监管之下,德国时期是这样,日本占领时期也是这样(图1-3.2-7)。

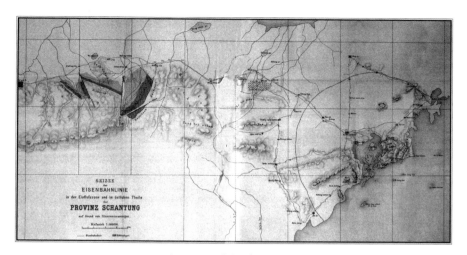

图1-3.2-6 山东省胶济铁路路线图

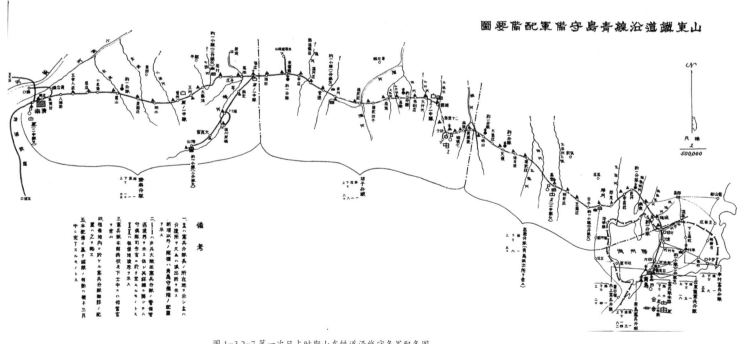

图1-3.2-7 第一次日占时期山东铁道沿线守备军配备图

铁路线沿胶州湾东海岸布置在港口和城市之间，火车站位于城市的尽端，这样可以使铁路通过所有的城区。在今天看来似乎是不合理的布局，但西方国家在19世纪上半叶的经验证明，城市郊区和城区的发展靠的就是铁路工程，青岛后来的城市发展事实也证明了这一点。近代城市发展史上的经验是，铁路的建设在促进城市发展的同时，如果没有合理的规划，也会为很多城市的继续发展带来负面影响。归结起来主要包括：1) 依靠铁路发展的城市事先没有进行规划，自发建设导致后来城市发展的无序；2) 修建铁路时，没有预留足够的城市发展空间，致使很快形成铁路穿越并分割城市的局面；3) 铁路位置不合理，插入市区内部造成市区的混乱；4) 没有考虑铁路与市区的位置，距离过远，使原有城市的发展不能有效利用铁路的价值。但在较长发展阶段，青岛并未出现这些问题，可以说港口铁路与城市的关系是德制青岛规划中最显著的优点和最突出的成就[4]。

1.3.3 欧洲人区为城市中心

1.3.3.1 与自然环境的和谐

德国人不必像在其他城市的租界一样，让一个现代化的城市规划去适应已有的建筑物，因为德国人将青岛沿海原有的中国人村庄全部搬迁后，只保留了总兵衙门和天后宫[1]，完全是从零开始的城市建设。

（1）顺应地势

青岛所属地形为海滨丘陵，市区主要由崂山山脉的余脉构成，形成东北部地势高低复杂、中部丘陵起伏、西南沿海较为平坦的地形特征。市内较高的山岭有：浮山（海拔384米）、太平山（海拔150米）、青岛山（海拔128.5米）、信号山（海拔99米）、贮水山（海拔80.6米）、伏龙山（海拔86米）、观象山（海拔77米）、观海山（海拔66.6米）等。海岸线则迂回曲折，前海形成太平湾、汇泉湾、青岛湾、团岛湾、沧口湾以及太平角、汇泉角等港湾海角。先天的地形地貌特征丰富多样，而多数地区又在可建设范围以内。青岛的规划尤其是欧人区的规划，充分尊重自然条件，合理利用地形特征，把自然风貌同城市布局有机地融为一体（图1-3.3.1-1、图1-3.3.1-2）。

城市布局首先考虑到青岛的气候特点，那就是夏季有凉爽的海风从黄海吹来，冬季则是猛烈的西北风，因此主要市区选址在青岛港外面的沿海区域。欧人区的位置选择在南向、通风良好的地区，面对小青岛和外海的是居住和行政办公建筑。总

图1-3.3.1-1 建设中的青岛中心城区鸟瞰

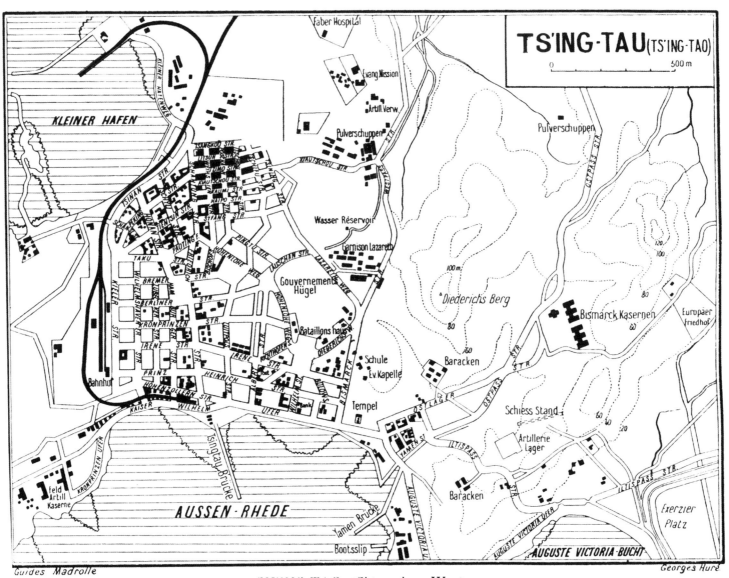

图 1-3.3.1-2 核心城区的路网和建成建筑

督府和大商业公司位于山坡南侧，可以居高临下，俯瞰胶州湾口。

对于劳工区台东镇的规划，特意将街坊规划成与正南正北方向偏离45度，以顺应青岛的主导风向，利于通风，并避免阴湿的北立面。在德租青岛时期，台东镇被认为是东亚最卫生的工人住宅区[11]。

（2）环境绿化

青岛在开埠之前没有一处森林，十分荒凉，到处尽见荒山。由于当地人没有植树的习惯，甚至挖取草根做燃料，原野之上得不到草根保护，夏天又被暴雨冲刷，只剩下光秃秃的山脊，生态条件并不乐观[5]。

德国人组织造林前先做了一些预备工作，在溪谷、地面裂缝处填土，在倾斜地段垒石块，呈梯形，播撒草种，防止土沙流失。在许多地面裂缝处进行堵堰工作，雨季前完成，积蓄雨水，以备旱季灌溉之用。德国人造林的种类，包括除非洲之外四大洲的所有树种，试验性栽培达650多次，取得了良好的效果。青岛的树木中在街道边和公园里梧桐最多，英国人因此称青岛为"阿卡西亚半岛"。在1910年一年内培育了15000多棵梧桐树苗。经过了十一二年的努力，在青岛南部可以见到郁郁葱葱的森林，尤其是伊尔第斯山（今太平山）附近，绿树成荫，环境优美（图1-3.3.1-3~图1-3.3.1-5）。

1.3.3.2 独具特色的路网形态

城市形态是城市各构成要素(包括物质的、经济的和社会的)的空间表现，包括空间组合的具体的物态环境和反映各要素相互关系的抽象的结构模式。德制青岛规划在城市布局中通过重要建筑物的位置和路网形式，形成风格完整特色鲜明的城市形态。

青岛的城市形态最直接地体现了德国浪漫主义对唯美主义的崇拜。在青岛任职时间最长的德国总督奥斯卡·冯·托尔柏尔（Oskar von Truppel）曾明确提出新城市应强调德国民族特性。因此青岛虽然是一个现代城市，但依然留有欧洲中世纪城市的风格，重要建筑物的位置都做了精心的安排，充分表现德国的民族性和文化属性。主要表现如下：

总督府布置在市区最显著的地方，背山面海，处于在整个青岛湾的中心位置；门前设有广场，连接数条放射形的道路，以突出建筑物的重要性。总督府有150多间房间，1904年开工，1906年建成，共花费85万马克。

总督府的位置突出体现了青岛的殖民城市性质。殖民城市一般通过控制空间来展示和增强权力，青岛总督府通过选择前海青岛湾中心点的位置，从而将整个胶州湾的入口控制在视野当中。以行政管理机构为代表的市中心多应布置在市区几何中心位置，方便与城市各个地方的联络，但青岛的行政中心从整个市区范围来说显然是偏于一端的。这一位置对青岛后来的发展造成很多困扰。

教堂坐落于市区内的小山顶，占据城市的中心位置，成为城市的标志建筑物。城市轮廓线的视觉中心，如警察局、火车站等重要建筑物都作为主要道路的对景进行精心的设计。由于建筑风格统一，重点突出，青岛的城市特点表现得非常明确。

路网形态最容易表现城市的特性。自然生长的城市，多数的街道不规则排列，经过理性规划的城市则恰恰相反，大多采用方格网形式，因为这种形式使城市各功能的运转既经济又便捷。青岛的道路网规划基本采取了方格网的形式，但配合青岛起伏的丘陵地形和城市形态做出适当的修正。在平坦的地区主要采用方格网布局，这些地区多是商业区和住宅区，密集的方格网划分出大小适中的地块，方便土地的承租和出让。在城市重要地段则采取放射状道路与广场结合，突出城市中心，并起到衬托主要建筑物、疏散大量人流的作用（图1-3.3.2-1~图1-3.3.2-4）。

类似重要的城市节点在规划图中最突出的有三处，即总督府、火车站和大港车站，后来在建设过程中修改了警察局周围的路网形式，以突出这一建筑物的形象。在城市各个分区之间则通过沿着山丘、海湾的自然道路联系。此外，主要道路走向都考虑以自然景物或人工建筑物作为对景进行布置。

1.3.3.3 完善的基础设施

德国人的规划中充分注意到了公共卫生，实施"以洋人和华人健康居住环境为宗旨的城市规划"，为城市的健康发展提供了重要的基础设施。青岛建设初期，卫生状况极差，后来随着城市建设的进行，各种基础设施逐步完善，青岛很快成为亚洲环境卫生水准最高的城市。与其他殖民城市相比，青岛在卫

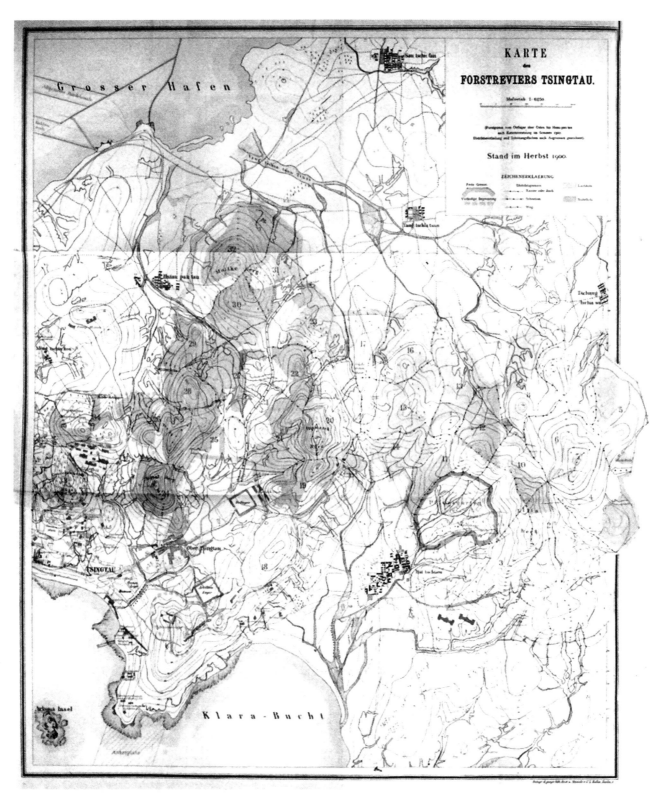

图 1-3.3.1-3 1900 年青岛城市绿化图

图 1-3.3.1-4 前海绿化景观

图 1-3.3.1-5 青岛周边的森林公园

图1-3.3.2-1 1915年青岛市街道

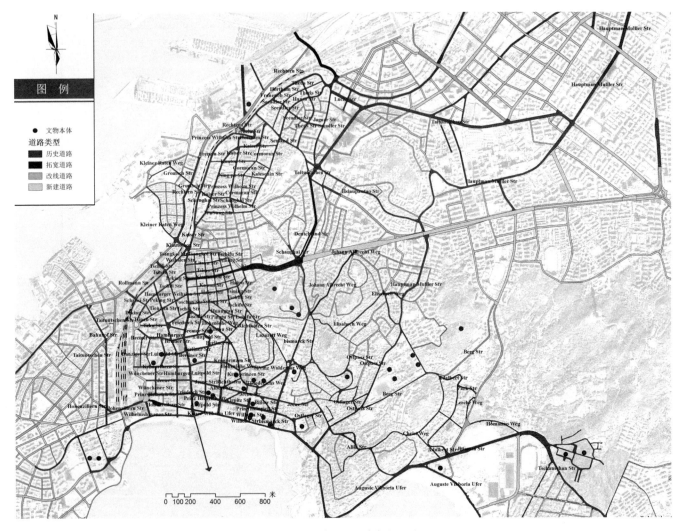

图 1-3.3.2-2 德国规划的青岛道路体系

图 1-3.3.2-3 青岛火车站周边环境

图 1-3.3.2-4 1912 年青岛的行政中心鸟瞰

生方面的重视程度以及所取得的成效引人注目,远远超过德国的老对手英国的殖民地香港。

在青岛的基础设施规划中,对水源地的选择、上下水道的规划有统一的考虑,并在一开始就考虑了未来城市的需要。为了获得良好的饮用水,青岛市政当局在市区附近的海泊河挖掘了 150 口井。随着城市发展,于 1908 年又开辟了远离市区的李村河水源地,并广植树木,涵养水源。上下水道沿着主要街道铺设,便于今后将管道引入居民家中。而且在建筑修建之前,上下水管道就预先铺设好。上下水道的建设都有相当规模,在欧人区采取了先进的雨污分流制。市区内划分为四大污水集水区域,污水管道远离浴场和海湾,只有雨水管道通向南部的海湾。至 1914 年,市内共建排水管道 80.32 公里,其中雨水管道 29.97 公里,污水管道 41.07 公里,雨污合流管道 9.28 公里[12](图 1-3.3.3-1)。

市区道路成系统、分主次,主要道路首先建成,形成市区的空间结构主框架,保证城市规划的进一步实施。具体的路面设计也用心良苦。欧人区干道宽 20~25 米,其中车行道 10~12 米,次要道路则以碎石铺面,宽 16~20 米;华人区干道宽 10~12 米,其中车行道宽 8 米。车行道两侧有人行道,车行道路面铺以沥青,道路两侧种植行道树。主要道路的一侧或两侧靠近路边石的地

图 1-3.3.3-1 管道管线铺设

图 1-3.3.3-3 青岛总督府屠宰场

方铺设足够宽的花岗石块，专门让手推车通行（图 1-3.3.3-2）。

除市区内的道路外，德国人还规划建设了通往郊区各个方向的公路。1903—1904 年建成的台东镇至崂山柳树台公路（台柳路）是德国在青岛修建的路线最长、桥梁最多，也是山东最早的一条公路。至 1913 年，青岛市内道路总长 80650 米，市区外公路长约 212680 米。

1899 年 10 月，德国邮政部在胶澳租界成立青岛德意志邮局，经办除邮购以外的全部业务，1901 年 5 月，青岛德意志帝国邮局的邮电大楼投入使用。德荷电信公司海底电报局铺设了青岛至上海、青岛至烟台两条海底电缆。1898 年德国西门子洋行创办青岛发电厂，1901 年德国殖民当局以 200 万马克将该厂全部收买，又增加投资 100 万马克，1903 年开始全市供电。屠宰场和医院的位置都有具体的考虑。在台西镇靠近小港码头的地方设置屠宰场，有专家管理，所有的牲畜都要先经过严格的检疫才能屠杀（图 1-3.3.3-3）。规划建设了三家医院，分别为军队、欧洲人和华人服务，另有两家疗养院，一家在市内，一家在崂山（图 1-3.3.3-4）。

这些建设赋予了青岛现代化的确切含义，也为现代工商业的蓬勃发展提供了坚实的物质基础。

1.3.4 德租时期青岛的规划思想

1.3.4.1 德国城市发展的影响

19 世纪末到 20 世纪初的西方规划理论对青岛的城市规划影响甚深，此时的青岛早已不是默默无闻的濒海一隅，它已经在外力驱使下参与到世界风云变化之中，欧美地区酝酿或正在流行的前卫规划理念，在青岛早期的城市规划之中得以充分体现。影响青岛的规划理论有：英国人埃比尼泽·霍华德（Ebenezer Howard）的田园城市理论，西班牙人索里亚·伊·马泰（Sorya Y Mata）的带形城市理论、城市有机疏散理论。虽然芬兰建筑师伊利尔·沙里宁（Eliel Saarinen）有机疏散理论的提出比青岛早期规划稍晚一些，但它在其酝酿和发展的规划思想对青岛城市产生过重要的影响，1937 年之前青岛城市规划与城市发展很多特点体现了有机疏散理论。

与欧美其他资本主义国家相比，德国工业革命后城市规划

图 1-3.3.3-2 德租时期青岛的道路和电线

图 1-3.3.3-4 麦克伦堡疗养院

的发展明显具有超前意识，除了表现在对公众利益诸如公共卫生、公共设施等方面的关注之外，其先进性还表现为物质规划的超越和对城市人口增长的积极反应。规划中的城市设计和美学意识并没有被摒弃，而是与土地利用规划完全地结合起来，使德国19世纪后期以来的规划改革，成为欧洲和亚洲很多国家，甚至美国的榜样。青岛的城市规划是当时德国城市规划的翻版，受到了当时德国两个方面的影响。

（1）社会背景及住宅形态

与欧美其他资本主义国家相比，德国工业革命后城市规划的发展明显具有超前意识，除了表现在对公众利益诸如公共卫生、公共设施等方面的关注之外，其先进性还表现为物质规划的超越和对城市人口增长的积极反应。规划中的城市设计和美学意识并没有被摒弃，而是与土地利用规划完全地结合起来，从而使德国19世纪后期以来的规划改革成为欧洲和亚洲很多国家甚至美国的榜样。

由于1873年的世界经济的衰退，从1873年到1890年左右，德国处于相对较平抑的阶段，从1890年以后德国又开始新一轮的快速经济发展。在欧洲，德国是英国在工业和军事上的主要竞争对手。在1890—1910年期间，城市增长加速，城市人口增加了1550万人。在大城市，公共交通的发展和中产阶级的壮大是城市扩展的两个重要因素。在1890年代早期，电车在德国的发展要比其他欧洲国家更迅速、更普及，同时，由于快速的经济发展导致了非体力劳动者——中产阶级的壮大。中产阶级比体力劳动者需求更多的居住空间，并且乐意住在城市的外围。

随着俾斯麦的下台，德国国会中社会主义者不断增加，德国上中层社会对城市中易变的、不断壮大的工人大众有一种担忧，他们认为即使这些人不通过革命的方式对国家造成威胁，也会由于他们道德上的缺陷、懒散的行为和较差的物质和精神条件拖社会的后腿。由于这些担忧，住宅问题成为焦点。1880年代后期，在大城市公寓成为最普遍的居住场所，这其中包括了中产阶级。1860年代以来，柏林和其他大城市周边地区建造的别墅区只有富裕人家才住得起。

住宅的迅速发展深深影响了德国的住房改革者，以维克托·艾美·休伯（Victor Aime Huber）为代表，他们提倡独立住宅是德国工人理想的居住场所。独立住宅离工人越远，住房改革者从中就发现越多的道德问题。在1880年代甚至1890年代，独立式住宅不仅被认为有利于创造一个健康幸福的家庭，而且还有利于节俭、居住安定、自身提高和对已有社会秩序的接受。这些改革家提倡"有区别的建筑法规"，即在城市的中心区域，由于地价较高，建筑允许达到规定的最高建筑高度和密度，而在远离中心的地方，则应该低一些。

这种"有区别的建筑法规"迅速传遍了德国，到1900年代早期，许多大城市采用了这种规则。市政当局不久就发现这种法规要求他们采取更敏感和更科学的方法去处理城市发展问题，如工业区需要宽阔的街道、大尺寸的街区，居住区则相反，但商店和其他服务设施的布置通常会存在一些问题；如果一个特定用途的区域面积过大或过小，土地市场会不健康发展，城市建设会受到抑制；居住和工作的分离要考虑公共交通、上班时间和居民收入等等。

1890年代，政府通过了一系列决定，特别是"德国公共卫生促进组织"鼓励市政当局对用于公共空间、贫民窟的清除和用途变更的土地进行强制性收买。1900年，类似的这种权力和方法被撒克逊国会采纳，授予市政当局全面的规划权力。市政当局不但有权力规划街道，提供排水和其他地下设施，而且还可以留出专门用作公共空间、活动场地和其他公共用途的土地，包括学校和教堂。强制性收买土地的权力得到补充并成为法律，市政当局可以获得任何用于公共用途的土地。政府有权力控制私人土地上的建筑高度和建筑布置，可以禁止他们认为不宜建造的工业和商业用房。在随后的几年，大多数州政府也学着撒克逊制定了一系列的规划法规。

从1900年代早期开始，城市规划在德国被认识到是一种有用和可实行的市政活动。城市"建设"（Stüdtebau）一词首次由赫尔曼·约瑟夫·斯达伯恩（Hermann Josef Stübben）和卡米洛·西特（Camillo Sitte）在1890年提出，随后被普遍使用。城市规划者意识到这是一种特殊的职业。1904年《城市建设》的创刊是一个里程碑，《城市建设》是世界最早专门从事城市规划研究的期刊。期刊的创立者西特和勾科希望期刊能使规划中的美学趋向在与规划中存在的官僚、世俗等因素的斗争中取得胜利，并且他们还密切关注规划的社会、经济和技术因素。

总之，第一次世界大战前市政当局的行为、交通技术的提高、中产阶级对低密度住宅要求的增长促使大多数城市向低密度发展。在德国的新扩展方案中，交通干道与居住道路有明显的区别，建筑法规和市场作用促使商业用地靠近交通干道，窄小的街道和街区有利于小住宅建造在放射状干道之间廉价的土地上。居住区的低密度和小交通流量允许西特的跟随者们从事弯曲的街道和不对称的道路交叉点设计。在理论上，运用地方风格可以重新创造出传统德国小镇那种亲密和比例适中的感觉。1900年过后，《城市建设》和许多规划权威强烈地支持和寻求这种效果，许多城市走得更远，修改已存在的城市扩展规划方案和建筑法规，使这种令人愉快的街区能够形成，1905年的杜塞尔多夫和1908年的慕尼黑就是这样的。这些发展和变化主要是照顾了中产阶级。

（2）德国的花园城市运动

1890年代，城市公园的提倡者与那些自然环境主义者走在了一起。日益增长的对历史建筑的兴趣让德国建筑师觉得，具有陡峭屋顶的不对称建筑作为一种地方风格最适用于低密度住宅的设计。许多城市分散化的支持者对大城市的环境渐渐失去了信任。1900年以后，许多力图改革城市居住环境的人确信：德国农村的居住传统对个人责任、社会和谐和国家的强大起支配作用，生活在自己的屋檐下、与自然紧密联系的人更加热爱家庭生活和自己的祖国。相反，生活在城市公寓后院的最下层阶级由于他们不妥协的性格，会对国家造成严重的威胁，并且由于经常地变换居住场所，这些城市居民很容易丧失那种"根"的感觉。

1902年一帮富足的、有社会主义倾向的柏林知识分子成立了"德国花园城市组织"（Deutsche Gartenstadtgesellschaft）。他们参与"新社团"（Neue Gemeinschafi）运动，该运动是以海因李希·哈特（Heinrich Hart）和尤利乌斯·哈特（Julius Hart）兄弟二人为中心的文学团体。在1890年代，"新社团"在靠近柏林的一个名字叫弗里德里希萨根（Friedrichshagen）的地方建立了一块农村隐居地，作为提倡"回归自然、合作、传统工艺和社团准则"的阵地。1899年英国霍华德的花园城市理论的兴起促使"德国花园城市组织"的创立。像英国一样，"德国花园城市组织"不久弱化了他们最初的理想，以便在住宅的改革运动中发挥更重要的影响。但该组织却从来没有支持过霍华德所提倡的花园城市的规模和花园城市经济自立的观点。1914年以前，他们的作品位于大城市郊区，只有1908年建造在靠近德累斯顿的黑勒尔奥，才真正达到了经济自立。

不管如何弱化早期激进的社会改革理想，"德国花园城市组织"始终坚持德国住宅改革运动中遗存的那种城市分散化的倾向。城市分散化观点尤其吸引了为工人建造廉价住房的社会团体。19世纪早期，许多开明的市政当局购置了许多土地，从1890年代开始，他们用低廉的价格将手中的一部分土地留存卖给为工人建造廉价住房的社会团体，来使郊区的土地价格不致过高。

德意志民族的"彻底性"和"系统性"非常适合现代城市规划思想，而且由于善于吸取别人的经验教训，使德国近现代的城市规划和建设一开始就是有组织的统筹安排，不着眼于日常琐事，而是明智地从长计议，以满足一座大城市不断发展和不断增长的人口的复杂需要。英国著名的城市规划大师帕特里克·格迪斯（Patrick Geddes）在1912年到德国进行了一次城市规划旅行之后不禁感叹："应该到德国的城市去看看。"他认为现代德国的巨大发展，并不是简单地由于军事。"德国的力量必然最终取决于德国城乡发展的方法和质量。他们充分利用了我们收获不大的工业和商业经验，少走了弯路，避免了我们许多旧技术的弊端。"这种彻底性和系统性毫无例外地也反映到城市规划与建设领域，不论是在德国国内还是在其殖民地——青岛。

1.3.4.2 德租时期青岛的规划意图

（1）威廉二世的"世界政策"

德国占领青岛，从政治上说是德国当时所谓"世界政策"的产物，体现了德国争霸世界的野心。19世纪后期德国迅速发展，德国想要证明给世人，"我们不会使任何人黯然失色，但是我们也要求我们在阳光下的位置"。

1888年德皇威廉二世继位后，德国的外交政策发生根本改变，从"大陆政策"转变为"世界政策"。在此之前的俾斯麦当政时期，由于德国刚刚统一，德国政府更重要的是加强自己在国内的力量，忽视了在殖民地发展经济的必要性，并限制德国在欧洲以外的势力扩张。而且那时德国海军还没有足够的力

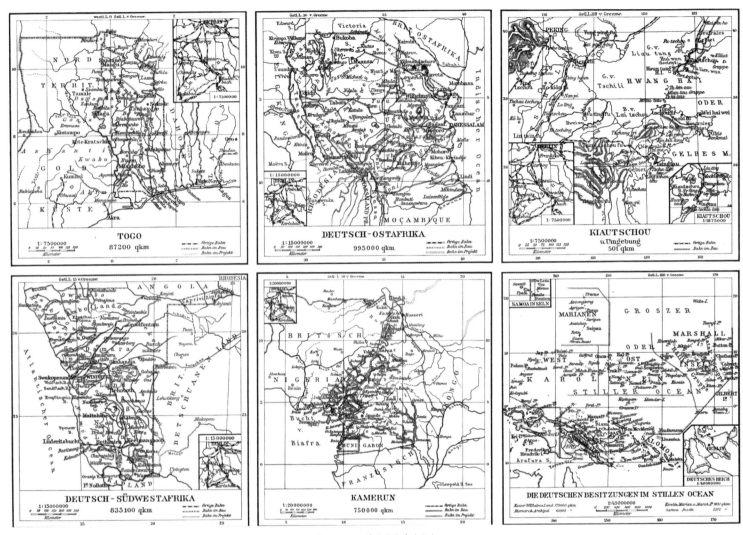

图 1-3.4.2-1 德国的海外殖民地

量支持殖民地政策,新统一的国家也没有足够的资金发展海军。威廉二世是一个野心勃勃的皇帝,他执政后,一方面宣布"路线照旧",另一方面又说"全速前进",执行了一条被称为世界政策的新路线,表达的是从一个大陆强国成为一个世界强国的渴望[13]。当时德国最大的竞争对手是英国。英国号称"日不落帝国",德国人也有"对在太阳下位置的梦想"。

相对于欧洲其他列强来说,德国在近代(现代化过程中)不论是国家统一、工业革命、政治革命,还是海外殖民地的扩张等等方面,都处于落后地位。所以当德国在经济上迅速赶超了欧洲各国,并在国家力量得到加强之后,很自然地想要摆脱这一"处处落人后尘"的形象。但由于登上世界舞台的时间较晚,德国人发现"太阳下的位置都被占领了"。这时中国的形势为德国提供了可乘之机。在德占胶澳后引发的帝国主义列强瓜分中国的狂潮中,德国终于抢占了先机。德国要通过建设其在远东的桥头堡,向世人证明了自己的能力(图 1-3.4.2-1)。

(2)海军部的"样板殖民地"

德国占领胶州湾也与德国帝国海军部,特别是海军大臣提尔皮茨有直接关系。德国海军的发展如同其对外政策一样,有一个转变的过程。德皇威廉二世的"世界政策",意味着德国要成为一个殖民帝国,因此要有一支强大的海军。如果说在远东获取一个据点是德国"世界政策"的一个计划步骤,那么占领胶州湾及其后对青岛的规划建设则是海军部一手操作下的具体行动。

青岛的取得与德国海军有很大关系,青岛不仅成为德国在远东殖民地的代表,同时也是德国海军部的代表。当时德国海军几乎所有的重要领导位置全掌握在参加过1890年普鲁士东亚远征的人手中,而这些海军军官的共同点在于,将这次远征的"伟大结果"通过一个固定的据点永久化,"将浮动的博展会变成体现德国勤奋的永久博展会"。自中日战争以来,德国的帝国海军就想在中国获得一个军港。1896年,提尔皮茨作为远东舰队司令奉命前往中国寻求一个合适的地点建立海军基地。最终德国海军部得出结论:除了舟山群岛因为英国的要求无法考虑外,胶州湾在军事上与经济上是最适宜的地点。因此与德国在非洲的殖民地不同的是,青岛一直由德国海军部直接管辖,而不是德国的帝国殖民部。

青岛是德国海军部代表整个德国与英国在远东竞争的有力武器。英国是德国在工业化过程中的学习榜样和赶超目标,英国海军也一直是德国海军的头号竞争对手。至少从第一次鸦片战争英国获胜起,德国就对英国这一竞争者抱有一种近于敌视的态度[14]。1886年提尔皮茨作为德国远东舰队司令被派往中国,那时英国海军不仅把持着中国的海岸线,而且在中国内陆拥有很多特权。提尔皮茨对德国在中国不得不处于第二的位置极度不满,提尔皮茨极力劝说德皇威廉一世对中国施加影响,以便在中国北部获得一个港口,并最终占领了胶州湾。

除此之外,提尔皮茨领导的德国海军部还有更长远的打算,那就是通过青岛的建设成绩,来实现自己的远大"理想",达到扩充海军庞大计划的目的。提尔皮茨升任海军大臣后,为德国制订了扩大海军计划的技术方案,他在表现出自己的手腕和决心的同时,还对宣传的价值有深刻的理解。为争取这个计划的实现,他需要有力的证据向国会及国内其他反对扩充海军力量的舆论说明其计划的必要性,占领青岛的时机恰当地说明海军的作用。德国海军占领胶州湾不久,《第一舰队法》就于1898年4月经德国帝国议会通过,德国政府计划在1897—1905年间,提供总额40800万马克,相当于每年5800万马克的资金用于海军建设。但提尔皮茨并不满意,1900年6月他又成功地让国会批准通过《第二舰队法》。在这些提案通过前后,德国国内舆论都有很多反对意见,因此,提尔皮茨希望青岛成为海军军备扩张而建立模范殖民地政策的具体化阵地,对青岛非常重视,不遗余力地建设青岛,一直关注着青岛的建设发展过程,并直接插手青岛的行政管理。

以提尔皮茨为代表的海军部,一心要通过青岛的建设成绩实现自己发展德国海军的计划,因此希望通过青岛向国内国际舆论证明海军部经营殖民地的能力。从占领到丢失期间一直没有放弃对整个青岛发展的努力,力图通过有计划的城市建设、花费非常多的经费,创建一个"经济繁荣、政治稳定、军事便利"的"模范殖民地"。

(3)德意志民族的"浪漫主义的普世主义"

除特殊的历史进程造就的特殊的历史原因外,青岛规划建设的指导思想里不应忽略德国民族性的普遍特点。威廉二世的"世界政策"既是一个国家力量的自然发展趋势,又是德国工业迅速发展的结果。但与其他帝国主义国家不同的是,这一外交政策"同时也还在颇大程度上混合着一种浪漫主义的普世主义思想,这种思想既是19世纪最后几十年的新浪漫主义的产物,又是对中世纪大一统性质的德意志帝国的怀旧"[14]。实际上这种"浪漫主义的普世主义思想"一定程度上反映了19世纪以后德国的民族特性,甚至有的德国学者因此认为提高民族威望是建设青岛的主要原因,不是物质上的利润吸引德国人到青岛,而是他们感到一种民族的使命,必须通过展示优越证明他们和西方列强有同等的权利。

普世主义是一种认为所有的人最终都将得救的神学教义,曾经是人类"道德乌托邦"的理论表达之一,其中基督教更浸透了普世主义所具有的改变异端信仰的热情和好战精神。德国出兵胶州湾的借口就是"巨野教案",1897年12月15日,德皇威廉二世在基尔军港检阅派往中国的第二舰队时发表了当时轰动世界的所谓"铁拳"演说,其中谈到对占领胶州湾堂皇的理由也是:"重新统一、重新建设的德意志帝国的头等任务,即以宣传宗教为职,对我德意志同胞为把我宗教福音传与外国及外国人,不顾牺牲生命而受阻碍迫害的境遇,要予以救援保护。"[15]

德国人这种"普世主义"思想有其深厚的历史根源。10世纪中期以来，以德意志为代表的神圣罗马帝国的皇帝在欧洲王权中拥有至高无上的地位，神圣罗马帝国被称为德国历史上的第一帝国时期。但16世纪的宗教改革导致信奉天主教的皇帝和信奉新教的德意志诸侯开始分裂；1618—1648年的30年战争后，神圣罗马帝国成为名义皇帝统治下的半独立的松散的联合体。此后长期分裂的德国几乎完全失去了昔日的辉煌，无论在政治、经济还是文化方面都落后于英法，国家更迟至1871年才统一。这一特殊历史时期，使德国人曾经因为神圣罗马帝国的历史地位而形成的自大，转变为处处不如人的自卑。为了重新找回国家的、民族的自我，那种强烈的民族意识支配下的德意志复兴，成为德国思想界无可替代的情绪，经过启蒙运动、狂飙突进运动和浪漫主义文艺思潮，很快将民族自卑转化为民族狂热、英雄崇拜和建功立业的张扬。

在占领胶州湾的消息传到德国时，大多数德国人对胶州湾的位置和价值并不清楚，但他们都欢迎它。德国政府并不否认要把胶州湾建设得像香港或上海那样繁荣并非是轻而易举的事，但他们坚持其前途是有光明的。德国首相曾这样向国会解释：若在中国的领土内有理想的地点……那种只有光明的外表而无阴暗的背面的地点，取得它又无任何困难，经营它又不需要花费任何费用，则我也确实要选择该理想的地点，遗憾的是中国并无如此理想的乌托邦式的地方。我们只是生活在实实在在的不完备的世界上，必须尽一切力量和经历一切艰苦来经营较有希望的地点[15]。这些话可以帮助我们今天理解19世纪末德国的"浪漫主义的普世主义思想"。

注释

[1] 袁荣叟. 胶澳志 [M]. 青岛：胶澳商埠局，1928：27-29.

[2] 谋乐. 青岛全书 [M]. 青岛：青岛印书局，1912：19-111.

[3] 郭双林. 晚清外国"探险家"在华活动述论 [J]. 北京社会科学，1999(4)：115.

[4] 李东泉. 青岛城市规划与城市发展研究：1897—1937[D]. 北京：北京大学，2003：36-65.

[5] 刘善章，周荃. 中德关系史译文集 [M]. 青岛：青岛出版社，1992：43-46，73-87.

[6] 孙瑞芹，译. 德国外交文件有关中国交涉史料选译：第一卷 [M]. 北京：商务印书馆，1960：96.

[7] 单威廉. 德领胶州湾（青岛）之地政资料 [M]. 周龙章，译. 台北：台湾当局地政研究所，1980：98.

[8] 余凯思. 在"模范"殖民地胶州湾的统治与抵抗：1897—1914年中国与德国的相互作用 [M]. 孙立新，译. 济南：山东大学出版社，2005：255.

[9] 中国德国史研究会，青岛中德关系研究会. 德国史论文集 [M]. 青岛：青岛出版社，1992：369.

[10] 青岛市档案馆. 胶澳租借地经济与社会发展：1897—1941年档案史料选编 [M]. 北京：中国文史出版社，2004：156-157.

[11] WARNER T. Deutsche Architektur in China Architekturtransfer[M]. Berlin: Ernst & Sohn, 1994: 199.

[12] 青岛市史志办公室. 青岛市志：市政工程志 [M]. 北京：新华出版社，1998.

[13] 平森. 德国近现代史：它的历史和文化 [M]. 范德一，译. 北京：商务印书馆，1897：401.

[14] 施丢克尔. 十九世纪的德国与中国 [M]. 乔松，译. 北京：生活·读书·新知三联书店，1963：159.

[15] 青岛市博物馆，中国第一历史档案馆，青岛市社会科学研究所. 德国侵占胶州湾史料选编：1897—1898[M]. 济南：山东人民出版社，1986：397，365.

02 近代青岛城市兴起中的三个德国人

　　1897年德国人占领青岛之后，开始了大规模的城市建设，青岛的现代化雏形是短期内实现的，在城市建筑兴起过程中有三个重要体现：西方文化的传播和东西文化的交融、基本城市制度的确立、城市建筑的设计及实施。有三个很有代表性的德国人发挥了重要的作用，他们是卫礼贤、单威廉和罗克格。

当今中国和德国之间有着密切的国际合作，2014年10月，在第七届中德经济技术合作论坛期间，李克强总理亲手赠予德国总理默克尔一把精巧的"鲁班锁"，它由德国机床与中国传统理念结合产生，以此寓意中德文化融合的光明前景。其实不仅是当代，德国与中国的技术交流可以追溯到16世纪初。17世纪时，德国的传教士汤若望（Johann Adam Schell von Bell）主持了中国历法改革工作，将西方技术带到中国。18世纪，戈特弗里德·威廉·莱布尼茨（Gottfried Wilhelm Leibnitz，1646—1716）受到中国文献的启发，发明了二进制，奠定了现代计算机技术的基础。19世纪后期，地理学家李希霍芬，在中国境内七次考察，完成了影响深远的科考报告。

近代中国和德国的关系主要是德国的先进管理和科学技术给中国带来了影响，这在近代青岛表现得非常突出。青岛的城市发展历程在中国近代城市中非常特殊，先后经受了多次列强的侵略。1897年德国人借"巨野教案"强占青岛，与清政府签订租借条约，租借青岛地区99年。随后，德国殖民者对青岛进行了彻底的城市重建。德国对青岛的侵略及统治，给中国人民带来了沉痛的记忆，但在客观上也促进了这一地区的现代化萌芽及发展，使青岛不仅在城市面貌上还在城市组织结构上，都具有了现代城市的特征。在德国人统治青岛的17年间，青岛现代化的城市雏形在短时间内形成，不论是东西文化的碰撞与融合，城市开发制度的制定，还是建筑风貌的设计、实施，都有许多至今仍值得研究和借鉴的地方。许多来华的德国人发挥了重要的作用，其中有三个德国人非常重要：传教士卫礼贤，土地政策官员单威廉和建筑师罗克格。

2.1 中西文化融合的使者——卫礼贤

卫礼贤原名为理查德·威廉，来中国后取名卫希圣，字礼贤，亦作尉礼贤，汉学家，先后就学于德国爱巴赫路易高等学校、图宾根大学和斯提夫特神学院。1873年出生于当时符腾堡王国的首府斯图加特。1890年前往中国青岛传教，为同善会（魏玛教会）牧师，他致力于研究中国文化，创办学校与医院。作为一名学识渊博的汉学家，卫礼贤对中国古典文献的译著以及后来他在德国本土所创办的中国学院，对中国文化在德国的广泛传播产生了深刻影响，被称为中西文化交流史上"中学西播"的一位功臣（图2-1-1）。

图 2-1-1 卫礼贤

卫礼贤是一位特立独行的传教士，他一开始便是以一个正直的办学者和一个友善的求学者的身份出现的，而对于本职传教事宜却十分淡漠。他曾说，作为传教士他没有给任何一个中国人行过洗礼，自己反倒变成了忠实的儒家教徒，这是他本人和教会始料未及的。

2.1.1 近代教育家卫礼贤

1882年父亲早逝，家庭困难，母亲决定让他日后从事新教的牧师职业，转入人文中学学习。1895年8月，卫礼贤结束了神学职业资格考试，11月份被授予斯图加特修道院所属教堂（主教堂）的牧师职位。接着，他去乡村教区承担了两个代理牧师的工作。1896年初，他在符腾堡战时后备军中做了短暂的替代性服役，另外还担任了代理牧师的职位。

1897年卫礼贤来华传教，1899年来到刚刚成为德国租借地的青岛，但是卫礼贤并不属于那种宗教狂热分子，他是一个对文学与艺术有着较高天赋和良好修养的人，所以从一踏上中国的土地，对于了解中华民族及其思想与文化的兴趣就远远超出了宗教事务本身。

卫礼贤对办学表现出特殊的兴趣，1900年5月，他与新婚妻子在一所租来的房子里为中国男孩开办了"德华神学校"（Deutsch-Chinesische Seminar），其规模不大，只有几名学生。后来，办学计划得到同善会的支持和资助，于1901年春天建立起独立的校舍，定名为"礼贤书院"（Richard Wilhelm Schule），并聘请了一些中国旧文人和新式知识分子担任教员，有学生20余人。1903年，学校迁入新址，规模进一步扩大。由于该校师资力量雄厚，办学成绩优异，1906年清政府赏给卫礼贤四品顶戴，他成了青岛赫赫有名的"卫大人"（图2-1.1-1、图2-1.1-2）。

图 2-1.1-1 卫礼贤夫妇

卫礼贤给青岛留下的最大一笔"遗产"，是今青岛九中的前身——礼贤书院。清朝末年"废科举，兴学堂"，礼贤书院这所建于1900年的教会学校，由德国和瑞士同善教会创设。开始为牧师花之安所发起，花之安之后由卫礼贤接手，成为清末民初胶州湾地区新式学堂的样板。礼贤书院"分小学、中学二级。经常费年约三千余元。大部分由亚细亚新教会同善会捐助。德日宣战因而辍学"[1]。卫礼贤提出的"有教无类，一视同仁"的办学方针也是今天青岛九中的办学方针。卫礼贤曾经工作和生活过的那栋小楼，现在还矗立在那里。

学堂采用中西相结合的教学方式，使中国学生逐渐习惯西方生活习惯。包括中德双方教师在内，学堂共有150人。学生来自中国各个省市，很多出身显赫。学校符合中国传统的合院建筑空间形式。教学部分位于中心院落，后勤、厨房、浴室、厕所空间在教学空间之后。学堂根据不同年龄学生的性格特点将宿舍进行了简单的分区。东面院落，是学生宿舍，南侧院落是高年级学生宿舍。学校以西的院落是低年级学生宿舍。中心部分是一个活动场所。每间宿舍容纳2人，室内装饰朴素，备有必备的家具。这是一座完全接近中式风格设计的新学堂[2]。

青岛礼贤书院是我国北方地区建立最早的现代中学之一，也是青岛历史最悠久的中学。书院设立德文专修科，卫礼贤主持编写了《德华课本》《德华教科书》《德华单字、语法、翻译》和《德文入门》，这些是我国教育史上最早的中学德语教材，也是中德文化交流碰撞的一个重要载体。

图 2-1.1-2 青岛礼贤书院

2.1.2 汉学家卫礼贤

在卫礼贤聘请的中国教员中，有不少是熟读儒家经籍的旧文人，他们几乎都是科举出身的举人或贡生，其中不乏饱学之士。例如平度籍举人邢克昌，就是卫礼贤最早的经学老师，卫礼贤对《论语》《大学》《诗经》等儒家经籍的学习、理解及早期翻译，多得益于他的帮助。正是在办学和同这些旧文人打交道的过程中，卫礼贤对中国古典文化有了更进一步的了解，他的汉学家生涯，也就是从这里开始起步的。

卫礼贤有一个影响中国、欧洲甚至全世界的事业——接受孔孟儒家文化熏陶并著书立说，将中国古典哲学和儒家文化介绍到西方。可以说，卫礼贤是作为基督传教士来到中国的，但他离开之时，反而深受儒家文化感召，成为孔子的一名忠实"信徒"，在中西文化交流史上留下一段佳话。

辛亥革命后，卫礼贤与康有为在青岛组织尊孔文社，将《论语》《道德经》《列子》《庄子》《孟子》《易经》《吕氏春秋》《礼记》等译成德文，迄今这些译本仍在西方再版发行。在卫礼贤所做的贡献中，最主要的是对儒家经典的译解，尤其是他在德国出版的德文版《易经》使他享有盛誉。他深入地掌握了《易经》所具有的中国文化渊源、背景，使译本拥有广泛读者，至今已再版20多次，成为西方公认的权威版本，相继被转译成英文、法文、西班牙文、荷兰文、意大利文等多种文字，传遍西方世界。为了纪念他，波恩还成立了卫礼贤翻译研究中心。

著名学者季羡林将卫礼贤和英国汉学家翟理斯称为"东学西渐"的功臣，卫礼贤更被誉为"中国在西方的精神使者"。卫礼贤在中国生活了25年，其中有22年时光在青岛度过，绝大部分有关中国文化的著述也是在青岛完成的。

除《易经》外，卫礼贤还翻译了《大学》《中庸》《论语》《孟子》《孔子家语》《礼记》《吕氏春秋》《道德经》《列子》《庄子》《太乙金华宗旨》（德文名《金丹的秘密》）等中国文化典籍。这些译著迅速进入德国主流社会的视野，对黑塞、施魏策尔等当代德国知识精英产生了重大影响。此外，卫礼贤完成了多部关于中国和中国文化的著作，如《中国心灵》《中国文学》《中国文化史》《中国哲学》《中国经济心理》《孔子与儒教》和《老子与道教》等。其中，《中国心灵》早在1928年就被译成英文出版，在西方学界产生了深刻影响。瑞士心理学家和荣格曾在其纪念卫礼贤的悼文中说："事实上，我认为卫礼贤给了我无限启迪，我受他的影响远远超过其他任何人……"

卫礼贤高度评价了变革中国封建专制的维新运动，尤其是维新运动的领袖"新圣"康有为。他认识到，深受儒家思想熏陶的康有为都能够放眼看西方，把先进的知识介绍给中国人，而西方却对这位维新领袖一无所知。为了让西方世界了解东方一隅这位伟大的变革家，卫礼贤在《中国之魂》的巨著中，着重介绍了康有为及其三部代表作：《新学伪经考》《孔子改制考》和《大同书》。此外，他还介绍了为中国注入新的活力的另一些革新者，章太炎、梁启超、孙中山等。

2.2 土地政策的制定者单威廉

单威廉，1859年出生于德国杜伊斯堡（Duisburg），1881年获博士学位（图2-2-1、图2-2-2）。1885年9月进入德国外交部工作，被选派至中国学习汉语，学成后留在香港和广州的德国驻华使馆任翻译官，先后辗转于香港、广州、上海、烟台、天津等地。1897年12月被外交部派往青岛，负责殖民地的土地工作。1909年离开青岛回国，后继续整理土地政策方面的资料。1924年接受孙中山的邀请到广州，开展土地政策方面的工作。1926年单威廉因车祸离世。因其在土地改革方面的卓越贡献，时任广州市长孙科参加哀悼会，并撰写碑文以资纪念。

2.2.1 单威廉的土地政策

几乎同一时期的英国学者约翰·斯图尔特·弥尔（John Stuart Mill）的土地权改革协会（Land Tenure Reform Association）、德国达马熙克（Damaschke）的德国土地改革同盟（Bund Deutscher Bodenregormer）也提出了与单威廉的土地政策类似的土地主张，但单威廉的土地政策完全来自对中国沿海开埠城市土地开发状况的研究。

1898年9月2日，殖民政府以青岛总督名义公布《胶州的

图 2-2-1 1899 年单威廉全家照

图 2-2-2 1905 年单威廉和儿子 Alfred

土地法规》，1903 年 3 月 30 日和 12 月 31 日又两度进行补充修正。法规分两部分，首先是胶州地区征收土地条例，共八条，其次是征收捐税命令，共九条。

法规的主要内容包括两个方面。一方面，法规强调德国政府的优先承购权，即政府以货币形式向地主购买优先权，未经政府允许，地主不得将土地转让他人。政府购得民间土地后统一规划，如对于将要开发的城市西部，除了建造官署、道路、林区等公共设施之外，其他土地全部民用。凡需要公益事业、公共设施、企业、教会等，都可购地，例如安顿华工的居住区以及台东镇、台西镇等，这些土地都是无偿供应或出价承购。其余的土地则采用拍卖竞标的形式分派到地主手中。

另一方面，为了防止土地投机者囤积土地，利用土地增值，抬高地价，坐享暴利，政府在土地法规中做了三个方面的限制。1）所有土地均征收 6% 的土地税，避免地主争购土地、放荒以便待价而沽。2）参加购买政府土地的投标人必须出具申购土地用途的说明，为了防止地主囤积土地。对于承购人不按照使用计划执行者，政府将予以处罚。处罚方式最初为剥夺土地所有权，至 1903 年修改条例，变为逐年累计征收土地税，直至土地开发按原计划实现，方可取消。3）扣除投资利息、年息之后，征收土地售价和购价之差的三分之一作为土地增值税。地主购买土地之后在土地上改良投资的费用，征税时予以扣除。为了避免地主低报价格逃避增值税，政府仍然具有按照真实价格收购土地的权力。地主使用土地二十五年未转让的，政府一次性征收土地增值三分之一的增值税。

2.2.2 单威廉与孙中山

孙中山 1896—1897 年在欧美考察，了解到英国社会学者亨利·乔治（Henry George）和弥尔的土地政策的观点，对于美国单一税制也进行了考察。1904 年他在旧金山草拟致公堂章程时写下了"不劳而获之土地增值""平均地权"的条款，次年在同盟会章程中正式出现了"平均地权"的主张。1905 年在柏林，孙中山接触到青岛土地政策，发现平均地权的主张与青岛土地政策相关内容极为相似，于是越发关注青岛的发展，后来授意朱和中翻译单威廉的《胶州行政》一书，向国人介绍其土地思想。1912 年 9 月 28 日，孙中山一行来到青岛，在参观德华大学（Deutsch-Chinesische Hochschule）时发表了重要讲话，对土地政策在青岛的成功赞叹不已。

1922 年，孙中山在《中国国际性之开发》一书中提出沿江和沿西南铁路线发展的规划应按照青岛的范例进行，在出售和出租土地时全民享有土地的增值，杜绝土地上的投机行为。胡汉民在南京立法院的讲话中总结，"孙先生为亨利·乔治之信徒，但在实施其土地政策时，则采用单威廉在青岛实施之办法"[3]。

1924 年应孙中山邀请，单威廉欣然赴约，来到广州，成为孙中山顾问团中仅有的德国专家。正当单威廉准备大展宏图之时，孙中山先生不幸去世（1925），次年单威廉遭遇车祸不幸离世，广州土地法虽已制定完成，但因时局动荡，最终没有实现。1914 年德国战败，日本人接管青岛，单威廉土地政策的核心内容也被废止。1930 年，依照孙中山先生的规划，中国政府颁布了自己的土地增值税。后来国民党逃离大陆之后，在台湾处理土地问题时仍然参考单威廉的土地改革思想。

青岛土地政策中的土地增值税是世界首创，青岛也是东亚最早实行地价税法的地区，试验成功之后，1904年起在法兰克福及各个市镇试用，后在全德国施行。1913年进行了修改，成为德国的联邦税，之后中欧的各个国家也都相继采用。德国非洲殖民地喀麦隆的重要城市杜阿拉（Duala）出现了地价飞涨、土地投机者获取暴利的情况，于是，1914年德国政府强令其采用青岛的土地政策，从而稳定了社会局势。

2.2.3 青岛土地政策的成效

德租青岛期间，青岛的土地政策与城市规划、建筑法规一起构成青岛城市发展的三大决定因素，对青岛平稳、合理地发展起到了关键的作用，而且对于此后城市发展具有深远的影响。

（1）财政收入的迅速增长

德国统治青岛时期，殖民地的财政收入由各种项目组成，除事业盈利外，包括以下七项：出售土地、土地税、中国海关收入股份、住宅出租、林产收入、税捐与许可费、各种管理收入。从1898—1913年财政收入共计3649.8万马克，德租青岛时期与土地有关的收入额在财政收入总量中占据第二位，它们包括土地出让金、土地税、地租及砖窑税、住宅房屋营建股利等。据不完全统计，这类收入在1904—1908年达到164万马克，而1904—1908年租借地的财政收入仅有651万马克，土地收入在整个财政收入中的地位可见一斑。要知道这些收入都是在几乎没有资金投入的情况下靠殖民地政策运作、自身造血产生的。

（2）维持社会稳定发展

单威廉的土地政策是一个精心设计的制度体系，它的一大特点是在保证政府最大获益的前提下，整个社会系统能够比较平稳地发展。殖民政府在政策运用上力图给予各阶层一定的生存发展空间，但又对于这种空间进行了必要的制约。此外，殖民政府官员在执行政策上也表现出很大程度的独立性与自律性。

殖民政府首先以购买优先承购权的方式实现对所有土地的控制，其次对土地勘测、分级登记，以便对土地细化管理。他们不仅将土地分类，而且又将非官方用地进行了分区、分级，

税金也得以细化分类，即不同阶层适用不同的地税。对于政府承购的私营性质的土地，执行拍卖，最大利益归政府所有。对于出售之后的土地则用各种规范予以限制，如以较高地税防止开发商荒置土地，并对其开发计划进行追踪审查，对于违反计划的以高税收处罚，最重要的是以土地增值税限制其暴利。尽管如此，殖民政府的土地政策能够保证开发商应得的利益。中国重要的近代城市香港和上海都出现过地价疯涨、开发商坐享暴利的失控局面，相比较而言青岛的土地政策是最成功的。

尽管殖民政府在青岛的土地开发是成功的，但其代表的根本利益集团是帝国主义，他们不可能关照广大底层民众的利益。单威廉的土地改革使殖民地的生产关系、社会阶级关系急剧变化。封建土地所有制、封建租佃关系被瓦解，中国传统农民被驱赶到新的产业之中，成为廉价劳动力。因此青岛土地政策的实施历史，也是中国农民遭受剥削压迫的血泪史。

2.3 建筑师罗克格

在青岛成名的外籍建筑师比近代城市上海的建筑师更早成熟，其中的很多信息都成为陈年往事，并不为现代人熟知，罗克格是其中成就最大的一位（图2-3-1）。

图2-3-1 建筑师罗克格

罗克格是一位能力全面的建筑师，他的作品涉及各种功能类型，除了前面提到的城门改造、行政办公建筑、教堂、旅馆饭店、别墅住宅、室内装修，还有工业建筑，几乎无所不包。他的作品既有雄伟高大的议会大厦，也有细腻别致的基督教堂，还有简洁实用的工业、军事设施，中国近代的外籍建筑师之中，技术全面方面几乎无出其右。

罗克格在社会影响力方面也是首屈一指，除了得到德国教会的认可，还颇受清朝政府的青睐，王公贵族、政府要员信服他的专业能力，甚至朝鲜皇室都邀请他进行建筑设计。青岛、北京、天津、厦门、沈阳都有他的作品，这种影响力在中国近代建筑历史中也是绝无仅有的。

罗克格虽是德国籍，出生和去世都在德国，但他的职业生涯给了他清晰的标注，他在青岛设计了许多作品，如海因里希亲王饭店营业厅、路德公寓、医药商店、德国俱乐部等，其中最著名的作品应是基督教堂，因此可以说他是一名中国建筑师，更是一名青岛建筑师。

2.3.1 职业经历

罗克格1876年5月24日出生于德国西里西亚的大斯托里茨市（Groß Strehlitz，现属波兰）。

罗克格27岁时，也就是1903年秋天来到青岛，后与建筑师伯赫曼（W.Borchmann）合作成立了建筑事务所"营造式画师罗克格"。

1904年，在官方举办的青岛大剧院和海因里希亲王饭店（Hotel Prinz Heinrich）中央大厅设计竞赛中获第一名，实际工程按照原方案建造完成。

1905年初，罗克格被朝鲜国王正式接见，并且接到委托在韩国汉城建造一座国王宫殿和为朝鲜贵族建造私邸，但是直到日俄战争结束，工程仍然没有完成。但是1905年夏天，罗克格在天津科迪亚俱乐部的方案竞赛中获奖，该项目最终得以实现。当年罗克格完成9栋别墅、住宅和1个大商业建筑设计。

1907年，罗克格离开青岛去天津发展，成立了天津罗克格营造公司（"营造式画师罗克格"事务所），在河北设计了大量的建筑，同年主持青岛基督教堂建筑设计。

1908年，罗克格接受美国海军委托，设计了厦门的招待酒店。次年为庄亲王载勋设计府邸。

1909年，罗克格在青岛俱乐部公开设计竞赛中获第一名。青岛俱乐部后来即按照方案建造，它位于现在的青岛中山路1号，并保留至今，成为青岛德国建筑的一个典型。

1910年，罗克格接受了清政府的委托，设计了资政院、北京国际俱乐部、国会大厦、前门和皇城正门改造的项目，那个年代接受如此规模的国家级项目设计的外籍建筑师是绝无仅有的（图2-3.1-1）。因为受到了清皇室的信赖，罗克格还为海军大臣醇亲王载洵设计并建造了一座规模不小的府邸。

1911年，万国医疗卫生展览会在德累斯顿举行，罗克格为清朝设计了中国展馆，建成之后中国政府授予他卫生展览奖章。但此时的清王朝已经命悬一线了，当年秋天辛亥革命爆发，北京国会大厦项目由于工程款无法维系而停工。

1912年，罗克格主持改建了慈禧太后的寝宫储秀宫、司法部大楼的室内设计以及俄国公使馆、荷兰公使馆、香港上海银行、俄国亚洲银行的修复工作。

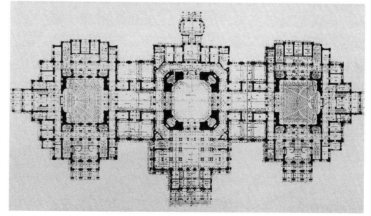

图2-3.1-1 清国会大厦

1914—1920 年，由于第一次世界大战爆发，罗克格参加了保卫青岛的战斗，战败被俘并被遣送到日本，6 年后罗克格被释放后回到中国，继续其建筑师的职业生涯。

1920—1922 年，罗克格参与了许多民国要人住宅的设计，如交通总长叶恭绰（Yeh Kung-Cho）、财政部部长、交通银行行长的私邸，以及北京附近香山的几个孤儿院建筑、北京交通银行等几个银行建筑的设计。他还做了大量在库伦的政府建筑、兵营和学校，从张家口到库伦的铁路和街道的设计，葫芦岛的港口规划。

1924—1926 年，罗克格重新回到奉天（沈阳），继续建筑师的职业，设计了类型多样的建筑，为张作霖元帅设计了一些工业建筑：两个大工厂、军械库的雷管工厂和子弹厂的大厅，完成了沈阳的德国俱乐部的设计，还做了很多教会的建筑。

1928 年，罗克格设计了德国在奉天的领事馆以及公用建筑、秘书的住宅、领事将军的住宅、副领事的住宅和办公室、马厩、车棚、大花园和网球场等等。

1929 年，罗克格返回德国，先后居住在南提洛尔和波茨坦等地，至 1945 年在列支敦士登病逝，期间没有再回中国。

以上提及的工程并非罗克格在华项目的全部，他曾经在自己的职业经历中写道，"我的 25 年在中国的职业经历并不缺少令人兴奋和戏剧性的时刻"，他热爱它的事业，也热爱着中国[4]。

2.3.2 出色的设计能力

罗克格既是一位非常前卫的建筑师，也是一位全面的建筑师，他能够熟练驾驭各种建筑风格，天津俱乐部和青岛基督教堂是典型的新罗马风式样，而青岛海军俱乐部和医药商店则是纯粹的青年风格派式样。此外，他还难能可贵地设计了厦门美国海军招待所和德累斯顿世界卫生大会中国馆的仿中式风格建筑。他的作品体现了他全面的建筑能力和不同凡响的创作水平。

从国会大厦那样气魄宏伟的古典风格到基督教堂优雅细腻的中世纪手法，罗克格都将其演绎得淋漓尽致。青岛的基督教堂是罗克格的经典作品，无论建筑的比例尺度，还是色彩质感都经过了精心的设计。1907 年 6 月教会向在东亚的建筑师征集竞赛方案，结果罗克格的设计方案被选中，最初的方案受到德国青年风格派的影响，立面处理简洁，尤其是塔楼部分，非常具有现代感。然而教会提出了修改意见，要求更加突出德意志传统文化，突出罗马风建筑风格，于是教堂方案进行了大幅度的修改，体量不变，但是造型成了德国传统建筑风格式样。这一修改在建筑风格发展上来看是开倒车的，但是由于建筑的细部处理精细，施工精良，教堂的艺术价值毫不逊色。

罗克格并非一个因循守旧的建筑师，他对于风靡欧洲的新艺术运动建筑（在德国是青年风格派）设计手法了然于胸，他设计的青岛红房子餐厅、青岛俱乐部便采用了标准的德国青年风格派的立面形式。这些建筑的外立面已经没有烦琐的装饰，采取了流畅、自然的曲线形式，无论是柱式、山花还是红砖墙面细部都处理得很精致。还有一点，这些建筑是原汁原味的德国青年风格派建筑在东方的再现，具有重要的历史价值。

在对待中国传统建筑风格的问题上，罗克格也有很多值得称道的地方，尤其是在 20 世纪初的年代。1911 年万国医疗卫生博览会在德国德累斯顿举行，清政府委托罗克格主持了中国展馆的设计。罗克格大胆地提炼了传统中国建筑元素，与现代材料、结构结合，成功地完成了对中国传统建筑现代化转型的探索。

罗克格主持了北京正阳门的改造工程，细部丰富的刻画和周密严谨的交通流线设计，将城楼变成了一处标志性景观。罗克格对于中国建筑形式的探讨早于近代其他的建筑师，而且取得了成功。罗克格还坚决反对拆除城墙，倡导保护传统建筑文化，这一点难能可贵。

2.4 结语

德国人在青岛的开发激发了青岛的现代化进程，带来了新的理念和现代管理技术，也从某种程度上给中国人民带来了新的事物和对未来的憧憬。尽管如此，近代德国帝国主义对青岛的建设无疑是建立在对中国人民野蛮侵略和压迫的基础之上的，出于扩展远东的海外势力、掠夺矿产资源、经济文化输出的目的侵占青岛，进行了大范围的规划和建设。

文化领域的借鉴和交流、城市现代管理经验、建筑的新功能和新形式都是城市现代化发展的重要方面，德国人在青岛早期的建设中客观上做出了很多有益于城市的工作，但更重要的是成就了他们个人的人生事业。

注释

[1] 袁荣叟. 胶澳志·民社志 [M]. 青岛：胶澳商埠局，1928：987.

[2] WARNER T. Die Planung und Entwicklung der deutschen Stadtgründung Qingdao (Tsingtau) in China[Z]. Vom Promosausschuβ der Technischen Universitat Hamburg-Harburg zur Erlangung des akademischen Grades Doktor-Ingenieur genehmigte Dissertation, 1996：244-246.

[3] 沙美. 胶州行政 [M]. 朱中和，译. 上海：民智书局，1923.

[4] 建筑师库尔特·罗克格中国工作生平资料 (未公开发表)。

03 近代单威廉的土地政策

单威廉一生充满传奇，他在华工作二十余年，与中国结下了不解之缘。1898年德国强迫清政府签订中德《胶澳租借条约》，强租胶州湾，开发青岛。作为殖民政府土地官员的单威廉，主持制定了青岛的土地政策，这是单威廉多年来对中国近代城市土地问题研究的宝贵成果，它不仅对青岛城市建设起到了关键的作用，而且对孙中山土地思想的形成、欧洲土地政策的发展都产生过重要的影响。

1898年德国政府与清政府签订了中德《胶澳租借条约》，强租胶州湾，开启了青岛大规模的开发建设。德国殖民政府制定了一系列政策，其中单威廉主持制定的青岛土地政策对青岛的城市发展起到了关键的作用。单威廉的这些成果不仅对青岛的发展，而且对德国甚至欧洲的城市发展都产生了重要的影响。重新审视这段历史在当今仍然具有重要的意义。

3.1 单威廉生平简介

单威廉（图3-1-1）于1859年出生于德国杜伊斯堡，父亲是埃森的测量员，母亲早逝。他自幼聪明好学，常常被老师们称赞，中学毕业后先后在波恩和海德堡大学学习，1881年获博士学位，博士论文题目是《中东阿拉伯民族之宿命论》，对西亚文化进行了深入的研究探讨。1885年9月进入德国外交部工作，被选派至中国学习汉语，签订了十年的工作合同。1888年通过了汉语考试，到香港领事馆任翻译，次年12月任广州领事馆翻译官，1894年到上海领事馆工作。1896年，单威廉在外交部十年的工作期满，仍留在上海领事馆任翻译官，同年与来自吕贝克的富商之女克拉拉·施拉迈尔（Klara Schrameier）结婚。1897年12月1日，单威廉与上海总领事司徒白博士（Dr. Struebel）一起被外交部派至青岛，协助海军部进行土地工作。1909年离开青岛回国休假，回国后继续整理土地政策方面资料。1924孙中山邀请其到广州工作，1926年因车祸受伤离世，终年66岁。

单威廉的一生与中国结下了不解之缘，从学习汉语，熟悉中国文化，到制定青岛土地政策，成为孙中山的高级顾问，单威廉几乎将全部身心都投入中国土地改革之中。著名汉学家卫礼贤与单威廉是莫逆之交，曾受他的鼓励，将四书五经等汉学名著译成德文，而正因为这些成就，卫礼贤才被聘为法兰克福大学的汉学教授。他们二人都深受中华文化的熏陶，被其博大精深的内涵所折服。他们都认为具有灿烂文明和高尚道德伦理标准的中华民族不会一直久居人下，受人欺凌。第一次世界大战结束之后单威廉曾预言，中国必将成为世界政治及军事第一大国。虽然单威廉成绩卓著，可是晚年心情并不舒畅，其土地政策的理想没有最终实现。单威廉去世之后，时任广州市市长的孙科参加哀悼会，并撰写碑文："云山常青，珠水长流，单君仙逝，吊者永久"[1]，以纪念其在中国土地改革方面的卓越贡献。

3.2 单威廉青岛土地政策制定的背景

3.2.1 历史背景

作为后起的资本主义国家，1871年之前德国仍四分五裂，政治上没有统一的领导，经济力量也微不足道，在欧洲的影响力远落后于英、法。19世纪末叶，德国一跃成为欧洲强国，跨进了帝国主义争夺海外殖民地的行列。1880年代末德国制定了"世界政策"，十分渴望获得海外的殖民地。1895年德国海军决意在远东寻求一个类似香港这样的据点，以摆脱英人的控制。德国地理学家李希霍芬等人，很早就进入山东内地考察，他们是德国侵略山东的马前卒。在第三次来华旅行时详细调查了山东的情况，并认为胶州湾是中国北部最佳港口选址，青岛为不落的明珠。他们的意见对德国的政策产生了重大的影响。1897年11月1日，两名德国传教士在鲁西被杀，德国政府终于找到

图3-1-1 单威廉博士

借口，于11月14日派军舰占领青岛，并强迫清政府签订了条约，强租胶州湾。1898年1月27日德国政府正式将青岛交予德国海军部。因为青岛的特殊战略地位，德国并没有按照常规将青岛交由德国殖民局管理。

3.2.2 中国早期开埠城市的土地政策

青岛属于开埠较晚的近代城市，单威廉在土地政策的制定方面借鉴了中国其他开埠城市的经验教训。晚清时期中国沿海开埠城市的土地政策，多将土地收归殖民当局，以租赁权方式公开标价转让。在香港，实施的是一种年租金的出租方式，公开招标，出价最高者可以获得土地。但当时没有进一步的细则，也没有实用有效的土地转让法规，买家一次付清全额租金，就有权处置或转租该土地。于是就有土地投机商操纵殖民地内的土地价格，使地价非正常飙升，而正常需求土地的人们则要付出更高的代价才能获得土地。后来殖民政府增加了取得土地的条件，所有土地均须经过公开拍卖才可转移，最低价相当于每年的土地税金。最初几年，经济发展良好，在公开市场拍卖中所计算的土地税，与人为哄抬出来的地价维持一定比例。经济景气的时候，这种以土地税作为标售底价的方式能够正常运转；经济不太景气的时候，土地成本就会高得难以承受。

上海在土地开发处置的政策上也不成功。上海是中国最早的开埠城市之一，也是中国经济重镇。上海租界当局财政收入的主要来源是租地建屋形成的地税、房捐（占建筑造价的8%），租界当局在此获得的收入占总收入的50%以上。上海房地产业的土地制度是洋人向华人租赁土地的"永租制"，按照1845年以后的土地章程，外人可以向中国业主租赁土地，租金为十倍于地租的押手（押金），要求一次性付清，此外每年一次向中国政府缴纳年租，实质上是以押金的形式获得土地所有权。租界工部局规定的税率，1854年为地价的5%，以后逐年增长，到1914年为地价的14%，地价也并非一成不变，租界当局每年对土地进行重新估值，每次估值都带来税收的大幅增加。上海的外商们，扔掉了其他的生意，疯狂地转向了地产业。有钱的商人把资金全都投入地产业，即使没有钱的人也借钱造房子，所有人都把钱投到了这个投机行业中，并且都从中获了利[2]。租界当局虽然从中获利甚多，但是只是通过提高地税的粗放方式，难以将地价升值中获得的利益合理量化，对于控制房价、维持社会稳定、限制开发商的投机方面，则拿不出更有力的措施。19世纪下半叶"土地投机"几乎变成上海经济生活的主旋律，这也成为德国海军部建设青岛时最好的反面教材。

3.3 单威廉的土地政策及实施

3.3.1 单威廉土地政策思想

在单威廉制定土地政策的时段，美国社会改革学家、单一税学者亨利·乔治（Henry George）1897年出版的《进步与贫穷》（*Progress and Poverty*）一书中，提出过类似的土地思想。英国社会学者弥尔的土地权改革协会、德国学者达马熙克的德国土地改革同盟也有类似的改革主张。有人认为单威廉的土地政策是受他们的启发而制定的，但单威廉强调，1898年他只听说过弥尔和乔治两人的名字，对其土地观点并不清楚。他草拟青岛土地法规的所有观点，完全出自他对中国近代开埠城市香港、广州、上海等地土地政策的深入考察，是对社会上的土地投机现象深刻剖析所获得的成果。单威廉于1911年发表的《胶州地区土地政策之检讨与建议》对此进行了说明[1]。

单威廉主创的青岛土地法规，不仅受到中国沿海城市土地现象的启发，也受到德国传统文化的影响。英国是君主立宪国家，王权思想影响颇深，更愿意以租赁方式使用土地，而德国曾经是四分五裂的联邦，民主意识深入人心，即使是威廉二世主政时期，人们对于土地的所有权也相当重视，大家都希望自己拥有土地。1898年1月就连单威廉也曾利用职务之便，购得一块风景优美的临海的土地，修建寓所，打算长期居住。后来因为被柏林自由党报纸《柏林日报》的记者邬尔夫披露，影响很大，单威廉不得不将其交公。当时青岛住宅建设用地一般不以出租方式使用，而是由业主标买或买受获得。德海军部秘书田毕兹（von Tirpitz）1899年1月所做预算报告，对土地条例做了综合说明：德国人在土地管理方面没有仿照英国的租赁办法，而采用收售的模式，这顾及了德意志民族根深蒂固的感情，因为德国人都希望拥有属于自己的土地。因此就不难理解德国人的优先承购、赎买和竞买等政策。

3.3.2 政府的优先承购和土地收售

德国占领青岛伊始，冯·迪特力克西（von Diederich）将军发布文告，"占领期间，非经德总督之许可，禁止任何财产转移"，这一法令主要是针对土地。随后，德军收购土地，用于城市与港口建设，但因缺乏资金，收购难以实行。为了避免其他国家的商人抢先收购或当地地主漫天要价，1897年11月末，政府制定优先购地法。德海军司令与地主一一订立契约，今后地主只准售地给政府，严禁售地给他人。德海军司令付给地主一项一次补偿费，其金额为每年应交地税额之两倍。

单威廉在青岛最早的工作，就是对租界内的土地进行调查，他在报告中写道，当时面临的紧迫任务就是了解当地土地情形，包括土地所有权、面积大小等等，以便以实用的又不违反中国传统观念的方法，取得优先购买权。他们和各地方长老以及附近村里中国主管官员分别洽谈，并查阅税据，求得各地私产的税率和地价。其间一大困难是中国农民所有土地零碎分散，往往长二三十米，宽数米，而梯田则随地形山坡，弯曲狭小，难以测量和规划。在购地交涉的过程时，多由单威廉和司徒白博士与当地地主面谈，由于文化的差异，这项工作异常艰苦。他们常常晚间查对中国的税簿及准备地主签字用的副本，天亮即冒着腊月的寒风外出。单威廉这样描述谈判的过程，"吾人每到一村，村长即守候于村口，然后被导至村尾一小屋中展开商谈。空屋甚小，更堆有不少空棺材，以供村民不时之需，此外仅备有方桌及条凳供商谈用。另设一桌，为一账房专用，由一位中国账房在桌上准备一堆堆中国铜币以支付地主之补偿费。此外，围聚之村民均在一旁倾听双方交谈，不出一声，且和谐地观望商谈。由此可知德海军司令与中国地主之间的商谈是公开的"[1]。他们到过的地区远超过占领军管辖的范围。他们对农田有了深入的了解。当然工作过程苦中有乐，单威廉说，他们经常在胶州湾腹地平原附近的小丘上欣赏景色，以获得短暂的休息。

德军原计划以价购方式取得所需城市与港口范围的土地，这种土地政策限制了土地私有权。由于大鲍岛和青岛的地主提出的价格过高，商谈之后也未能达成协议。为了不拖延时间，1898年2月10日政府颁布购地准则，采用前此驻防清军章高元购地的办法，将收购的民间土地分作三等，每亩37.5元、25元、12.5元，将土地归公由政府统筹安排[3]。德国人除占有清军所用的土地外，1898年1月至1901年12月间，以青岛村为中心，北起海泊河，经仲家洼、小湛山，南至旭山甲一带，共收买土地1.4万余亩，强迫原居民迁移，房屋一律拆除，致使大批居民倾家荡产，成为廉价劳动力。殖民当局收买土地之后，进一步进行勘查测量，着手制定城市建设规划。他们除留足殖民政府和军用土地外，其余土地分为若干小块向私人拍卖。在单威廉等人的努力下，青岛地区土地优先承购政策顺利实施，土地的收售也在有条不紊地进行，青岛城市规模空前地发展。单威廉的工作也因此受到了殖民政府的赞赏。

3.3.3 青岛的土地税收政策

1898年9月2日，《胶州土地法规》颁布，1903年3月30日和12月31日又进行了两次补充修正。法规包括两部分：胶州地区征收土地的条例，共有八条；征收捐税的命令，共有九条。法规一方面强调德国政府的优先承购权，另一方面，为了防止土地投机者囤积土地，利用土地增值，抬高地价，坐享暴利，在土地法中做了三个方面的限制。

1) 所有土地均应征收6%的土地税，以此来避免地主争购土地，放荒待价而沽。并且规定，凡是估价以1902年以前的价值为根据，从1902年以后，要重新评价。德国殖民当局最初几年在青岛购买土地的价格，一等地每亩约七八十元，二等地每亩约五六十元，三等地每亩约二三十元。1901年拍卖时，将其位置与价格大致相等的合为一区，所卖出之地共分为六区，每平方米的平均价格是：第一区1.69元，第二区1.31元，第三区0.83元，第四区1.01元，第五区0.96元，第六区0.45元。这样，德国人1901年拍卖土地时，每亩地的最高价格达到了1100多元，最低价格300多元，比他们买地的价格高出了十多倍[4]。每亩土地平均价格若以50元计算，总共不过70余万元，而到1901年上半年，他们所卖出的土地，就已收入79万元，另外又征收地税12万余元。以后随着青岛的发展，土地价格不断上涨，他们从垄断土地买卖中所得利益就更多了。

2）购地投标人必须出具土地使用计划，以防止地主囤积土地，转手获得暴利。如果承购人不按照使用计划执行，将受到政府的处罚。青岛政府利用该土地赋税政策使人民对其持有土地投资建设。但上述地税与各种限制并不能制止地主保持土地不变状态。城市土地常因为缺乏建筑材料等条件限制，难以开发建设。于是政府又规定任何按原计划建设的土地，青岛政府有权按原价一半收买。1903年政府改变规定，荒置的土地应增加每年所纳赋税。此项计划自1906年起正式施行，效果相当明显。凡土地不遵照原计划开发的，将税率由6%改为9%；三年后增为12%；每隔三年增加3%，一直到每年税率24%为止。如果期间按原计划施行后税率仍缩减至6%。政府保留收买的权力，但如果一块土地25年之中没有买卖，应当重新估价，对于增加的价值，则征三分之一的税[4]。

3）扣除投资利息、年息之后，征收土地售价和购价之差的三分之一作为土地增值税。征税时将扣除地主购地之后用在土地建设的费用。有时地主会低报价格逃避增值税，政府有权力按照真实价格收购土地。地主使用土地25年未转让的，政府一次性征收土地增值三分之一的增值税。关于土地改良的报酬，从总增价中，扣除6%。无论哪种情况，青岛政府仍保留依地主要价购买的权力[3]。

德国殖民当局制定这些土地制度的目的：首先是防止当地的居民日后抬高地价，同时也防止外来投机商囤积土地；其次是为殖民当局提供足够的公用建筑土地储备，严格控制城市的发展；最后是从垄断土地买卖和税收中为殖民政府增加财政收入。这一制度的实施，杜绝了私人土地投机活动，把城市建设严格纳入了他们的规划，殖民当局也从土地增值中得到了巨大收益。

3.3.4 土地政策的财政收益

德国统治青岛时期，殖民政府的财政收入除事业盈利外，主要包括以下七项：1）出售土地、2）土地税、3）中国海关收入股份、4）住宅出租、5）林产收入、6）税捐与许可费、7）各种管理收入。1913年之前财政总收入是3649.8万马克，其中与土地有关的收入占租借地收入的第二位。这些收入包括土地出让金、土地税、地租及砖窑税、住宅房屋营建股利等[3]。由表3-3.4-1可以看出土地收入在整个财政收入中的重要地位。这些收入是在几乎没有资金投入的情况下靠殖民地土地政策运作，自身造血产生的，设想殖民者如果没有早早退出青岛，青岛的土地收入将会是更可观的数字。

表 3-3.4-1 德租时期关于土地的财政收入概况 [5]　　单位：千马克

年份	标准地价收入	地税	其他	总计
1898	320	11		331
1899	110	30		140
1900	340	50		390
1901	20	30		50
1902	15	63	20	98
1903	39	62	25	126
1904	154	101	46	301
1905	174	106	75	355
1906	92	136	83	311
1907	89	123	84	296
1908	53	119	71	243
1909	77	122	43	242
1910	132	136	40	308
1911	626	155		781
1912	不详			

注：部分年度数据不详

3.4 单威廉土地政策的影响

3.4.1 青岛的迅速发展

德国人统治青岛17年，当年的痕迹至今还清晰可见。单威廉的土地制度使殖民政府有效地获得了港口和城市建设用地，

图 3-4.1-1 1913年前后的青岛湾畔

图 3-4.1-3 德租初期拆除的青岛村

图 3-4.1-4 建设早期的青岛前海

图 3-4.1-5 建设早期的市区西部

现在青岛老城格局仍保留着当时的风格。德国海军部一开始就将青岛作为永久殖民地来经营，为了显示德国的经济文化实力，德国人计划将胶州湾租借地建设成为"样板殖民地"（图 3-4.1-1、图 3-4.1-2）。

设备完善的港口是沿海城市发展现代商业贸易的重要条件。德国为了把胶州湾租借地建设成远东的商业贸易根据地，在港口建设方面加大投入，自 1899—1906 年，投资 5000 多万马克，历时七年在胶州湾东岸（即现在的大港位置）建筑港口，德人修筑的青岛港分大港、小港和船渠三部分。青岛港的修筑和完成，为发展青岛的贸易提供了有利的条件。

在城市规划方面，德国人对土地进行了精确的勘查测量，精心绘制了城市规划图。青岛湾和太平湾沿岸一带划为欧人区，德国人的衙署、商店、住宅均设于此。靠近汇泉角的地方，则用来修建海水浴场、赛马场和小别墅，德国的俾斯麦兵营就在此处。火车站位于欧人区西侧，连接港口。欧人区北部，即大鲍岛区，是华人商业区，小鲍岛和台东、台西两镇则为普通华人区。这种城市格局一直影响到今天青岛城市的发展（图 3-4.1-3～图 3-4.1-5）。

除了完整的城市设施之外，青岛还出现了新兴的产业，形成了完善的现代化城市功能系统，包括青岛的铁路运输业、港口贸易业，早期的工业体系，如发电厂、屠宰厂、造船厂、机车车辆厂、啤酒厂等，这些工业企业多是青岛当今工业的前身。还有近代的金融体系，如银行、钱庄、银号、保险业、典当业等。

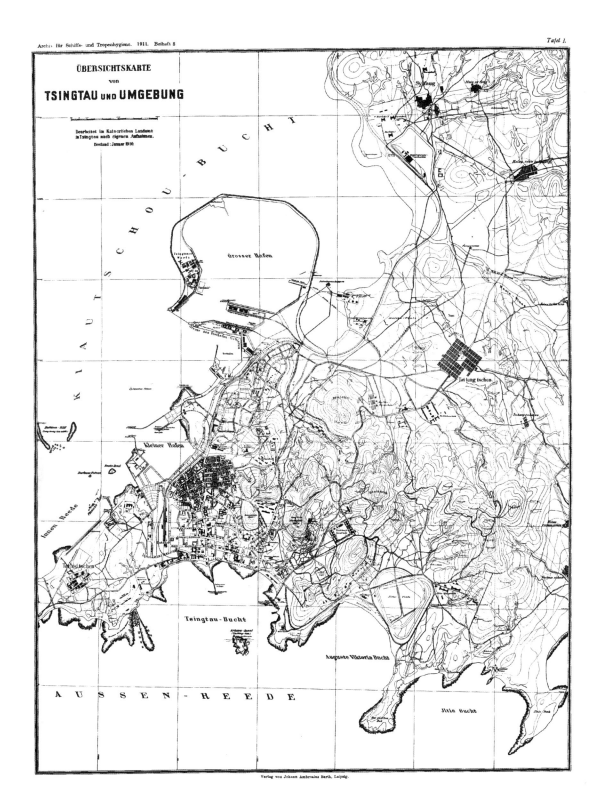

图 3-4.1-2 1910 年的青岛地图

此外在文化教育方面也有长足的发展，出现了现代的大学和中小学。

德国殖民期间，青岛的人口不断增加，1897年整个租借地人口8.3万余人，到1913年增加到20万人左右，16年中增加了两倍半，青岛市内的人口1902年仅有1.5万人，到1913年增加到5.75万人，其中中国人5.3万人，市内人口增加了三四倍[6]，当时城市的规模已经相当于一个大中型的德国城市，青岛也越发成为世人瞩目的地方。

3.4.2 山东区域经济的带动

随着土地改革的成功实施，青岛已经不再是默默无闻的渔镇，而成为当时华北地区乃至东亚地区举足轻重的城市。青岛的开埠，促进了山东地区市场网络的形成。1904年胶济铁路贯通，使得整个山东纳入青岛的腹地范围，直至津浦铁路开通，青岛成为华北地区重要的经济中转站。青岛现代化的发展改变了山东的经济地理，山东旧有的市场结构逐渐解体，以口岸城市和中心城市为核心的新的市场结构开始形成。山东的经济中心也开始东移，省内大部分地区纳入商埠的经济体系中，加速了商品化的过程。山东地区以往城市市场流通层次低、流向单一的状况得到了改善，进出口贸易业逐渐扩大，青岛等口岸城市成为规模较大的进出口市场。青岛成为山东名副其实的经济龙头，这里不仅有国际贸易、埠际贸易，而且还与内地市场有着更为密切的联系。在此影响下，山东一些地区出现了新型市场，有些传统市场增添了新的内容和机能。青岛是在外力作用下迅速崛起的城市，山东地区经济也因此被带动起来，由传统的农业经济转变为半开放的混合经济形式。在地域分布上，它包括了覆盖面极广的乡村集市，也包括了沿海的开埠城市，青岛在其中居于核心地位。山东市场系统包括产业市场、专业市场、中转市场、集散市场和中心市场，这种多层市场体系使得农副产品成为出口商品，同时大量的洋货涌入内地，两种流通的并行改变了土货流通的格局和内地市场的商品消费结构，这一点对于整个山东区域的商品经济发展起到了巨大的作用。这些积极的变化归根结底得益于单威廉的土地政策[7]。

3.4.3 土地政策对孙中山的影响

1896—1897年孙中山在欧美考察，全面接触了英国社会学家乔治和弥尔土地政策的著作，并考察了美国单一税制。1905年他在同盟会章程中正式提出了"平均地权"的主张。1905年在柏林，孙中山接触到青岛土地政策，随之对青岛的发展越发关注，因为他提出的平均地权的主张与青岛土地政策中某些内容极为相似，后来他授意朱和中翻译单威廉的《胶州行政》一书，向国人介绍单威廉的土地思想[8]。1912年9月28日，孙中山一行来到青岛，参观了德华大学，并发表了重要讲话，对单威廉土地政策的成效赞叹不已。他说："两天来，我亲眼看见过去我们中国人几千年荒置的青岛已在短短十二年之内，经由德国人建设得如此繁荣美丽，无论道路、房屋、港埠码头以及上下水道，无处不显示出他们的努力和勤劳……"[1] 1922年，孙中山在《中国国际性之开发》一书中提出了沿江和沿西南铁路线的发展规划，应按照德国在青岛的范例进行，全民应享有土地的增值。胡汉民在南京立法院的讲话中总结，"孙先生为亨利·乔治之信徒，但在实施其土地政策时，则采用单威廉在青岛实施之办法"[1]。单威廉本人于1924年应孙中山邀请，来到广州，成为孙中山顾问团中仅有的德国专家，负责策划中国的土地改革。正当单威廉准备大展宏图之时，孙中山不幸去世（1925），次年单威廉也因车祸离世，广州土地法虽已制定完成，但因时局动荡，没有最终实现。1914年日本人接管青岛，单威廉苦心经营的土地政策核心内容被废止。国民党去台湾之后处理土地问题时仍然参照单威廉的土地改革思想。单威廉的土地政策一直在台湾发挥着作用。

3.4.4 土地政策在德国的影响

青岛土地政策中的土地增值税制度是世界首创，青岛也是东亚最早实行地价税法的地区。德国在青岛施行土地政策收效之后，1904年德国法兰克福市公布命令，正式施行土地增值税办法，后多座城市实施土地增值税，他们的税法原理相似，但施行措施却不尽相同。1911年4月1日，德国中央政府颁布统一的土地增值税税法。同时各邦各市的土地增值税宣告取消。但仍保留地方政府在"帝国土地增值税"外征收附加税的权力。"帝国土地增值税"税率，是累进税。这种税制，既是平均地权的良好政策，也是改进社会的有力工具，更是合乎公平原则的赋税。1913年该法进行了修改，成为德国的联邦税，后中欧各个国家也都相继采用。德国在非洲殖民地喀麦隆的重要城市杜阿拉，因为土地投机者囤积土地获取暴利，造成地价飞涨，社会动荡。于是，1914年德国政府强令其采用青岛的土地政策，以稳定社会局势。

3.5 单威廉土地政策的评价

单威廉在中国开埠城市进行长期研究，缜密思考，切中近代城市发展的命脉，制定出符合当时中国国情的先进的土地政策，实属难能可贵。他的许多观点被历史证明符合中国国情，且行之有效。单威廉的土地政策是一个经过精心设计的土地运作体系，该体系的一大特点是在保证政府最大获益的前提下，整个社会系统能够维持平稳发展。殖民政府在社会资源分配上给予各阶层一定的生存发展空间。单纯从城市近代化和城市建设来说，德租青岛时期的土地政策实质上是一种土地私有政策。这种政策使政府可以随时收购土地，通过建设而保有大批土地。这对地价保持平稳发挥了巨大功效。它是一项操作性强、风险又小的城市土地政策。政府不仅将土地分类，而且又将非官方用地进行了分区、分级，税金也得以细化分类，以适用不同的社会阶层。对于政府承购的私营性质的土地进行拍卖，最大利益归政府所有；对于出售之后的土地则用各种规范予以限制，以较高地税防止开发商荒置土地；对于违反计划的高额税收进行处罚，最重要的是以土地增值税加以限制。尽管有了这些限制，殖民政府的土地政策还是能保证开发商应得的利益。与中国近代城市香港和上海相比较，青岛的土地政策是最成功的，没有出现地价疯涨，开发商坐享暴利的局面。

即便如此，我们也应该对单威廉在华工作整个过程有全面的认识，特别是他在青岛的工作。他在青岛的工作实质上是代表西方列强在华利益，不可能为中国人民服务。纵观土地政策的实施过程，不难发现德国人夺取土地的方式十分强硬，他们占领青岛伊始便向即墨县令追讨大小鲍岛地价、志书，疯狂掠夺原住居民的生产生活资料。清政府规定，青岛地产税每亩额银三至四分。但殖民当局将每亩地产税增为四角，使得当地居民负担沉重。依赖土地为生的原住民难以承担，许多人被迫出卖土地，因此经常发生武力抵制的事件。农民卖出土地后得到的只是极少的土地补偿金。廉价出卖土地的农民，当然无力参与投标买地，即使华人有能力购买土地，6%的地税也是沉重的负担。单威廉的土地改革使得殖民地的土地关系、社会阶级关系急剧变化。在当局野蛮的土地侵吞和严格的居住限制下，青岛及周边地区的农民失去生活来源而流离失所。德国人强购土地使得封建土地所有制、封建租佃关系荡然无存，农民被迫投入新的产业之中。这些破产的农民沦为廉价劳动力，成为青岛早期的产业工人。从某些角度说，青岛殖民地土地政策的实施历史，也是中国农民遭受剥削压迫的血泪史。

注释

[1] 马察特. 单威廉与青岛土地法规 [M]. 江鸿，译. 台北：台湾当局地政研究所，1986：24-46.

[2] 赖德霖. 从上海公共租界看中国近代建筑制度的形成 [D]. 北京：清华大学，1992：15.

[3] 单威廉. 德领胶州湾（青岛）之地政资料 [M]. 周龙章，译. 台北：台湾当局地政研究所，1980：3-82.

[4] 青岛市档案馆. 青岛开埠十七年：《胶澳发展备忘录》全译 [M]. 北京：中国档案出版社，2007：8-177

[5] 周之佐. 青岛市政府实习报告 [M]. 台北：成文出版社有限公司，1977：93.

[6] 袁荣叟. 胶澳志 [M]. 青岛：胶澳商埠局，1928：231.

[7] 任银睦. 青岛早期城市现代化研究 [M]. 北京：生活·读书·新知三联书店，2007：244.

[8] 引自：沙美. 胶州行政 [M]. 朱中和，译. 上海：民智书局，1923：序. 编者注：沙美即单威廉。

04 近代青岛华人街区的产生和形态

德租时期青岛的华人街区采用了一种非常特殊的居住模式，某种程度上来说，它是近代德国城市新区居住模式的翻版再现。青岛华人街区的主要住宅形式是合院式集合住宅（也称"里院"），它们主要集中在青岛的三个街区，其居住标准良莠不齐，城市功能也不尽相同，其中以中山路北段为主轴的大鲍岛商业区最为典型。大鲍岛区域在近代青岛港口商业的驱动下迅速发展起来，殖民当局的规划和华人商业的兴起对它产生过重要的影响。当今青岛合院式集合住宅已大大衰败，在旧城改造的大潮中被大量拆除，所剩部分也面临新的考验，这成为当今青岛旧城保护和更新的思考焦点。

里院产生于20世纪初期青岛的大鲍岛地区，当时青岛刚刚成为德国的殖民地。据资料记载，该地区的里院最早由德国希姆森建筑公司（即祥福洋行）规划、设计、施工，建筑设计师为阿尔弗莱德·希姆森（Alfred Siemssen, 1857—1946），其于1898年来到青岛，创办建筑公司，主要进行公寓和住宅的设计建造[1]。德租时期青岛的华人居住区被称为"街里""里院""大院"，其中"里院"的称谓最为普遍，并随着不断的演进逐渐成为具有青岛本土特色的民居形式，以及独具特点的中国近代居住形态。住区的基本空间构成是街道和中心院落，合院式集合住宅是街区的基本居住单元，建筑主体一般为两到三层，底层多为商用，二层以上提供居住。德国统治青岛期间，最初在大鲍岛区、台东镇和台西镇建造了合院式集合住宅，其中以大鲍岛区最为典型，后来街区不断扩大，直到1930年代，青岛形成了规模庞大的合院式住宅街区。据不完全统计，至1934年青岛市内散布在各区域的合院式集合住宅有5000余处，成为青岛城市建筑历史中的重要一页。

4.1 德租青岛时期的华人街区

青岛大鲍岛区、台东镇、台西镇的街区模式从德租时期伊始就被纳入统一规划，这种街区模式虽然在空间和细部中融入了一些中国传统符号，并呈棋格网状布局，但与中国传统的街坊布局并不相同，实际上是一种完全西方化的街区模式。在近代欧洲城市中，以方格网为形式组织的街区空间比比皆是，合院空间、棋盘式路网同样也是欧洲城区的形式特点。青岛街区规划深受该时期德国街区规划的影响，将其与同时期德国柏林的街区进行比较就会发现二者之间具有同构关系，甚至从某种程度上来说，它是近代德国城市住宅形式的翻版再现。

19世纪上半叶，德国柏林的轻工业迅猛发展，来自波美拉尼亚、西里西亚和东普鲁士等乡村的大量劳工不断涌入，形成庞大的产业工人队伍。除了一些大企业直接在厂区内建造工人宿舍外，产业工人大多居住在工厂附近的居住区，于是柏林的出租社区——"租赁营社"形成了。为了应对柏林史无前例的

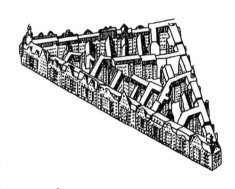
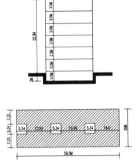

图4-1-1 柏林住宅

人口激增，1853年柏林市政府颁布了《建筑警察署命令》，并规定柏林某些集合住宅应留出5.3米×5.3米的内院（图4-1-1）。出租社区集中反映了等级森严的社会现象。这种住宅带有多重院落，沿街的前楼条件最好，光线充足，内部空间整齐；后院和侧翼住房条件则较差，只有朝向内院的一侧有窗，内院狭小，房间也不规整。除了主租人外，还有转租人，以分摊一户或一间的租金，甚至还出现了分班租床的现象。威廉时代（1861—1918）的大部分出租社区住宅立面通常带有石膏装饰，但是华丽的包装掩盖不了拥挤、贫穷和疾病的困扰。大量出租住宅围绕在老城周围，呈带状分布，紧贴在城市火车环线内圈，密度高，层数多，形成了一道密密的城墙，"租赁营社"名副其实。

青岛市的合院式住宅比柏林出现得晚，最早集中在三个区域，它们也是青岛早期的产业工人住区（图4-1-2）：位于欧人区以北的大鲍岛区（图4-1-3、图4-1-4），团岛中心的台西镇，大鲍岛以北、海泊河以南的台东镇（图4-1-5）。

4.1.1 大鲍岛区

大鲍岛开发建设之前，德国殖民当局采取严厉措施，将原有的设施统统拆毁，夷为平地，然后重新建造新区。1899年12月1日，大鲍岛村被完全摧毁。原有居民被指定到杨家村的一块空地上安家落户，租地盖房。大鲍岛区则迎来了新的居民，他们大多是来自欧洲人居住区的居民。

图 4-1-2 青岛早期产业工人住区分布

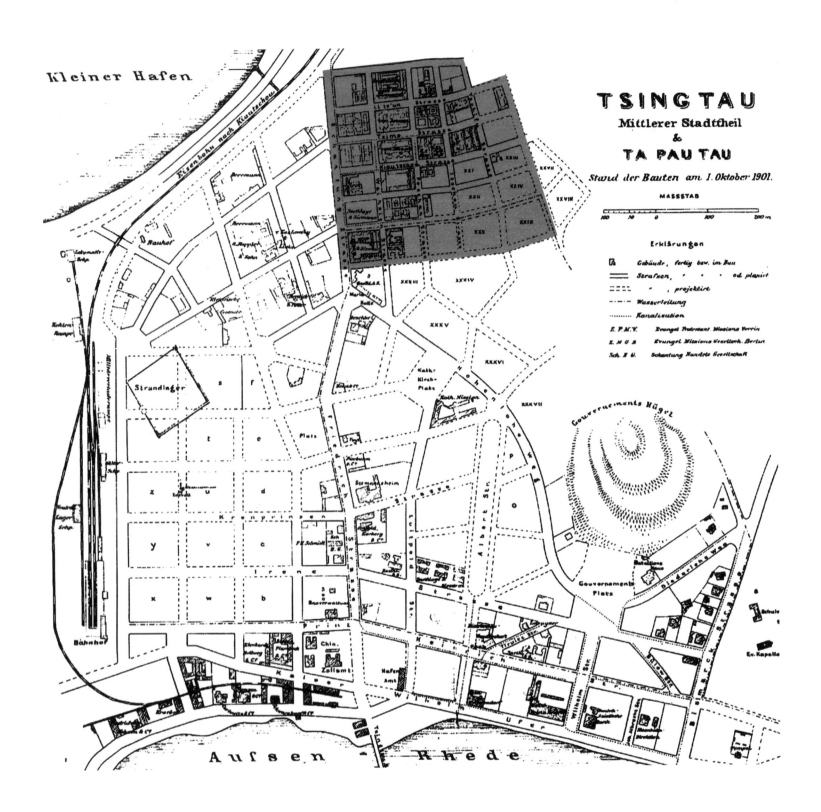

图 4-1-3 大鲍岛规划平面

图 4-1-4 台东市场

图 4-1-5 台东镇和毛奇兵营

德国人将大鲍岛区与欧人区严格分隔，想达到两个目的：一是让中国人远离欧洲人的"视野"；二是满足卫生方面的要求。他们认为中国人居住的土地遭到了污染，甚至将村庄的所有土壤都运走了(德国人所谓的"清洁土地")。德国人声称，在发生瘟疫时，可以"迅速而无重大损失地实行撤离"。大鲍岛区的建筑密度要小于75%，据说这也出于卫生学的考虑，以防止居民过分拥挤[2]。

德租青岛的第四年（1901），青岛的城市规划已经实施。从当时的规划图中可以看出，虚线表示的路网还没有实现，欧人区的建筑零星点缀，不成规模，但大鲍岛建成的路网区域已被塞满，街区整体格局已经形成，合院式建筑的肌理也清晰显现。整个区域东南部分还是空白，没有被开发。

4.1.2 台东镇

台东镇是青岛市旧区划名，位于胶州湾东岸现市北区中西部，青岛大港以东。台东镇是青岛要塞防线内界规划建设的4个区域之一，也是2个华人劳工居住区之一。德租时期台东镇的范围大致是台东一路、清和路、台东六路与菜市一路的四边形合围区域。

关于"台东""台西"之名的来源，习惯性说法是：贮水山因明代建有烽火台而曾被称为"烽台岭"（亦称风台岭），而台东、台西因地处烽台岭之东西两侧而得名，至于"以烽台岭为界""山上有明代烽火台"的说法，至今未找到可靠记载。

清代该地区原有一村庄，名为杨家村，青岛的台东原属即墨县仁化乡文峰社，杨家村隶属文峰社。德国统治青岛时把杨家村以北土地建为台东镇，规划中国工人居住区，此处又称"东镇"，其位置大致在今道口路、姜沟路一带。村南有一条溪流，杨家村西面紧邻溪流有一玉皇庙。1899年秋，德属胶澳总督府在杨家村以北建设台东镇，后逐渐形成了中国人居住的市镇。随着工商业逐渐发展，该聚居区居民越来越多，工业人口增加了十倍，老村庄居住空间已经饱和，卫生条件越来越恶劣，甚至传染病威胁到饮用水的安全，老村庄成为疾病的传染源。后来，殖民当局选择了现在台东中心的地段，着手建设、搬迁开发。新房实用、整洁，条件好于山东其他地方新建的社区，有一万多工人和小商贩在这里居住[3]。台东镇的格局正式形成，德国毛奇兵营驻扎在台东镇西侧。1910年，德属胶澳总督府设置台东镇为德属胶澳保护领青岛市的四区之一。1929年青岛市政府撤销台东镇，成立台东区。

4.1.3 台西镇

青岛开埠初期，来自四乡修铁路、建码头、出苦力的农民和小摊贩，都聚居于台西一带，留下了小泥洼、挪庄、西大森、西广场、新广场、马虎窝、菠菜地等地名。小泥洼就是台西镇的主要部分，它是一个规模不大的村庄，有324口人，位于远远伸向西南方的岬角，一堆起的土坝与小岛、团岛相连。当时的台西镇范围很小，仅为现在的台西一至四路、磁山路及贵州路等地，人口约5000余人。

在三个聚居点建成之后，随着商业区不断膨胀，"大鲍岛和大港间的市区开始合为一体。大鲍岛建筑的空隙几乎完全消失了；大部分殖民地开初几年投资建的老房子已被拆除，为更壮观的建筑物腾出了地盘……若干大公司将其业务部门迁来大鲍岛。来自中国的业主无论是在青岛市还是在港口区都开展了生机勃勃的建筑活动，在建成的房子中不仅表现出了中国建筑方式，而且更多地仿效了欧洲式的开放的农村房型"[3]。随着胶济铁路的开通，中山路与胶济铁路之间的街区逐渐被填满，并与台西镇相互连接，逐步发展成为繁华的商住混合区。

日本第一次占领青岛时期，在辽宁路和聊城路、市场一路、市场三路和胶州路附近建设了大量的里院式住宅，多为二层，临街铺面作商业店面，后部或楼上住人，多为下层日本平民。另外，在无棣一路到无棣四路之间形成了以里院式住宅为主，间插分布少数独立式小住宅的商业居住混合区。在观象山小住宅区内也有少量的里院式住宅分布。此时大鲍岛区已经和港口区相连接，但与台东镇、台西镇距离较远。合院式住宅沿着青岛西岸发展，跨过铁路，与台西镇连接成片。大鲍岛区向北，城市商业区扩展到小鲍岛。此时，大港东南，沿辽宁路以北的街区尚未形成，与台东镇的联系仍比较弱。

4.2 经济因素和城市功能

4.2.1 小港经济的辐射作用

德国侵占青岛时，沿用了清朝政府的码头，然而青岛旧港非常简陋，水深不足，且夏受东南风影响，冬受西北风影响，风浪亦大，修建防波堤不易，耗资又多。于是德国人按照意大利热那亚港的模式开辟新港，小港帆船码头的建设就是其中重要的一项。建成的小港口门宽 100 米，水域面积 34000 平方米。建成初期由德国殖民政府直接控制，专供轮船停泊，卸载军火、建筑材料和其他物资[4]。以后则为民船贸易港。1901 年青岛港小港建成，改变了胶州湾港口的布局，打乱了传统的贸易秩序，停靠船只越来越多，贸易量剧增。到 1912 年，青岛小港进口帆船已达 5504 艘次，出口 4986 艘次，合计 10490 艘次，比 1900 年增长 2.25 倍之多[5]（图 4-2.1-1）。

图 4-2.1-1 小港码头

《重修胶志》为这种情况做了注脚，"自胶澳开埠，铁路交通、水陆货物皆转移于青岛，而胶县商务乃至一落千丈"。青岛小港逐渐成为民船和帆船的集中地，连那些历史上从来不在青岛口寄泊的福州、宁波帆船也来了[4]。青岛小港的民船贸易越来越发达，该地区原有港口塔埠头随之衰败没落。进入胶州湾青港的船只，差不多都被吸引到青岛小港来了。

4.2.2 华人商会的地位和作用

青岛开埠以来，各地商人来青岛发展，为谋团结创业，建立了一批同乡组织，以为住宿、集会提供便利。这些组织被称为"会馆"，其中有三个最为著名：广东会馆、齐燕会馆、三江会馆。它们在青岛的大鲍岛区拥有多家商号，在青岛民族工商业中占有举足轻重的地位。会馆本身所处的位置正位于大鲍岛及其周边地区。从而，青岛工商业迅猛发展，成为城市经济中的重要部分。

德国人认识到，其统治必须得到华人商会的支持。1902 年 4 月 15 日根据总督颁布的《中华商务公局章程》，华商被政府组织起来，"批准设立中华商务公局，以佐整理青岛内界及商酌德署所行中华事宜"[6]。于是中华商务公局宣告成立，它是青岛第一家近代商会组织，会址设在天后宫。公局联合各籍各业商人共同管理租界内华商事宜及涉外事务：在董事构成、管理范围等方面，公局初步打破了行帮界限，起着维护各业商人共同利益的作用，可以说公局已备商会雏形。

1910 年，依照清政府颁布的《商会简明章程》，青岛商务总会正式成立，这是青岛第一个依法成立的现代商会。德国胶澳总督府公布了《青岛华商商务总会便宜章程》22 条以及《青岛华商总会附条》6 条，并转报清政府农工商部备案。商务总会沿用董事制，初设董事 18 人，另设总理、协理各一人，后董事增为 30 人，改总理、协理为会长、副会长。齐燕会馆创始人之一傅炳昭担任商务总会的第一任总理。与传统商帮会馆不同，商会不分行业，不论地缘，自愿入会，会务公开，职能明晰，是一个城市各界商业人士共同参与的团体，是在市场经济环境下为青岛全体入会商人服务的机构[7]。

1916 年 1 月，青岛商务总会因会务日益增多，根据北京市政府公布的《商务法规》，改组为青岛总商会，同时第一次通过投票的方式选举产生董事会，此为商务总会第一届董事会，共选举董事 32 人，由来自三江会馆的绅商丁敬臣出任会长，齐燕会馆的成兰圃出任副会长。此后，青岛商会运行机制更加接近西方体系，也更具有一定的民主特质。

1920年代末到1930年代中期，是商会的黄金时代，青岛经济飞速发展。殖民政府对成立商会一直持积极态度，这样可以建立德国人与华人之间的密切联系，释放部分权力给商会，从而维持社会稳定，发展租借地的经济。华商会馆在华人社会具有最高的社会地位，它可以组织华商争取自己的利益，处理华人社会的若干事务，也可以影响殖民当局的行政决策。1908年德国殖民政府颁布了在青岛殖民地征收商业附加税的法令，青岛商界获悉后一致反对，于是华人商会联合起来组织了抗议活动，德国总督迫于压力，最终取消了该法令。此外，华人商会与清朝政府有着千丝万缕的联系，甚至得到了山东政府的扶持。华人商会对于大鲍岛乃至青岛工商业的持续繁荣发展起到重要的作用。

4.2.3 大鲍岛区和中山路商业功能

因为合院式集合住宅所处区域不同，所以城市功能也存在着很大的差异。大鲍岛区毗邻欧人区，与小港联系紧密，成为青岛商业中心区。根据德国总督府颁布的《德属之境分为内外两界章程》[8]，以德县路、保定路与中山路的交口为界，把中山路分为南北两段。南段为欧人区的斐迭里大街，北段为华人区的中山路。北段商业区的中心位于现在国货商厦一带，是大鲍岛的中心。青岛开埠的第一次区划，把大鲍岛变成一个区，分界线沿德县路—保定路大坡切下，北迄沧口路，西到济南路，东至济宁路。这次划分之后，大鲍岛的地价飞速飙升，很快成了华人社会的黄金地段。大鲍岛以中山路为中心，汇集了东西走向的十几条商业街，这偌大区间，成为殖民时代华商云集的首善之区（图4-2.3-1、图4-2.3-2）。

人们描绘以中山路为主轴的大鲍岛，有木雕门脸、飞檐斗拱的瑞蚨祥，气势轩昂、三层洋厦的谦祥益，秘制丸散膏丹的京华名店宏仁堂，名列三大酒楼的顺兴楼、春和楼、聚福楼，紧步其后的亨得利、长春堂、盛锡福……不逊于北京的大栅栏。大鲍岛的繁荣同时也带来了小鲍岛的大发展（图4-2.3-3、图4-2.3-4）。

1922年12月10日，中国政府收回青岛主权，青岛的民族工商业得到迅速的发展。亨得利、宏仁堂、盛锡福等国内老字号纷纷在中山路北段建立分号。许多青岛本地的老字号也凭借着中山路及周边地区的地理优势而日见其名，如顺兴楼、春和楼、聚福楼、天真照相馆、鸿新照相馆、万宝金楼、国货公司、山东大戏院、福生德茶庄等包括餐饮、购物、休闲、娱乐在内的众多商家，中山路商业中心的地位渐渐凸显。1930年代老青岛人有句俗话："身穿谦祥益，头戴盛锡福，吃饭春和楼，看戏去中和，看病宏仁堂"，生活所需都可以在中山路上找到。

1914年，日本占领青岛之后，把中山路南段改名为静冈町，其北段改名为山东町。由于中山路的商店已星罗棋布，难以扩充，日本人遂在聊城路、临清路开辟新商业区，同时扩张城市中心，由中山路辐射到周边的河南路、北京路、天津路、海泊路、四方路，向北延伸至馆陶路、堂邑路。1922年2月叶春墀著的《青岛概要》中记述为"中央之山东街（即中山路旧称），在青岛最为繁盛，与上海之黄浦江畔、济南之西门大街同占重要之位置"。

1920年代的中山路在区域功能上已从一条商业街扩充为包含周边十几条街在内的商业中心区。由直线式商业街发展成为纵横交织的商业区域网，覆盖方圆几平方公里的区域。商业功能也日趋扩大，由单纯的购物消费扩充为商业娱乐中心，包括舞厅、歌舞厅、美容厅、戏院、电影院，甚至妓院、烟馆，成为岛城休闲娱乐购物的中心商业区。

青岛在20世纪初成为贸易自由港，许多国际贸易公司抢滩中山路，像汇丰洋行、德士古洋行、汉堡南美航运公司等都在中山路南段的斐迭里街占据一席之地。1930年代青岛的经济文化进入繁荣时期，步入鼎盛的中山路成为岛城的金融中心。中国银行青岛分行、交通银行、实业银行、大陆银行等各类官办、私营银行、钱庄凭借着雄厚的财力，在中山路上建起高楼大厦。据统计，1933年青岛有银行21家，其中13家坐落于中山路及周边区域，7家坐落于中山路商业区的延伸范围即馆陶路、堂邑路一线。青岛的私营钱庄共40家，有30家位于中山路附近，中山路的金融商业中心地位可见一斑。叶春墀在《青岛概要》中记述为"中央之山东街（即中山路），在青岛最为繁盛，与上海之黄浦江畔、济南之西门大街同占重要之位置"[9]。鲍岛区以其不可替代的商业优势声名远扬。中山路成为青岛的购物、休闲、娱乐的商业中心，一直延续至1990年代。

从建筑形态上看，青岛中山路也非常独特。它的南北片区呈现出迥然不同的路网结构体系，而它又是一条南北贯通的商业街，尽管有一段道路转折，但是建筑风格基本上连贯统一，相互融合，无论是华人区还是西洋人区，都呈现出西洋商业街区的整体风貌特点（图4-2.3-5~图4-2.3-8）。从体量上来说，除了合院连体的街坊，还有独立的商业建筑，中式的建筑空间也呈现为西式的立面特征，如尖顶和颇为讲究的山花装饰，而独立的单体建筑很多为中式风格的内院（图4-2.3-9~图4-2.3-13）。

4.2.4 台东镇和台西镇

台东镇临近青岛北部的工业区，但商业价值远不如大鲍岛区。街坊尺度明显减小，院落层叠，拥挤不堪。台东镇有青岛三大市场之一的"台东商业市场"，据1933年《青岛指南》记载，该市场"为商人杨圣训等募集股本所创设，完全为商办之市场。内部组织，除蔬菜摊贩、鱼肉市场及洋杂货铺、估衣铺等外，并设有小戏园、落子馆、说书场等，以供一般平民工余娱乐之需。故该市场之组织言，实以菜市场而兼有游艺场之性质也"[10]。台东镇北侧，曾有东镇公园，"西北有葫芦形之池，内植荷花，其西筑有土山，群峰矗立环抱，形势宛如天成，登峰一望，全园如在掌中。园之东部，布成各种形式之花畦，曲径贯穿其间。西部全系松林，丛翠阴森"[11]。

王统照的《青岛素描》这样描述，"东镇原是一个小小的村庄，现在成了工人小贩的居住区。自然，马路、电话、汽车，哪样都有，可是旧式的黑板门、红门，小店铺的陈设，冷摊的叫卖者，仿佛到了中国较大的乡村一样……"[12]

居住环境最恶劣的当属台西镇一带。青岛建置以来，它是社会底层群众聚居最密集之处。这种街区又称为"棚户区"，贵州路西端曾有一大片棚户区。一段时期内，居民纷纷将垃圾倒向台西镇的大沟，此处遂得名"脏土沟"。1930年代初政府为城市低收入者在台西镇四川路建造居民院落，它们被称为"平民院"或"贫民院"。1933年《青岛指南》这样描述台西镇的贵州路一带，"大抵皆搭盖板房草舍，聊避风雨，与上海闸北交通路一带情形相仿佛，此等草房板舍，类皆狭陋异常，其高度有低头而不能直立者。坑灶每相连接，杂物零乱无序，秽浊之气，往往刺鼻。男子大抵以拉大车、洋车、作（做）工、撑，或捕鱼为业；女子以糊火柴盒居多，老幼妇孺，则从事拾煤核、打海蛎子等，籍搏一二枚铜元，贴补家用，亦可谓苦之矣"[9]。

4.3 合院式住宅之形态

青岛开埠伊始就呈现出人口急剧城市化的特点。1897年胶澳租借地的人口为83000人，1910年为161114人，开埠最初的13年间，人口年增长率为52.36%，远高于其他开埠城市[5]。德租时期外国人口只占市区总人口的5%，而他们却占据着广阔的欧人区。华人住区人口众多，面积却相对狭小，建筑密度极高，大鲍岛区建筑密度甚至达到75%，而同为中国人住区的台东镇、台西镇，建筑密度已超过该数字。大鲍岛区路网比起欧人区更为密集，道路宽度为12米，每一个街坊长度达到50米，独立形成一座大院或院落组群。德国人将城市建筑高度限制为18米以下，当高耸的天主教堂建成之后，大鲍岛区大多数街道都能看到高高的尖顶，形成了对景的视觉效果。

台东镇道路狭窄、街坊拥挤，在十分有限的地段内，南北向有台东一路到台东八路，东西向有顺兴路、清和路、大名路、威海路、长兴路、和兴路、昆明路、大成路、丰盛路、东光路等数条马路。台东镇有三处集中场所，其中一处由威海路横穿中心，形成空场——平民市场，它是台东镇的地理中心，人气也最盛[13]。台西镇与台东镇的情况相仿，在贵州路以北，台西一路至台西五路之间的区域形成密集住区。不过，1949年以后经过了棚户区改造，原先的大片区域已经消失，早先路网结构也随之减弱。

青岛合院式集合住宅是融合东西方风格的特殊建筑形式，从总平面的布局来看，更似西方的式样。与柏林集合住宅相比，它的院落空间更加人性化，交往性更强。房间朝向各不相同，但不似中国院落那样有尊卑之分。因为它们的租赁性质，有很大的人员流动性。共享空间更便于居民交流，但同时也带来了不少生活上的干扰。许多院落种植树木、花卉，颇有自然气息。许多院内地势不平，形成多个高差，利用踏步组织交通，形成

图 4-2.3-1 大鲍岛区鸟瞰 1

图 4-2.3-2 大鲍岛区鸟瞰 2

图 4-2.3-3 中山路北段大鲍岛一带街景 1

图 4-2.3-4 中山路北段大鲍岛一带街景 2

图 4-2.3-5 中山路南段 1910 年代

图 4-2.3-6 中山路湖南路路口

图 4-2.3-7 中山路湖北路路口以南

图 4-2.3-8 中山路曲阜路至肥城路

图 4-2.3-9 水师饭店

图 4-2.3-10 青岛柏林大街商业楼

图 4-2.3-11 青岛贝格学生公寓

图 4-2.3-12 青岛胶澳旅馆

图 4-2.3-13 中山路商业楼

丰富的空间层次。

大鲍岛区建筑层数不高，随着道路的高低起伏，沿街多采用错层手法，群体轮廓自然而又丰富。沿街立面设计精细，底层多是竖向线条分隔，很有节奏感。许多入口采取券门的形式，窗成组排列，有竖向线脚划分。数段山墙高出屋面加以分隔，使立面更加生动，又能有效防火。沿街面的山花是它们的一大装饰要素，其形状和图案变化多端，非常生动。这类建筑坡屋顶居多，坡度较缓，出檐大小不等。屋顶形式多数是双坡，转角部位突起，强调其中心位置。坡顶上设老虎窗，既出于采光需要，也成为很好的装饰点缀。

在建筑材料方面，该类建筑中石材使用广泛。为了基础坚实，使建筑产生稳重感，建筑底部集中采用石材，在檐口、券门等局部则频繁出现蘑菇石，这是德租时期青岛建筑的典型手法。除了石材，清水砖也频频使用在整段墙面和细部装饰上，其风格优雅古朴，有西洋特色，又略带中国南方建筑的韵味。台东、台西镇只是简单的单层集中住宅，沿街立面单调雷同，几乎没有形式美可言。

4.3.1 中西方的院落空间

青岛合院式建筑的街区规划形态属于西方式的规划模式，但是其每个单体的设计，尤其是院落的设计却兼有东西方建筑的特点，确切地说是两种空间的混合类型。

（1）中国北方的院落空间

中国传统居住建筑都是以院落空间为中心组织流线。以北方四合院为例，进入大门，走入前院，是用作门房客厅的倒座空间。由垂花门进入内院，内院正北为正房，也称上房、主房，为长辈起居之用。内院两侧东西厢房，为晚辈起居使用。正房两侧为耳房，后面的后罩房为厨房、储存、仆役住房（图4-3.1-1）。

中国传统的院落空间是传统庭院中实用的生活空间。它既是正房、厢房、过厅、杂屋等等单体建筑之间的交通联系空间，也是住宅内部的露天空间。它为各栋单体建筑提供了良好的日照、通风、遮阳、排水等条件；它是洗涤、乘凉、儿童嬉戏和进行其他露天家务活动的理想场所；它还可以种植花木，点缀景石、摆设鱼缸等等，给住宅内部引入自然生态因素。院落空

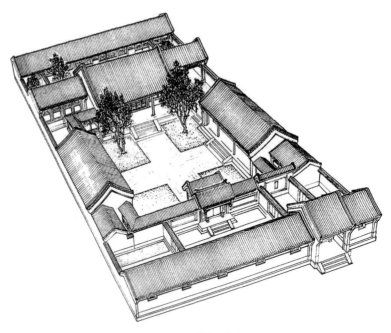

图 4-3.1-1 北方四合院

间成为住宅室内空间的延伸和补充。

中国传统的院落空间不同程度地表现了宗法观念和伦理制度，形成了家庭内部严格的尊卑、主从、嫡庶、长幼等关系，强调"尊卑有序""男女有别"，这些都从空间形态上强化了居住型庭院的等级秩序和内外界域。

（2）西方的院落空间

在西方古代建筑历史上也存在着院落空间，例如古希腊、古罗马的院落住宅。从庞贝的潘萨府邸中可以看到一种类似中国庭式的空间，但是它们之间有着根本区别。潘萨府邸前后院直接贯通，并没有明确的序列空间，由此也难以区分家庭成员的身份高下，房间的使用功能却比较明确。

到了近代社会，西方社会的合院式空间呈现出截然不同的状态，下文以德国柏林的合院式建筑为例进行分析。由于工业化和城市化的加剧，城市中下层不得不面对恶劣的居住条件，柏林的"出租营"式住宅建筑便是这种住宅密集化趋势的产物。由18世纪的独户住宅、宅后花园的形式到19世纪一梯两户、一梯多户建满五层，庭院一步步被压缩，共享的围合空间逐步被侵蚀。

从19世纪的住宅来看，集合住宅设内部走廊，单户设有

卫生间、厨房，围合的内部空间具有采光通风的作用，开间为2~3.5米，仅能满足日常的生活需要。1853—1887年的某一柏林典型的集合住宅，占地尺寸为55米×20米，三个内院尺寸为5.34米×5.34米，层高七层，住有325~650人，房间面积从10平方米到30平方米不等，而且56米长的住宅两侧没有开窗。在这一时期中，1887年的住宅条件显然好于1853年的居住条件。19世纪末合院式住区在德国柏林产生，对居住条件恶劣的"出租营"加以改造。1894年建筑师阿尔弗雷德·梅塞尔（Alfred Messel）开始为"柏林小型住宅改良协会"设计威斯巴赫住宅区里，基地被分为一个半街坊。原先按柏林庭院式街区方式设计的11个小院的总体布置被改成一个半大院落，内院约4500平方米。388套纺织工人住宅按一梯两户或一梯三户布置，层高5~6层，底层设商店，每户设有厨房和卫生间，"出租营"的窘境大为改观。

道路空间是城市的公共空间，住宅是居民的私人空间，两者之间的过渡由被分离出来的内院空间（本街坊的居民公共空间）来承担，但其缺乏过渡性。周边建筑的中介空间与交通功能基本无关，主要担负采光通风、绿化、居民室外活动交往的功能。

4.3.2 青岛合院式建筑空间

青岛合院式建筑是融合东西方特点的特殊建筑形式，从总平面的布局来看，完全属于西方的布局形式，但是从内部流线组织及空间关系来看，与同时期柏林集合住宅建筑的空间并不相同。与柏林集合住宅相比，院落空间更加人性化，交往性更强。虽然房间有朝向上的不同，但是并没有呈现尊卑主次之分，而是均等布置。其中好多住宅属于租赁性质，有很大的人员流动性。共享空间更便于居民交流，但同时也带来了不少生活上的干扰。

从户型来看更为简单，多是单户单间的居室，也有设置套间的。一层多出租为商业网点，直接对外。沿街有院门直通院内。楼梯设置在入口一侧或建筑内部，更多在院落之中，充分发挥内院交往空间的作用。卫生间、水房在角落单独设置，厨房往往设于过道或内院之中。

有的内院插建辅助用房，用作储存或厨房。院落中往往种植树木，再加上一些绿化，更有自然气息。许多将公共水龙置于内院中心。院内低平，有的因为有地势高差，利用踏步做成不同的层面，形成丰富的空间层次。

由于地块不同，内院不可能有统一的形状，重要类型可归纳为以下几种类型。

（1）不规则空间

有些院落处于街区不规则的一角，就着地形建成合院建筑。

其中有的呈不规则的三角形。在直角边交接处，稍做一下转折，避免空间过于尖锐。如在入口做一中国传统的影壁墙遮挡，避免不太规整的空间直接对外。院内依据高差做出两个低平。外楼梯置于边角一侧，保证了内院空间的完整。

有的呈不规则的多边形。如从建筑一角入口，庭院中心设有自来水池，为公共用水。楼梯依然外置在角部。庭院中心有树木绿化，周边以石板铺地。周圈建筑屋顶为单坡向内，沿街一面做成直墙，不见屋顶。

有的院落为大小院落串联，有的部分宽敞，有的却很拥挤。可以看出建造比较随意，空间感受并不自然。

有的不规则院落的建筑只是山墙面交接在一起，内部交通并不贯通，而且形成不同的楼梯间，并无完整统一的感觉。

（2）长条形空间

长条形院落空间在青岛合院式建筑中占有很大的数量。它是地价、租价居高不下的情况下类似密排住房的一种形式。庭院的进深也各不相同，有的可以满足基本的日照，有的十分狭窄，就像拉长的天井，仅顾及住户的采光、通风。

有的建筑中心楼梯直上二层，两旁还有室外的辅助楼梯。庭院中栽有植物、花卉，中心狭长的空间正好成为居民拴绳晾晒衣服的地方。院落作为交流空间过于狭小，在日常生活中若驻足交流，则显得拥挤。实际上，这只是走道空间的尺度，并不适合驻足停留。

庭院两侧，居民间甚至可以面对面地交流，虽然交流便捷，但是彼此之间的干扰非常之大，个体生活空间的私密性大大减弱。

（3）正方形空间

青岛合院式住宅中部分建筑的内院属于正方形庭院空间，

这类建筑的建设质量要高于其他此类住宅。院中以树木花卉装点环境，增添一点自然情趣。由于其中心庭院空间完整，更加便于居民交流，院落中心往往成为聚会的场所。有适宜的视角注视四面游廊的围合，而2~3层的高度，对内庭院刚好没能形成压迫感。从空间感受上来看，住宅空间程度是适宜的。

院中的楼梯基本上为外置，有的对角布置，有的斜对布置，有的正对主入口，形成一定的轴线关系。贯通的回廊使得交往便捷。

（4）简化的院落空间

有些院落的设计和施工都很简单，多建于1930年代之后。院内四周建筑绝少用木材，而且没有一点儿装饰。建筑空间非常局促，墙面平整，没有线脚。走廊和梁柱仅仅起到围合的作用，其尺度并不适合居住。

4.3.3 青岛合院式建筑局部特点

（1）入口

由于这类建筑的商住性质，主要入口往往并不醒目。入口的形式有券门和直门两种，券门的尺度不一，形式各有特点。

有的感觉开阔，有的感觉拘谨；有的没有装饰，简洁干净，有的饰以线脚；有的以蘑菇石砌筑，有的以砖砌筑。

券门使用位置也别具特点。如券门相连接，形成序列的入口引导关系。或者进入门内，形成一个停留的过厅，对面为一个类似影壁的墙体，于两边设券门，引导不同的流线。

一层的走廊中也设有券门形式，增加了内部空间的情趣。

券门往往起到对景的作用，尽管这一类型并不多见，但都经过了视线设计。如透过券门可以看到前面的影壁或主要的院落空间，而且前面建筑顶端于券门之下有一段"过白"处理。由此可以判断，许多合院式建筑绝非是草草建成的临时住所，而经过了精心的设计。

直门的处理多较为简化，若作为主入口则做强化处理。如在门框增加一些线脚，或在门框两侧竖立装饰性的圆柱、方柱，有的柱身、柱头和柱础都做得很逼真，以强调该入口的重要性。其外部材料有砖，有石材，或是平平的抹灰。

（2）楼梯

该类建筑的楼梯有楼内和户外两种，如果是小型的合院式住宅，楼梯多在院内，如果规模较大，则楼内、户外都设有楼梯，有的一边上两边分，有的两边上中间再合为一跑，楼梯间的双跑形式最为常见。单跑楼梯一般都在中间转折一下，在内院空间中形成变化。

搭建楼梯的材料有水泥、木材、石材等。木构的楼梯最有特点，所有的构件都使用木材，并搭建一个顶棚，用来防止日晒雨淋的侵蚀。

（3）立面

青岛合院式建筑的立面形式并非千篇一律，尤其是在青岛的大鲍岛区，更是变化丰富（图4-3.3-1）。

连廊对外的形式。在青岛胶州路上的部分建筑经过整修，恢复了原貌，两座连廊对外的形式格外引人注目。其一、二层的柱子为黑色，三层的柱子底端为黑色，顶端为红色，沿街的建筑一字排开，很有节奏感。另一建筑呈类似三合院的形式，两侧为山墙面，中间为外廊，不论从色彩、空间虚实、材料质感等方面都很生动。

水泥墙面的山花。青岛合院式住宅建筑在沿街面往往砌筑山花来突出重要部位。山花的形状变化多端，呈现为奇形怪状

图4-3.3-1 合院式住宅沿街立面测绘

的装饰图案，很难让人辨认出其象征意义，但是产生的效果很引人注目。

石材的使用。青岛的德国公共建筑及独立式住宅都不吝使用石材，在合院式建筑的立面上石材使用广泛，主要集中在底部、檐口、券门等部位。

坡屋顶的使用。青岛的合院式建筑大都使用坡顶的形式。单坡只有在院内才有视点。多数是双坡，坡度较缓，转角部位突起，强调其中心位置。坡顶设有老虎窗，且往往每隔一段距离有山墙面凸起，成为区别相邻合院式住宅的界限。

砖墙的使用。除了大部分灰浆饰面之外，还有用清水砖砌筑的墙面。青砖呈现为古朴风格，带有中国南方建筑的韵味。红砖则有青岛本地风格，带有西洋建筑韵味。有的砖墙上以红砖作为局部的装饰，中西两种建筑风格兼而有之。

（4）围廊细部构件

合院式住宅内部的围廊多用木材，涂以红色的油漆，色彩醒目。尤其是顶层回廊柱子端部的装饰做工精致。有的是中国传统的雀替和垂花样式，有的模仿做成弧形券的形式，更多的是简单的三角形木支撑，或三角形内部做成花纹。中国传统建筑装饰风格在这些细部中表现得淋漓尽致（图4-3.3-2）。

4.3.4 典型的合院式住宅

（1）"积庆里"住宅

"积庆里"，也叫"广兴里"，曾经与青岛的劈柴院、台东商业市场并称为老青岛三大市场之一，始建于1901年，最初只有临博山路的西立面，由德国设计师设计为一德式商住楼，1914年完成建设。由于院落空间巨大，这里曾是大鲍岛地区的一个社会活动中心。

它本身是一个大规模的独立院落，也是唯一一个独占一整个街区的单院落里院建筑，占据整个街坊，四周道路为海泊路、博山路、高密路、易州路，在海泊路、易州路各有一个入口。积庆里内的院落空间内原有一家露天电影院，是名副其实的聚会场所。积庆里曾经集中了购物、餐饮、娱乐、沐浴等各种商业功能。该建筑的一大特点是院落空间宽广，其尺寸为30米×40米，实际上是一个小型广场，只是后来加建许多临时建筑，使之变得异常拥挤。

该建筑的另一特点是成功利用了高差。建筑的东西向有3米的高差，但是内部庭院却是一个地坪。找平空间的处理方法是建筑的南北两侧逐步错层，每三个开间下沉50多厘米，下沉五段，廊内的踏步也顺着坡度逐级下沉。相交处山墙突出屋顶，既作为一种装饰，也起到防火的作用。院内空间比室外地坪低出3米多，因此四周建筑相对于室外成为地下一层的空间。这种处理使得院内空间围合感更强，而且与马路形成高差，增加了空间的层次变化。

积庆里的外立面为上下两层，临街立面装饰较少，仅有拱门与商铺正门以石块进行简单装饰。院落内的天井四周为木制回廊，廊架为斜撑式，未采用雀替装饰。面积巨大的天井内院后来曾被私搭乱建的平房所占满，2016年房屋征收后被全部清除（图4-3.4-1）。

（2）高密路、芝罘路、海泊路、易州路街区住宅

与集中大院空间不同的还有并联式的院落空间。在高密路、芝罘路、海泊路、易州路围成的街区之中，有一个组合的院落群由七个院落相并联形成。该庭院在四边道路上都有出口，且各个院落都不贯通，彼此独立。它们多呈类似三合院、四合院的形式，许多墙体紧紧贴在一起，只能通过内院来采光。相对于其他院落，采光、通风条件都不佳。

该建筑的细部设计非常精致。例如沿海泊路一侧以红砖为外墙材料，外墙顶端进行了细致的装饰，两层之间也用腰线分隔。芝罘路一侧的山墙为曲线"几"字形状，很有中国南方民居特色。

芝罘路、海泊路端部现为某拉面馆的建筑呈现为另外一种风格，其手法更加西洋化，立面顶部的女儿墙高高竖起，且一段段富有节奏和动感。这栋建筑集多种建筑风格于一体（图4-3.4-2）。

4.4 衰败与未来发展

近些年来，台东镇、台西镇经历了大规模的旧城改造，合院式集合住宅已所剩不多。作为华人商业中心的大鲍岛区，曾

图 4-3.3-2 里院围廊细部

图 4-3.4-1 广兴里合院式集合住宅

图 4-3.4-2 高密路、海泊路街区合院式住宅

图 4-4-1 百盛商场

图 4-4-2 拆迁之前的云南路合院式集合住宅

经商业繁荣，不仅聚集了青岛众多的老字号、老店铺，还成为金融中心。该地段连同中山路，德租日占时期之后一度成为外地人来青购物的首选之地。如今虽然许多建筑仍在，但已衰败不堪、今非昔比了。

经过近一个世纪的风云变化，青岛合院式住宅的使用现状不容乐观，建筑物严重老化。墙皮、顶棚脱落，楼板、栏板的砂浆松软剥落。走廊、楼梯的木板腐朽，日常行走令人提心吊胆。有的挂瓦脱落，墙体裂缝，隐患连连。由于面积狭小，居住拥挤，居民随意根据自己的意图开窗、开门、改建、加建，带来了更大的安全隐患。此外，许多院落下水设施不畅，尤其是夏季，污水横流，气味刺鼻。

与建筑内部的使用状况相似，合院式建筑街区的整体面貌也遭到了无法挽回的破坏。近年高层建筑的频繁插建，严重破坏了街区原有的尺度。中山路以西高层建筑层出不穷，使得老街区更显狭小；小港周围早已经丧失了原先的城市尺度，尤其是中山路的百盛大厦，对于老城区的轮廓最具破坏性，其高度和体量给老城区带来了严重的压迫感，实为该地段规划建设的一大败笔（图4-4-1、图4-4-2）。

《威尼斯宪章》认为"古迹的保护意味着对一定范围环境的保护。凡现存的传统环境必须予以保持，绝不允许任何导致群体和颜色关系改变的新建、拆除或改动"[14]。在欧洲，第二次世界大战之后，历史街区保护与更新的问题日益突出，更多城市毅然选择了对历史负责的做法。尽管这样会暂时付出经济的代价，但从长远考虑，保留了城市的记忆，为城市带来了更多无形的价值。

现在，青岛早先华人居住的历史街区仅有大鲍岛一带保存较为完整，也最具有历史价值。用《威尼斯宪章》的定义，这是"一个历史事件见证的城市或乡村环境"，它是"随时光流逝而获得文化意义的过去一些较为朴实的作品"[14]。在西方，19世纪末的建筑早已成为研究与保护的对象，青岛现存的大鲍岛住宅经历百年沧桑，见证了德租日占、北洋政府和国民政府时期，其对于青岛的历史价值是用任何现代商业实体都无法替代的。

对于大鲍岛区域的保护与更新已经迫在眉睫，如若放任自流，大鲍岛区域必将被城市化和商业大潮蚕食殆尽。有关部门应尽早统一规划，系统控制，果断制止破坏整体形象的插建、改建，保持该地段原貌。对于整体环境应该严格控制，包括限制周边建筑的高度，保护城市肌理和有意义的空间，保持整体建筑的色彩与形式元素等等。在保护与更新过程中，既要恪守保护的大原则，又要运用现代建筑技术手段与现代设计手法，更新建筑使用功能与街区重要节点，使之与时代同步。

注释

[1] 希姆森A A，希姆森H M，施塔克. 阿尔弗莱德·希姆森回忆录：青岛里院建筑形态的开创者[M]. 郭若璞，译. 青岛：青岛出版社，2016.

[2] 余凯思. 在"模范"殖民地胶州湾的统治与抵抗：1897—1914年中国与德国的相互作用[M]. 孙立新，译. 济南：山东大学出版社，2005：267-268.

[3] 青岛市档案馆. 胶澳租借地经济与社会发展：1897—1941年档案史料选编[M]. 北京：中国文史出版社，2004：198，377-380.

[4] 寿杨宾. 青岛海港史：近代部分[M]. 北京：人民交通出版社，1986：55-85.

[5] 任银睦. 青岛城市现代化研究：1898—1912[D]. 南京：南京大学，1998：66-87.

[6] 刘善章，周荃. 中德关系史文丛[M]. 青岛：青岛出版社，1991：115.

[7] 孙保锋. 青岛第一家近代商会：青岛总商会兴衰史[EB/OL].(2015-07-31).http://www.qdda.gov.cn.

[8] 谋乐. 青岛全书[M]. 青岛：青岛印书局，1912：20-21.

[9] 叶春墀. 青岛概要[M]. 上海：商务印书馆，1922：4.

[10] 武康，魏镜. 青岛指南[M]. 青岛：平原书店，1933：45.

[11] 李森堡. 青岛指南[M]. 青岛：中国市政协会青岛分会，1947：25.

[12] 闻一多，公日，张蓉. 客居青岛[M]. 青岛：青岛出版社，1999：3-14.

[13] 青岛市档案馆. 青岛地图通鉴[M]. 济南：山东省地图出版社，2002：72.

[14] 张松. 城市文化遗产保护国际宪章与国内法规选编[M]. 上海：同济大学出版社，2007：42-43.

05 青岛城市南北势差的格局及演变

  青岛是德国人开发和建设的殖民城市，建设之初呈现南北不同的布局特点。德国分区规划的根本原因就是种族歧视，另一个原因是为了满足防疫的需要，这种规划对城市的影响表现在畸形的人口结构、悬殊的收入层次和隔阂的市民社会心理上。德国人撤离之后青岛又经历了日本人的两次占领和1930年代的繁荣时期，青岛的城市继续完善、扩展，形成了南工北宿的带状格局，南北差距不断加大，这一状况大大阻碍了城市的和谐发展，其间几次迁移市中心的设想和实践都未能改变这一局面。

青岛城市发展的南北势差是历史形成的，突出表现在南北城区居住环境和市政设施方面，德租时期该现象就初见端倪。此后，随着北部工业区不断加大，同时工业污染也在经年积累，居住环境恶化，市政设施没有改善，南北差距不断拉大。与北部相反，青岛市南部濒临大海，环境优美，沿海岸线不断开发，其商业区和沿海别墅区都成为闻名的城市亮点。历史上多次提出了将行政中心迁离南部的规划设想，如1935年和1992年的规划。然而，对于长久以来形成的南北问题，却一直没有有力的举措。直到最近几年，政府出台了许多措施，以期整治北部区域，缩小南北差距，构建和谐城市。

5.1 南北势差的历史根源——德租时期的分区规划

5.1.1 德国人的分区规划

1897年德国海军占领青岛，次年德国与清政府签订了中德《胶澳租借条约》，并于1898年9月2日在德国国内首次公布了青岛新城的建筑规划。1900年正式推出了青岛第一个城市规划，此规划把租界地分为内外两界，青岛附近等处作为内界，分为九区。内界划分为欧人区和大鲍岛区："自西边非大利街，北边侯汉娄阿街一线，由此顺溯小北岭过挂旗山至凤台岭，再由此相沿各山岭至会前东山以至沿海沿止"为欧人区，不允许华人居住，也不允许起盖华式房屋[1]。欧人区以北，通过隔离地段为华人居住区与商业区，也称大鲍岛区。

城市分区，相应带来不同阶层的居民分区聚集。比如最早的欧人区，在德国人离开青岛后，成为达官贵人的聚居区；四方沧口一带建设大工业，形成青岛最早的产业工人住宅区；台东最早是平民聚集地，后来随着中小企业的开办以及相关商业配套设施的发展，逐渐形成青岛平民聚居区；在码头卖苦力或捡破烂为生的城市贫民则聚居在台西镇、挪庄、仲家洼一带。海水浴场、赛马场的位置，本来属于德租日占时期的别墅区，后来此区域沿海岸线向东继续扩大到太平角、八大关一带，成为别墅区。

5.1.2 分区规划的成因

德国人的规划建设客观上为青岛的现代化进程和城市持续发展起到了奠基作用，然而青岛的发展和建设明显被打上了历史的烙印，殖民者输入其"现代文明"，对华人而言却是歧视和压迫。德国分区规划的根本原因就是种族歧视，另一个原因是防疫的需要。海军建筑顾问博克曼认为，"出于健康的原因，必须把欧洲居民与中国居民尽可能地分隔开来。……尤其可以避免中国居民用过的脏水流经欧洲人居住的地方，这些脏水往往会产生极大的危害"[2]。

（1）种族隔离的实质

以强势文化自居的德国人在规划实施中处处体现了对中国文化的蔑视和对华人的歧视，这反映了欧洲列强普遍的强权意识。欧洲殖民者又以种种措施和理由对其世界霸权的要求做出辩护，从1890年开始大大加强了"白色人种"的优越性的普遍思想。种族主义的世界图像和文明化观念可以在此得到补充："白人的负担"成了从进化理论推导出来的白人的义务，即征服"低级种族"，教育他们走向文明[3]。在殖民者眼中，"中国人"是被当作"人种低下"或"价值低下"来看待的。此外，人们还把某些特定的消极性格和行为习惯，如肮脏、狡猾、不诚实等等，附加到这个种族身上[4]。

另一方面，"黄祸"这个词语在当时的德国已经流行，并深深嵌入公众意识之中了。这种现象建立在"种族主义"的基础之上，在其背后隐藏着一种莫名的恐惧。经济界人士害怕东亚的工业化，军界人士害怕从东方冲出来的大批民众，工人们则害怕来自东亚的竞争。

青岛行政管理当局为了建立区别和区分机构，经过深思熟虑做出了多种多样的决策，其目的就是要通过一系列规章制度实行并且控制种族隔离，建立所谓的中国人居住区，颁布中国人条例以及为中国人制定特别的法律制度等。德国人试图以行政命令的方式在青岛推行一种种族分离的常规，并使之扩展到所有日常生活领域。

殖民统治者的种族隔离体现在两个方面，"其一是殖民统治者一致坚信，从种族卫生学的考虑出发坚决杜绝不同种族生活在同一空间。其二应当使中国居民处于绝对的从属地位。胶澳租借地的殖民体系因此把中国居民与欧洲居民完全区别开来"，严禁中国人在青岛欧洲人城区居住。此外，还对中国居民实行一种完全不同的法律制度，该制度在惩罚形式上（例如答责）主要是以中国传统的法律为导向的。相反，对欧洲居民则遵循德意志帝国的"现代"法律。结果，当发生同样的犯罪行为时，中国人所受的惩罚形式和措施与德国人所受的惩罚形式和措施完全不同[5]。

（2）防疫的措施

1898年3月土地转让以后随即进行发展新区域的公共建设工作。成千上万的苦力在建造下水道、海港、铁路、政府大厦、私人住宅以及种植与造林等行业寻找工作。开始有一部分人住在临近的中国地区内，另一部分，尤其是商人，则建造临时性的茅棚草屋而居。当时的监督设施极不完善，显然不可能采取卫生上的强制措施。不久以后就发生了一种无法控制的情况：传染病发生了，尤其是斑疹热，使若干中国及欧洲人士丧生[6]。

1899年每1000人中，患传染病者有348人，1900年为201人。当局随之对传染病严加监管，并开始整顿卫生设备，患者才逐渐减少。根据1906年7月24日总督府令发布的传染病报告规则，如若发现，麻风、亚洲霍乱、鼠疫、天花、白喉、产褥热、赤痢、猩红热、伤寒、狂犬病等疾病应立即向警察署报告[7]。

单威廉论述道：在胶澳租借地实行隔离"既是为了欧洲人的利益，也是为了中国人的利益"，因为"根据以往经验，各种族的混杂居住会给整体的殖民化工作制造许多麻烦"[8]。

德国人于是相继颁布了一系列卫生法规条例，如《订立清洁街道章程》《拟订设立厕所章程》《订立倒弃脏物章程》《订立倒粪章程》《订立养狗章程》《防护染疫章程》《报明传染病章程》《防疫告示》等等。实质上防疫措施是其分区政策的一个冠冕堂皇的理由，单威廉认为，把中国人与欧洲人严格分隔开来的措施看上去似乎仅仅出于卫生学和卫生预防的考虑。"把中国居民与有损健康的危险以及传染病和瘟疫的起源等同起来的流行观念，在论证殖民统治者所实行的措施并使之合法化方面发挥着重要作用。"然而，在这种流行观念背后隐含着殖民统治者和德国殖民者某种极大的担心和实际的恐惧。这种潜台词就是分区制度最有利于稳定殖民地的统治[6]。

5.1.3 分区规划对城市的影响

（1）畸形的人口结构

在城市形成发展过程中，青岛的人口构成具有明显的二元化特点。青岛地区在建置之前，没有繁荣的商业和深厚的文化基础，殖民者是在空白的土地上开发建设的。在城市发展建设初期，城市的人口分为两个对立的阶层：殖民者以其统治特权和拥有的现代技术成为上流社会，其人数在德租时期约占市区人口的5%左右。

同时青岛出现了最早的打工群体。他们多是破产渔民和农民，少数是章高元驻青时的码头、运输、修建工人以及民夫和手工业者。他们的土地被征用，船只被破坏，只得出卖劳动力谋生，占城市人口的大多数，处于社会最底层[9]。青岛人口构成中缺少具有一定社会地位和经济基础的中间阶层。

1900年城市分区规划制度，加剧了这种人口二元化结构。从城市格局上表现为城市由北到南，即从农村到华人市镇再到欧人区差距逐次增大。

随着青岛城市的发展，来自本省的大量民工移民涌入青岛，他们没有经济基础，只能依靠出卖体力或者开展小规模手工业为生，底层社会的人数剧增。居高不下的人口性别比例也说明了这点，1916年青岛华籍人口的性别比例是185，1917年为198.6；为青岛历史上人口性比例的最高点[10]。

1910年国内局势动荡不安，可是青岛偏于一方，社会安定，使得大批清朝遗贵和富豪财主也涌入青岛欧洲人区，他们凭借雄厚的资产成为新的上层阶级，这也使德国人在1910年城市扩张规划中取消了欧华分区。青岛的人口构成模式一直保持着相互对立、贫富相差悬殊的二元结构。

青岛在开埠不到30年的时间，其农业人口即从占总人口96.1%下降为27.5%，商业人口则占11.8%，工业人口占9%。1922年城市人口增加到15万人。这个时期工商业和企业中层职员增加了，但所占比例还是很小。值得一提的是，1925年无业游民达97311人，占青岛人口总数的34.3%，他们因缺乏技术无法成为技术工人，寄身于城市贫民阶层。青岛尽管吸纳了众多的人口，但无力加以消化整合[12]。1920年代青岛职业构成表明：青岛仅处于一个从传统向现代的过渡期，青岛社会完全现代化尚需要一段艰辛的历程，并付出较大的代价，该时期青岛总的人口构成特征仍基本延续二元结构的特点。这种人口结构受到德国人最初的分区规划的影响，而且在发展过程中又强化了这种城市结构。

（2）悬殊的收入层次

与德国人分区规划相对应的是青岛地区的收入层次，它也在殖民者分区统治下被不断强化。德租日占时期青岛职业人口工资收入的差别，使青岛市民的生活呈现出多层次性，从而出现纷繁复杂的生活方式。

青岛职业人口的收入大致可分为三个层次[11]。

第一层为高收入阶层，这部分人人数并不多，其生活方式也不具普遍意义，但对青岛人的影响较大，包括官僚、资本家和买办。

德租日占时期的官僚、资本家多为外人，他们收入丰厚。如德租时期总督年薪为5万马克，民政长官15300马克，林分署长11900马克……[12]

作为洋行业务总代理人的买办在当时是所谓"高级华人"，买办在总的业务收入中提取一定比率的佣金。其收入之丰厚并不在官僚、资本家之下，如傅炳昭为德国军舰和商轮采办食品等物，后经营房地产业，成为仅次于刘子山的青岛第二号"房产大王"[13]。

第二层为中等收入层，其中又可分为二类。

一类是凭借知识与专业技术服务于社会而获取报酬的群体，包括公务员、警察、教员、律师、医生、新闻记者及专业技师等。相对而言，职业较为稳定，生活水平也稳中有升。

另一类是工厂里的监工、工长等管理人员，还包括一般商店中的掌柜等。在这类人中尤以监工收入最多。他们懂得一点英语或德语，按件承包活计，或在工人与德国监工之间充当翻译，本来工资收入不菲，还要从工人那里提成。他们用勒索来的钱去经商或投机谋利。

第三层为社会下层，他们占青岛人口的大多数，包括工人、店员和苦力等。他们收入微薄，在下层家庭中，仅靠男工赚钱难以养活全家，因此女工、童工多出自此类家庭。据1918年统计的16种工役工资概况，纺织男工月薪为6~19.50元不等，女工为4.5~9元不等……纺织童工（12~15岁）工资最低，月薪仅为2.4元[14]。下层工人的收入之低可见一斑，更何况这还是以排除伤病、停工等保证出满勤为前提，按照工资率推算出来的，实际情况或许更差，青岛的社会下层整日为生存而奔波。

据《胶澳志》载，此期青岛乡民终岁辛勤所得70%~80%用于食物，衣服所费不过10%~20%，居住则更占少数。至于市内工匠、劳力的衣、住两项开支较乡民为大，大约食费占四五成，衣服占二成，居住占一成[15]，并且这是以保证在业为前提的。由于德租日占时期青岛城市的功能决定了青岛对劳动力的容纳力有限，致使来青的大批移民处于无业或失业状态，这又反过来导致在业工人工资的降低。这种严酷的现实，导致青岛社会普遍产生一种对失业的恐惧和对生活失去信心的悲哀心态。

（3）隔阂的市民社会心理

德租日占时期，随着社会的急剧变化，青岛人社会心理的重塑在分裂与融合两个层面上表现出一种复杂多元的叠化现象，但并未臻于完善与健全，直至影响到现在。这与殖民时期分区规划的政策息息相关。

容纳与排外是青岛人人格特征中的一对矛盾体。清末民初青岛的开放环境使青岛成为人口高度异质的移民城市，青岛已纳入与中国各地、世界各民族的相互交流与依赖之中，从商店中的商品、工厂中的机器原料至青岛文化、青岛生活方式乃至青岛人本身，无一不具有来源的多向性与层次的多元性。开放意味着多元，多元产生容纳意识，青岛人的容纳意识就是在这样的开放多元环境中形成的。排外是青岛人社会人格中极具特征的方面，青岛人的排外不仅表现在先来者对后来者的排斥，而且表现在青岛市内不同区域间的相互排斥。

这种隔阂心理的产生主要源于德日在青岛的殖民式统治，尤其是德租时期"华洋分居"和分区治理，使青岛市内区域间经济、文化等差异较大，所居区域往往成为其身份的象征，区域间的差异甚至表现在语言及习俗方面。因此欧洲区的居民自认比大鲍岛的人高贵，华人住区的人瞧不起偏远村镇的人，对于乡下人和外省人的歧视则是青岛市区人的共同心理。比如"老耙子"这个词是青岛人对乡下人——他们的父辈的家乡人的一种概称，带有明显的贬义[11]。

另外隔阂心理的产生也是德租日占时期青岛城市功能使然，自青岛开埠伊始人口即大量集聚，而此时青岛城市功能从转口贸易的港口城市向工商并举的城市转变，在城市工业尚且极其有限的情况下，城市不可能吸纳大量的劳动力，因此青岛下层市民对大批进入的移民极为敏感，所以，从生存本能出发，青岛市民产生了强烈的排外心理。

5.2 青岛北工南宿的格局形成

5.2.1 第一次世界大战之后到抗日战争之前的青岛

1914年夏，日英联军对德国宣战，德国忙于第一次世界大战欧洲战场，无暇东顾。于是，联军乘势于11月7日出兵攻占胶州湾租借地，其后日本通过"二十一条"取代德国对胶州湾地区（日本称"胶州湾租借地"）进行军事殖民统治，其势力范围承袭原租界条约规定的德租境域，并设置了隶属于天皇的守备军司令部。日本人有数万人移民来青岛定居，进行殖民活动。日本人不仅掌握了青岛的政权，并且在青岛大力投资，加强了对工业、商业、金融等方面的控制。同时，通过与华商合办企业的形式，以青岛为据点，将经济掠夺的触角沿胶济铁路干线伸向山东腹地。日本还在青岛推行奴化教育，美化侵略。总之，日本侵略势力深入青岛的政治、经济、文化各领域。当然，日本占据青岛时期青岛的工商业在客观上也得到发展，青岛开始成为中国重要的轻纺工业基地。

在城市建设方面，1917年以后，青岛的城市建设明显加快，1918年日本殖民当局在原规划与建设的基础上对青岛市区进行了扩张规划。新规划是原德制青岛规划的延续，市区沿着胶济铁路和胶州湾西海岸向北展开，北至海泊河边与台东镇连成一片，并且计划越过海泊河口，在大港码头以北大面积填海，作为开辟新码头和港口的货物集散地。该规划初步形成南北长、东西窄的带形城市，从此确定了青岛的城市格局。

日本占领青岛后，着重于迅速扩充经济实力，强调"把实业利益置于对华方针的首要地位"，充分利用青岛的已有条件，进行大量工业投资，获取利益。城市空间形态的演变有明显的经济利益驱动特征，具体表现是市区迅速沿胶济铁路方向向北拓展，并有四方、沧口两区的跳跃性发展。就原市区来说，到1922年青岛归还中国时，建成区面积约20平方公里，规模大约比德占时期扩大了三倍，同时工厂、道路、住宅、商店、市场、戏院等都已完备，此时青岛已不再仅仅是德租时期的一个功能单一的港口城市。

1922年2月4日的华盛顿会议上中日签订《中日解决山东悬案条约》，同年12月10日，中国正式收回胶澳租界地，设立胶澳商埠督办公署，市内称为青岛市，直属北洋政府。这一年，北洋政府明令规定，胶澳商埠的疆域仍沿袭德国租借时之经纬度。1927年，裁撤道制，胶东道各县直属山东省。1929年4月20日，南京中央政府接管胶澳商埠，设青岛特别市，直隶中央政府行政院管辖，成为抗日战争以前中华民国的五个院辖市之一。北洋政府统治青岛时期（1922—1929）城市建设成绩不大，只是沿着原有别墅区向东开始兴建太平角沿海一带的别墅。在鼓励民族企业发展的政策下，台东的工业区和大鲍岛区又进一步的发展，向东部局部延伸。

1930年，改称青岛市，建置不变。1935年7月，经青岛市政府和山东省政府会呈行政院核准，将即墨县崂山东部主要山脉全部划归青岛市管辖。1930年代沈鸿烈主政青岛时期，一方面国家的整体发展趋势为城市发展提供了良好的大环境，另一方面市政当局用心经营，青岛进入全面发展的高潮期。城市建设一边继续充实原市区，一边不断开辟新市区，突破了德制青岛规划的范围。新辟市区主要包括齐东路至大学路、登州路至西山路间以及台东镇东南的住宅区，台东镇西北的工业区，荣城路东特别规定建筑用地，以及四方沧口间的大工业区和湛山以东的住宅区。市区内则新建、改建了大批公共建筑，开辟新的旅游风景点、八大关别墅区、莱阳路住宅区、中山路银行群等都在这一时期形成，在台西镇等地兴建了很多民众大院。

由于对青岛旅游功能的强调，此时市区空间除了向北沿胶济铁路扩展外，市区内沿海岸线向东扩展的趋势也很突出。到1935年，市区建成面积约35平方公里。

5.2.2 第二次日占时期（1937—1945）

由于不久后抗日战争爆发，这一规划最终搁浅，1938年初日本第二次占领青岛，为了其军事目的，1939年制订了新的青岛发展计划——"母市计划"，确立了带形发展策略，市中心同样选择迁移到台东镇一带，规划范围之大，直至1989年青岛规划还没有超过这一方案的范围，但这一规划从没实施过。

青岛市的规划目标是发展成为一个"政治、港湾、工业和观光性质的城市"。虽然天津港的地位一直在青岛港之上，但日本人通过比较认为，天津港的自然条件不足是难以弥补的，而青岛由于仅有胶济铁路与内地联系造成的腹地不足问题，可以通过增建铁路来实现，因此青岛更应该作为将来华北的中心港考虑。青岛的区域定位在这次规划中再一次得到提升。大港按计划进行了扩建，可惜的是胶济铁路的延长以及铁路增建问题一直没有得到有效的解决。

日本人亦首次在青岛规划中明确提出组团式城市布局形式（1978年的青岛城市总体规划中再次出现这种布局形式），城市用地向北扩展到白沙河，使青岛成为长25公里、宽4~5公里的典型的带形城市。四方至白沙河沿海一线进行填海造地，作为工业区，在其东侧是商业区，并相应地兴建居住区，市南是高级住宅区。与1935年规划一样，市中心同样选择迁移到台东镇一带。在扩建大港的同时，考虑新建沧口港。铁路方面考虑将客运和货运线分开，在工业区中心建大调车厂，在新的市中心建中央客车站。规划了南北三条干线和立体交叉道路，对机场、公园、绿地等等也有规划。

在1937年中国工厂分布的统计中，青岛有工厂138家，在当时的5个直辖市中排名第二，在全国所有县市中排名第六，排在青岛前面的有上海（1166）、汉口（273）、福州（165）、重庆（152）、无锡（140）。至此，青岛已成为中国重要的工业城市，其中纺织业的发展最为突出。

九一八事变后，日本帝国主义加紧对华北的经济侵略；国民党政府统税税则制定后，日资纱厂则获得了特别优厚的待遇。除扩大投资规模外，日本帝国主义又在青岛新设了3个纺织厂。据1936年统计，9家日资纺织厂的资本总额占日本在山东总投资的72.58%。到1937年8月，青岛纺织工业（9家日资纱厂和1家华资纱厂）的纱锭总数占华北地区纱锭总数的57%，布机占华北地区总数的68%。这个时期纺织业的发展既奠定了以纺织为代表的轻工业在青岛产业经济中的地位，也奠定了青岛纺织业在全国的地位，使青岛在全国仅次于上海，居第二位，并有了中国纺织业的上（海）青（岛）天（津）之说。

此外，纺织业作为青岛的支柱工业，对青岛城市空间形态的演变起到很大作用。日本人在1914—1937年间投资兴建的9大纱厂，有3家位于四方，其余6家位于沧口。这些纱厂占地面积都很大，使得1930年代的青岛仅纺织业用地就已超过6平方公里。该规划将市区继续向北延伸至白沙河附近（图5-2.2-1），充分考虑到港口、铁路的既定位置、工业点的分布等现实因素。为继续发挥青岛对外交通的优势，规划的工业区沿铁路布置，商业区和居住区则布置在工业区东侧，既可以保证分区合理，又方便彼此联系。虽然日本人为青岛制定了宏伟的规划，却没有足够的能力实现。

这一时期的建设主要是为军事目的服务，比如大力发展钢铁机械工业，整个大型机械工业由战前的7个，发展至1942年的29个。其中大多数工厂位置都选在胶济铁路沿线沧口以北的水清沟、流亭一带，再次促进了青岛带形城市布局的形成。

1945年日本战败投降，青岛重新回到国民政府手中。1946年市政当局曾计划进行全市范围的总体规划，计划将台东镇一带划为商业区，四方沧口一带划为工业区，东吴家村、西吴家村、东太平村、西太平村等地带划为市中心区（即行政区），钟家洼、亢家庄、浮山所、湛山、鱼山等地带划为风景住宅区，大港、小港及将来填筑的四方海湾等地划为港埠区，现在的市中心区及台西镇一带划为混合区，薛家岛、明岛、水灵山岛、沙子口等地带划为渔业区，崂东、崂西地带划为名胜区。但接着爆发的内战，尤其是美国的军事参与，使青岛成了军事前线，不再是往日平静发展的一隅。

5.3 两次迁移行政中心的构想

在青岛城市发展史上，两次提出将行政中心迁移的构想（分别是1935年和1992年），这一思路是对德国初始规划城市结构的一种突破尝试，但是这两次规划的结果却大相径庭。

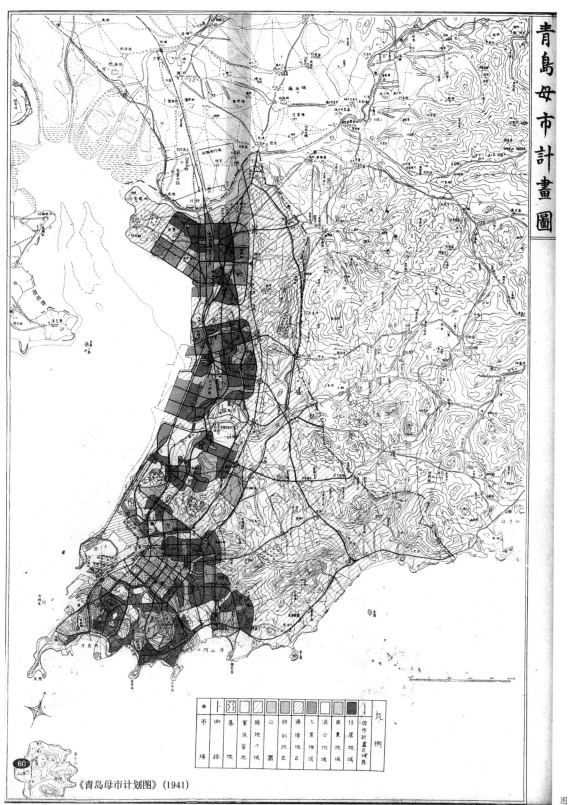

图 5-2.2-1 日本占领时期的青岛母市规划

5.3.1 1935 年的城市规划

1929 年 4 月，青岛被南京国民政府接收，进入相对稳定的发展时期。1935 年 1 月，青岛市工务局推出《青岛市施行都市计划方案初稿》，虽然它有许多历史局限性，而且最终由于抗日战争爆发没能付诸实施，但在青岛城市发展历史上具有重要的意义，因为这不仅是中国人自己制定的规划方案，而且其内容很大程度上走出了德国殖民者分区殖民统治的羁绊，为城市和谐的发展规划了新的蓝图（图 5-3.1-1）。

此规划的市区范围向北扩展至沧口、李村，向东扩展至辛家庄、麦岛一带；其严格执行城市功能分区（而并非德租时期考虑种族歧视的分区制），增加工业区的规划，全市按规划用地划分为行政区、住宅区、商业区、港埠区、工业区五类。

规划中一个关键的举措是行政中心的北移。规划认为"一市之中心区域，则为全市之核心，应为政治机关所在地、商业集中点，并应与港埠铁道相近，乃全市活动力最大之处，位置必须适中"。而德国人的规划位于欧人区正对青岛湾中心，只是为了满足殖民主导控制，"徒具形式，不合实用，尤以将来发展后之情形为甚"[17]。因此迁移市中心势在必行。新市中心将来必须是处于繁盛的商业区附近，与港埠各区及城市主要区域联系紧密，交通便捷。迁移之后腾出沿海一线还绿地风景于市民。

最终市中心选址在东镇西工厂地一带。它"为全市交通最集中之地，大港码头告成后，交通之集中更形显著，实为最合理想之地点"[16]。迁移市中心的计划在五十年后得到实施，只是新市中心迁到东部沿海地带，并没有按照当时的规划设想迁移至台东镇一带。

1935 年规划指出，台东镇西"现为工厂地，包围于全市大商业区之中央，实非所宜，急应迁出，以工厂地改为商业地，其势甚顺"[16]。这一预测，到 1990 年代成为现实，在工业大量搬迁后，台东成为青岛增长速度最快的商业中心，德租时期延续多年的商业中心格局随之彻底改变。

这个计划方案也受到了 1933 年《雅典宪章》的影响，规划中强调为"工作、生活、交通、游憩"服务，体现了一定的社会公平意识。规划手法上强调把西方技术同中国固有传统结合起来，发扬本民族特点，突出城市功能规划，逐步消除殖民歧视。例如，"园林空地计划"中认为，现有之跑马场应迁移，虽然位置非常优越，但规划将它作为公园之用。其次如"海岸应归公有。凡海岸路线之靠海一面余地，不论其大小，一律保留作为开辟公园及建筑公共房屋浴场等用"。"现在市区范围内之公园已过少，万不能再改作建筑地。将来市区扩充，规定面积每半平方公里内，必须有小规模公园一所"[16]。这些思想对于当今青岛的建设仍有借鉴意义。

5.3.2 1992 年的城市发展

1992 年实施的东部开发战略改变了青岛发展的迟滞状态。东部是指青岛老市区以东，崂山风景区中部以西 100 多平方公里的土地，这里自然环境优越，又紧靠市区，可以有效地实现老城人流、信息流向新城区的过渡。这一举措将行政中心特有的政治集中能力转化为经济融合能力，成为青岛经济快速发展的显著标志。此后几年，青岛的发展速度明显提高，1993 年青岛提前七年完成国内生产总值第二个翻番，1994 年青岛的国内生产总值达到 520 亿元，连续三年保持了 20% 以上的增长速度（图 5-3.2-1）。1994 年 2 月，青岛市被列为副省级城市，城市级别获得了提升。

这一举措对青岛市的发展具有重大意义，但青岛城市的主体部分始终位于城市区域的南部，长期以来在马太效应作用下，拉大了青岛市南北的发展势差，而且还带来了青岛东西地段的差距。

其一，作为城市政治、经济和文化中心的东部地区的土地资源接近枯竭，城市下一步的功能完善和产业结构调整都将因此而受到制约；其二，北部地区的城市建设没有进入良性循环，土地整体的投入产出率偏低，城市自南向北土地级差偏大，土地资源没有体现出应有的价值，不利于整个城市的经营和发展。最后，东部开发，影响了青岛市环胶州湾发展的战略，北部发展的包袱越发沉重。

随着城市进一步发展，原有的格局被逐步打破。2007 年 11 月，青岛市正式提出"环湾保护、拥湾发展"的城市发展战略构想，将青岛与胶州湾打造成"环湾都市"，以利于推动产业结构的

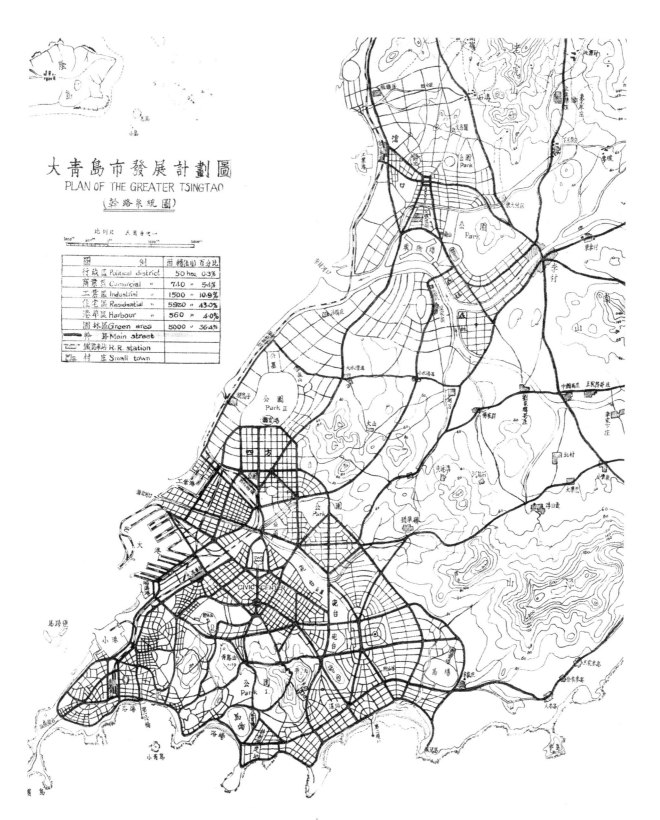

图 5-3.1-1 1935年青岛都市计划

图 5-3.2-1 青岛东部新市中心鸟瞰

进一步升级。2011 年 6 月 30 日,青岛胶州湾大桥和青岛胶州湾隧道建成通车,结束了胶州湾两岸"青黄不接"的历史。2012 年 12 月 1 日,青岛市做出重大行政区划调整,撤销市北区、四方区,设立新市北区,以原市北区、四方区行政区域为新市北区行政区域;撤销黄岛区、胶南市,设立新黄岛区,以原黄岛区、胶南市行政区域为新黄岛区行政区域。到 2020 年的规划,青岛的更大的格局和完整的城市体系逐步形成。

5.4 结语

青岛的城市结构在德国占领时期形成了最初的框架雏形,城市的南北势差也由此形成,并且在日本人第一次占领时期和 1930 年代民国时期得以进一步的确立,到了抗日战争时期经过日本人再次规划,这一特征愈发凸显。1990 年代青岛迎来了跨越式的发展,随着西海岸新区、红岛经济区、蓝色硅谷核心区规划的出台,青岛开始环绕胶州湾兴建真正意义上的现代化国际城市,在当今青岛规划的版图上,最初德国人的分区规划成为很小的城市片段,大青岛的格局早已跨出了形成多年的南北形态。

纵观青岛的城市发展,有很多值得思考的地方,大城市在发展过程中有可能出现旧城市、旧城区的"边缘化"现象,容易形成发展"偏锋",这样城市整体的现代化进程将大打折扣。城市发展理应遵循"综合平衡"的原则,强调城市在空间、时间流程上的战略平衡,强调全局与局部的关系,注重城市发展过程中各要素的动态平衡。因为所有城市空间要素、时间要素、资源要素等都是相互依存、相对稳定的,只有大城市所有要素有机组合,协调发展,才能够实现战略共荣,构建和谐城市。

注释

[1] 谋乐.青岛全书[M].青岛:青岛印书局,1912:11.

[2] 博克曼.青岛的城市设施[J].殖民月报,1913(15)11:471.

[3] 盖斯.种族主义的历史[M].法兰克福:[出版者不详],1988:158.

[4] 罗梅君.1890—1945年德国人对中国、中国人以及德国人在中国的作用的想象[M]//郭恒钰.从殖民政策到合作:德中关系研究.慕尼黑:[出版者不详],1986:411.

[5] 余凯思.在"模范"殖民地胶州湾的统治与抵抗:1897—1914年中国与德国的相互作用[M].孙立新,译.济南:山东大学出版社,2005:216,258.

[6] 单威廉.德领胶州湾(青岛)之地政资料[M].周龙章,译.台北:台湾当局地政研究所,1980:98.

[7] 刘善章,周荃.中德关系史译文集[M].青岛:青岛出版社,1992.

[8] 单威廉.胶澳:它的发展和意义:一个回顾[Z].柏林,1915:61.

[9] 刘善章,周荃.中德关系史文丛[M].青岛:青岛出版社,1991:160.

[10] 胶澳商埠警察厅.调查各区本国籍男女职业细别表、调查各区居留外国籍男女职业细别表[Z],1925.

[11] 任银睦.青岛城市现代化研究:1898—1912[D].南京:南京大学,1998:93-110.

[12] 中华农学会报,1921(2):1-4.

[13] 青岛工商业联合会工商史料工作委员会.青岛工商史料:第三辑[Z],1988:137.

[14] 青岛日军民政部.青岛之工商业[Z],1918:10.

[15] 袁荣叟.胶澳志[M].青岛:胶澳商埠局,1928:374.

[16] 青岛市工务局.青岛市施行计画都市方案初稿[Z],1935:11-37.

06 历史环境的回归与城市功能的整合

　　近代历史城区保护的关键不仅在于历史环境诸多要素的完整回归，更在于城市功能结构的合理组织，唯有如此才能既保持完整的历史城市形态，又能使之良性运转，成为有机的整体。基于上述原则，本章以近代历史城市青岛为例，剖析了当前近代历史城区面临的主要问题，提出了回归原有城市建筑、街区、景观、文化等历史环境元素，整合离散的城市结构功能的保护策略，并强调了建立科学有效的城市保护管理机制的重要性。

历史遗产的稀缺性和文化底蕴可以给遗产再利用带来经济和社会的特殊附加值，但是这一切都建立在文化遗产价值的理解与珍视基础之上，这便对管理者提出了更高的要求。意大利文化遗产保护学者切萨雷·布兰迪（Cesare Brandi，1906—1988）认为，保护的一大原则就是潜在统一性的整合，即使这些文化遗产破碎于残节断片之中。当今城市遗产的保护已经成为城市生态环境保护的重要部分，整体性的思考领域已经超越了实体建筑的边界。如果缺乏明确的科学基础，没有经过多角度史料文献的科学论证，而且又忽视了现代城市生长的角色合理，就无法实现真正意义的保护与发展。

第二次世界大战期间欧洲大多数城市遭受了严重的破坏，随着战后经济的恢复和城市的扩容，存留下来的遗迹经历了第二次冲击。围绕如何保护与重建的问题，现代主义者与古典主义者各执己见，直至1970年代中期，欧洲历史城市保护全面回归理性，城市历史风貌得以最大限度地恢复和保持，历史城区焕发出了前所未有的活力。将战后断壁残垣的城市废墟与其后焕然一新的老城新貌相比较，我们除了感叹历史环境要素的理性回归之外，更应该意识到城市功能结构在现代化过程中适时重构的重要意义。城市功能重构的含义包括，历史城区的整体性联动发展，生态格局的形成与可持续发展，城市功能的创新型转化。它是解决老城问题的治本之策，是城市保护策略的关键。意大利古城博洛尼亚就是注重城市整体保护的成功案例，它的保护经验包括：战后合理规划使整个都市协调发展；保留历史建筑类型，并且营造适宜的现代生活；建立针对性的保护原则，即人口与文化同时并存；成立全民参与的保护组织——居民委员会（图6-0-1~图6-0-3）。

回过头来看我国历史城市的保护却是另一番情形，大量珍贵的城市遗产，即使幸免于动乱年月，却又挣扎在来势汹汹的城市化大潮之中，城市发展的问题千头万绪，社会、经济、文化及社会各方利益纠结在一起，经常导致社会良知向开发压力妥协，未及冷静思忖，大规模改造就已启动，变化之巨前所未有。青岛是重要的近代开埠城市，当前城市面临的状况恰恰就是中国近代城市的缩影。

6.1 历史城区保护的现实意义

青岛城市是一座典型的滨海踞山的近代侵入型城市。先后由德国与日本独占与经营建设，历经北洋政府、国民党政府的规划与建设，在城市建设各历史时期均遗留有大量文化遗产。同时城市具有临海丘陵的自然环境特征，以及人工环境与自然环境有机融合的独特城市风貌特色。因城市在沿海易受外敌入侵地区，也形成外来文化与自然特征相结合的特点。青岛城市规模在1949年后几十年的城市建设中扩大了三倍多，旧城不大但占据了核心部位，成为城市主要特征与标志。

青岛市老城区集中反映了青岛城市形态与文脉的历史传承与演变，是青岛国家历史文化名城的主要保护区域和"文化地标"，人们在期待物质功能和环境质量不断提高的同时，亦希望这个特殊的历史地段发挥其独特的城市精神功能，体现城市文化的积累和历史的延续性。然而通过功能定位、产业引导、空间布局等举措促进该区域的发展已刻不容缓，在老城区保护与利用之间寻求一个合理的契合点也尤为重要，对于老城区的总体保护及发展研究，具有重要的现实意义。

重新梳理老城区空间，改善居住环境，重建老街里的风情家园。在保护街区历史文化遗产的前提下进行有计划的更新改造，改善居住环境、城市景观、基础设施与整体旅游环境，重建青岛市具有老街区特色的风情家园，优化产业综合发展环境。

挖掘老街区的文化元素与历史元素，注入新的产业功能，吸引高素质人口回流，重塑区域经济发展动力。挖掘中山路、栈桥、现状里院、海云庵等要素，充分利用原有的商业基础和具有欧陆风情的近现代文物建筑群，在发展原有商业、旅游业的基础上，注入文化产业、创意产业等业态，从而吸引部分高素质人口就业，重塑区域经济发展的动力。

制定保护措施与发展策略，避免城区保护与发展之间的冲突，从而有效指导该区域的城市建设。在对现状问题与要素梳理的基础上，结合有关法律法规，使该区域的开发建设有章可循，从而有效避免历史城区保护与开发之间的矛盾。

图 6-0-1 德国维尔兹堡 1945 年、2013 年照片比较

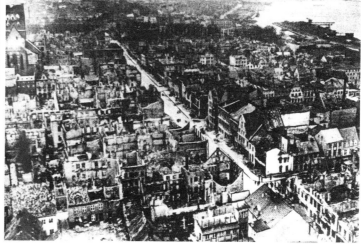

图 6-0-2 德国罗斯托克 1945 年、1980 年城市面貌比较

图 6-0-3 意大利古城博洛尼亚鸟瞰

6.2 老城区城市发展中的矛盾

作为国家级历史文化名城的青岛在经济高速发展转型过程中，发生了深刻的变化，尤其是作为历史文化名城主要载体的青岛市老城区，正经历着城市经济发展、功能结构调整所带来的诸多影响，导致制约该区域发展的深层次矛盾日益突出，具体体现在以下方面。

城市发展重心的东移，以及老城区经济增长兴奋点的缺失，导致该区域正逐渐走向衰落。青岛老城区异国文化和中国传统及地域文化的承载体，是青岛多元文化的重要组成部分，见证了青岛的繁荣和辉煌，是城市历史时空所积淀的深层文化内涵。1992年青岛市行政中心东迁，实施东部开发战略，成为城市空间拓展的一个转折点。随着城市战略重点的转移和人口的迁徙，老城区正迅速走向衰落，城市功能的衰退直接影响了城市整体功能的正常运行和当地居民生活质量的提高。

基础设施发展滞后，居住设施配套不完备，导致区域人口结构趋向老龄化、低收入化。老城区基础设施发展滞后，老建筑不适合现代居住，发展空间受到限制且开发更新成本过大，缺乏就业空间等因素，使得区域内中高收入和年轻人群逐渐外迁，从而导致该区域人口结构趋向老龄化、低收入化。

由于客源流失，区域商业业态呈低端化趋势，同时受东部大型游乐建设项目的影响，该区域旅游功能逐渐衰退。客源流失，购买力下降，使得区域内商业业态正向低端化发展，商铺租金逐渐递减。同时在区域本身旅游承载能力低、缺乏旅游品牌产品以及受东部新建大型游乐项目的影响下，老城区的旅游功能逐渐衰退。

大型交通集散点集聚，以及老城区现有交通承受能力差，导致区域交通压力过大。轮渡和南隧北桥等大型交通集散点集中于老城区西部，而老城区路网密集，路面较窄，十字形与丁字形路口较多，停车泊位匮乏，占路停车现象严重，致使该区域交通压力过大。

传统历史街区功能逐渐缺失，区域面临历史建筑保护与城市建设协调的问题。由于老城区内的老建筑大部分年久失修，立面破损、墙体开裂严重，后期又加盖了一些违章建筑，加之不合理使用，造成院落空间拥挤，历史街区功能逐渐缺失，同时受近期城市更新建设影响，部分历史街区周边高层林立，严重影响了老城区的整体风貌。

6.3 青岛历史城区问题现状

（1）建筑与街区：忽视价值，盲目旧改

像许多其他的历史城市一样，以旧城改造的名义推进城市化建设。老城的开发强度并非通过城市的承载容量、景观品质来控制，而是与开发商讨价还价确定方案，致使近年来大量新建项目逐步蚕食历史城区，城市文化不断萎缩，如青岛云南路和小港历史文化街区的消失，中山路街区的随意拆除和插建。在重要的单体历史建筑保护与修复方面，也有许多建设性的破坏，如对沿街外立面修饰粉刷却忽视内部生活设施；拆除历史建筑，却又仿制复建，对非文物历史建筑随心所欲地处置等。

（2）居住形态：标准低下、居民弱势

青岛历史城区中心地带的人口密度和建设密度居高不下，由此产生了极大的公共、交通、市政设施的压力。虽然城市总体规划等文件都提出过疏散老城的策略，但在实施过程中没有得到全面落实。许多社区人口密集，设施简陋，居住环境恶劣，可为市民服务的公共绿地非常匮乏。在历史城区北部和台西区，能够自我改善的居民陆续搬离，将住房租给更为弱势的外来务工人员，导致历史社区老龄化、弱势化现象凸显。此外，一个重要的保护难题是历史城区居住建筑产权关系非常复杂，置换困难，严重制约了老城街区的更新进程。

（3）城市结构现状：功能衰落、结构离散

青岛老城的功能结构在特定的时期内是合理稳定的，但是经过近年来城市的不均衡发展，问题愈发显现。最初的城市规划采用了带形城市的理念，通过强有力的核心维系老城正常的机能。然而随着东部新城的发展，老商业中心功能衰落，各功能组团相互离散，各区域的商业服务节点只能通过一些破碎的线形产生联系，造成了城市肌理中断，城市区域分割，缺乏有机紧密联系和整体逻辑，城市发展被动受限。中心功能衰弱导致"内塌"连锁反应,致使物质条件降低和居民弱势化恶性循环。近些年许多开发项目见缝插针地入驻老城,使得历史城区功能混杂,工业、仓储等功能没有得到置换,在台西、辽宁路沿线、大港等区域衰落的产业用地和居住功能混杂在一起,城市结构分崩离析(图6-3-1~图6-3-4)。

6.4 历史环境要素的回归与保护

历史上,青岛老城区山、海、城自然完美结合,欧洲先进城市规划及建筑设计理念的实践和近代中西文化的碰撞交融,以及影响中国乃至世界历史进程的重大事件,更使其成为一座名副其实的近代历史文化名城(图6-4-1)。青岛老城的历史环境特色突出表现在以下几个方面。

6.4.1 "山海城"关系格局

青岛历史城区地形独特,在优秀的城市设计和一贯的城市规划控制下,青岛历史城区形成了独特的"山海城"的格局,"山海城"一体使青岛拥有了得天独厚的城市风貌。青岛老城坐落于连绵起伏的丘陵地带上,毗邻胶州湾、黄海之滨,地势开阔舒展。老城沿山海之势自然展开,城市轮廓线、比例尺度、自然环境互相交融,相得益彰,共同构成了自然环境与规划建设和合而成的历史景观(图6-4.1-1)。

1900年青岛就已经有了成熟的城市规划,城市绿地依托丘陵地势,延绵起伏。100多年后的今天,青岛老城区的景观布局已经有了很大的变化,森林体系逐年萎缩,且各自孤立,变成了离散的环境结构。对青岛老城海岸线的保护已然刻不容缓,青岛老城区的历史环境亟须得到恢复。2003年青岛海滨浴场改造成功,海滨密集的辅助建筑被拆除,回归了最初的城市设计,还原了大海、沙滩的历史环境与自然风貌。但是青岛历史城区仅有沿海一线的城市景观是远远不够的,应当扩展更多区域的开放空间。保护青岛"山海城"的关系格局主要包括以下内容。

(1)保护自然环境特色

保护"山海城"历史格局首先要保护好自然环境特色,包括海岸、山体。海岸的保护包括保护海岸线的位置和自然状态、海角、海湾的形态,沙滩和海水的品质。山体的保护包括保护山体轮廓的完整,保护山头和山谷的关系,保护山头现有的开放空间,并对山麓建筑的高度进行严格控制,保证山前视野开阔。对于观山视野、特别是山海通道内的建设高度进行严格控制,已有的障碍建筑应尽可能创造条件予以拆除。山体背景区域的山体轮廓线不得被后方建筑突破。

(2)保护城市的整体格调

应当维持青岛城市整体色彩"红瓦、绿树、碧海、蓝天"的特性,保护绿化,美化环境。风格形式以坡屋顶和西欧风格为主。

(3)保护城市景观区域的公共性

应保护城市景观区域的公共性,使"山海城"这一特色都为大众共享。应当保护公园、广场、沙滩等开放空间的公共性和开放性。应当保护滨海景观带的品质和畅通性。

6.4.2 风格多样的城市建筑

历史上青岛历史城区的规划与建筑代表了19世纪末西方先进的设计思想,如城市规划中的带形城市、花园城市、有机疏散理念,建筑设计中的青年风格派、新罗马风、现代主义、折中主义思想,它们在中国近代城市中绝无仅有,其特色空间、特色街坊、特殊产业遗产等都是重要的城市文化遗产。

青岛历史城区的历史建筑风格各异,又协调统一,包括历史公共建筑、独立式小住宅、里院民居、公寓、产业建筑、军事建筑等不同类型。这些丰富的历史建筑构成了历史风貌的主体。保护历史建筑不但应当保护文物保护单位和历史优秀建筑,也应当将还没有列级的保留历史建筑和一般历史建筑纳入保护内容。保护历史建筑应当保护建筑本体的风格特色、形体特点,也需要保护其周边环境。

当前青岛的历史建筑分为已列级保护建筑和未列级保护建筑两类,二者都应得到重视。首先应完善普查登记工作,增加保护投入,确保其"有保护范围,有保护标志,有记录档案,有保管机构"。其次是历史建筑保护制度化,加强危房修缮,

图 6-3-1 青岛历史城区现状问题总结

图 6-3-2 青岛历史文化名城规划保护策略图

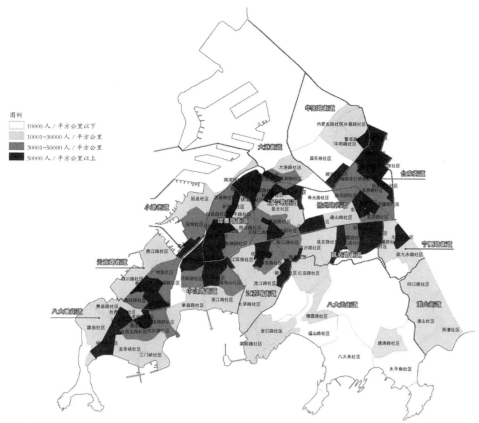

图 6-3-3 青岛历史城区的社区人口密度分布

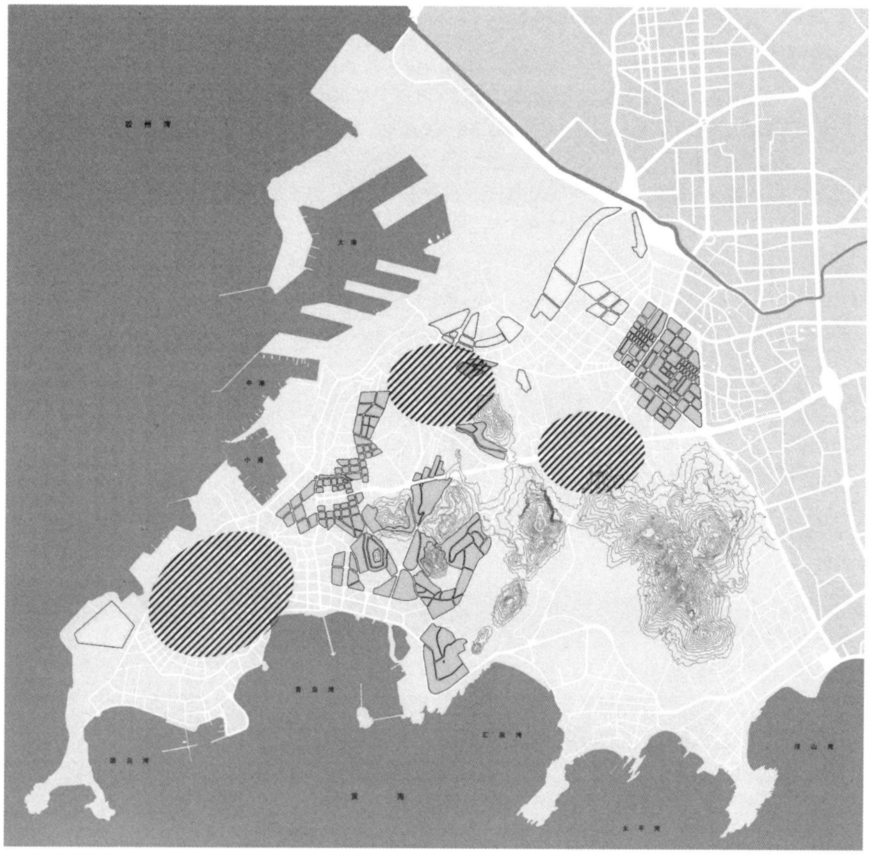

规划策略——人口调整

☐ 新增居住区域
▨ 疏散人口区域
▨ 控制人口密度区域

图 6-3-4 青岛历史城区人口调整图

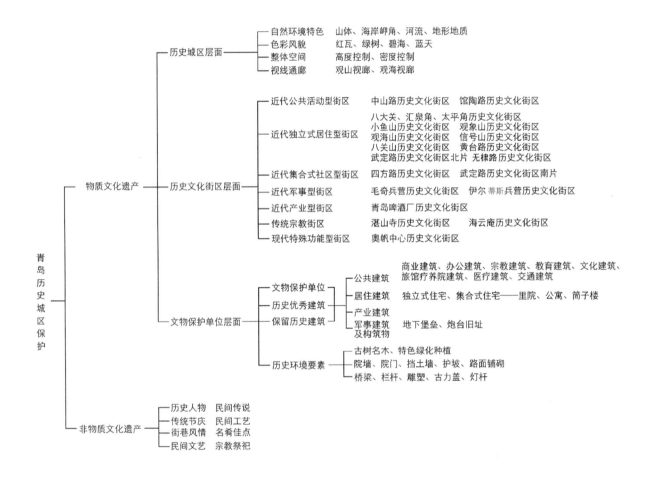

图 6-4-1 青岛近代城市历史环境保护要素

图 6-4.1-1 1900年前后青岛城市沿海鸟瞰

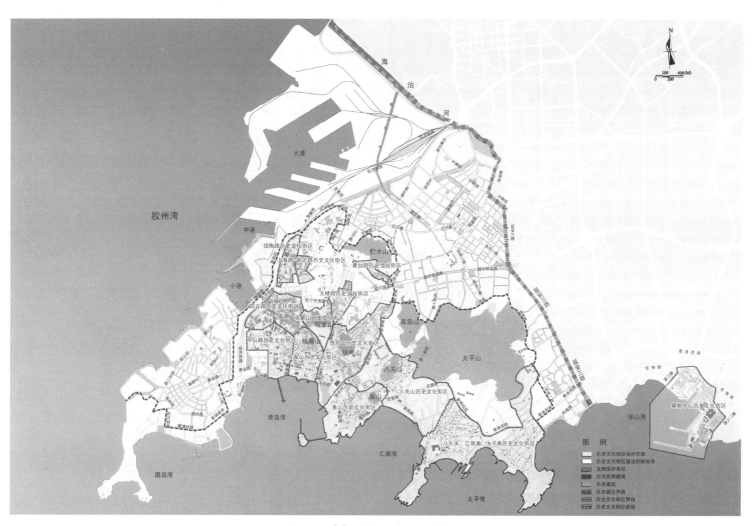

图 6-4.3-1 青岛历史文化名城保护规划范围图

加快现代生活设施的更新。

历史城区历史环境要素丰富，包括院墙、院门、挡土墙、护坡、路面铺砌、树木、台阶、栏杆、雕塑、古力盖、灯杆等。各种环境要素又充满变化，使整个城市的环境丰富多彩，应重点加以保护，在空间视线、建筑体量、高度、景观绿化等方面都应与保护建筑相协调，果断清理随意搭建、插建的建筑物。新建建筑，则须经科学论证，慎重启动，务必与整体风貌协调。

6.4.3 独特的历史街区及其空间

历史街区的保护旨在回归历史环境，满足现代生活条件和环境质量，保护和延续传统特色和文化习俗。青岛的历史街区类型丰富，有公共活动型、独立式居住型、集合式社区型、近代军事型、近代产业型、传统宗教型、特殊功能型等。其中集合式社区型和近代产业型街区价值极大却又一度遭受忽视与破坏，应特别引起关注（图6-4.3-1）。

这些独特的历史街区及其空间包括：

（1）重要历史事件的发生地

青岛历史城区是重要历史事件的发生地，见证了德国强占胶州湾、第一次世界大战青岛攻防战、日本数次强占青岛、青岛解放等大事件。这些事件对于中国近现代历史具有重要意义。作为这些重要事件发生地的青岛应当得到妥善的保护。

应当保护德国和日本殖民时期留存的各类建筑物、军营和炮台等军事设施、港口、车站等历史见证，这些历史遗存反映了经济、军事侵略的事实。应当保护各类历史产业功能所留下的产业建构筑物，这些历史遗存反映了帝国主义对中国经济活动的渗透。

（2）青岛的经济文化载体

在近代史中，青岛是中国重要的城市，聚集了一批优良的企业和文化名人，经济、文化都较为发达。厚重的文化底蕴为青岛后来的发展打下了坚实的基础。应当保护这些经济文化的载体，保护传统商业和金融街道，它们反映了近代青岛的经济发展实力和繁荣程度。应当保护各类历史教育建筑和名人故居，它们反映了近代青岛在科技、文化上的贡献。

（3）青岛的历史产业空间

青岛历史产业遗存一部分位于历史城区内，大部分位于历史城区外。历史产业空间虽然已经基本失去了原有的功能，但是完全可以再次利用，而且它们也是青岛近代社会经济发展的重要推动力，见证了城市的成长，应当加以保护。

根据现有的状况，青岛历史街区的整治应以改造基础设施、改善居住环境为主，结合地段的用地结构调整、人口规模化质等数据，采取综合治理的策略，使之既保持文化特色，又恢复繁荣和活力。在街区风貌控制上，应汲取历史教训，在建设控制区和环境协调区，根据视线分析控制高度，根据城市肌理控制密度。视线分析范围之外的部分则应对城市形态进行控制引导。

6.4.4 多元的城市文化

近代青岛在城市文化遗产的非物质层面蕴含丰富，融合了古今中外诸多文化特色，如齐鲁传统文化、近代欧洲文化、海洋文化、宗教文化、近代工业文化、世俗休闲文化等，市民的世俗休闲文化尤其闻名遐迩。青岛是一个宜居城市，"哈啤酒、吃嘎啦（蛤蜊）、洗海澡"的文化特色延续至今，已经成为独特的城市文化地标。这些文化特色都应予以合理引导，传承发扬。

此外，青岛是中国重要的近代开埠城市，青岛的历史与中国近代历史乃至世界近代历史息息相关，无数历史人物、重大事件都留下了印记，经初步统计，包括外籍名人、文化精英、工商风云人物、革命志士等近代历史人物留下的名人故居就有100多处。它们是青岛城市文化的重要的闪光点，应得到刻不容缓的保护发掘。

6.5 历史城区功能结构的重构

6.5.1 历史城区结构的形成

青岛初始的城市规划由德国人制定，城市分为欧人区、大鲍岛区、台东镇、台西镇、港口区、别墅区等，以欧人区与大鲍岛区为城市中心，呈带形结构，点状分布。日本第一次占领青岛时期按照原先的规划扩张，沿胶济铁路向北展开，填充城市空白区域，与台东镇连成一片，四方、沧口等地跳跃式发展。1930年代城市向北、向东继续扩展，形成粗具规模、功能完善的城市，涵盖了当今老城保护区的所有范围。

在1990年代青岛东部开发之前，历史城区的发展中心在"中山路—大鲍岛—馆陶路—辽宁路—台东"一线，各个节点的功能在不同历史时期存在着差异，中山路和台东都曾是商业中心。1992年东部开发以后，新区迅速崛起，到2000年前后，形成了新的中心。现在中山路作为城市商业中心的身份大不如前，传统里院成为外来人口的集中居住地，形成"弱化核心、点状、离散的单线"的结构模式。东部发展直接影响历史城区的建设，历史城区的旅游功能随着石老人海水浴场、奥帆基地、极地海洋世界等景点的发展向东部延伸。

6.5.2 历史城区结构整合的模式

青岛老城发展至今，因为种种历史原因形成当前部分功能离散的城市结构，今后的发展应该秉持聚心成轴、化核为带、山城共融、海城互动的总体策略，聚合中山路和台东城市中心以及现在城市功能比较发达的次级中心如辽宁路、延安三路、香港东路等区域，形成历史城区的活力发展轴，增强各个组团核心之间的联系，形成城市的发展轴和发展带。由此可以进一步实现"核心斑状+连续网络线"的历史城区结构模式，强化中心功能意向，吸引周边核心的加入，正确引导发展压力，提升历史城区生活品质，通过可见和便捷的方式联系功能、空间、景观和文化。轨道交通的批准和兴建可以有效组织历史城区的公共节点，树立新型的历史城区城市结构。

青岛历史城区可以划分成28个特色城市组团，通过轨道交通、地面快速交通、滨海步行和慢行交通等方式联系成一个整体。

通过整合青岛历史城区离散的城市结构，形成系统的历史环境结构链条，该理念可以归纳成为两核、一轴、两带、二区模式。通过核心规模的拓展和产业定位的转换，恢复中山路老城的核心地位，通过品质的升级，强调台东商业核心的地位。一轴、两带指城市商业服务轴、滨海旅游度假带和环湾文化休闲带，它们是城市"动"的部分，集中了各种公共功能。二区是指伏龙山谷特色居住区和太平山生态保留区，它们是城市"静"的部分，是特色的住区和山体绿地（图6-5.2-1、图6-5.2-2）。其中，中山路街区和伏龙山谷居住区是城市结构中的两个重要的城市节点。

6.5.3 中山路街区

中山路街区，面积约27.2公顷，是青岛各个历史时期的城市中心之一（图6-5.3-1），街区内大量的公共建筑见证了青岛20世纪初期政治、经济、社会、文化方面的成就，代表了一个时期的高端、精致的城市消费、闲暇生活方式。当前沿中山路业态层次较低，商业、文化中心功能衰弱，空置现象严重，居住状况差，居住密度大，整体风貌被高层建筑影响。中山路作为城市主干道，交通压力过大。中山路沿线以公共建筑为主，风格多样，产权情况复杂。居住建筑质量较差，搭建多且拥挤。

青岛历史城区的衰落在很大程度上与中山路街区的衰落相关。青岛东部开发之前，历史城区的发展中心在"中山路—大鲍岛—馆陶路—辽宁路—台东"一线。1992年东部开发以后，逐步形成了新的中心，而传统的商业中心中山路一带，尤其是传统里院成为外来人口的集中居住地，形成"弱化核心、点状、离散的单线结构模式"。由于惯性思维，多年来为恢复该街区的商业核心地位而采取了多种措施，但是始终未达到理想状态，而"保护性破坏"却屡见不鲜，历史街区已伤痕累累。

对中山路历史街区的保护，应重新评估城市遗产的价值，回归城市历史环境，升级发展理念：由单纯商业视角转化为文化视角，由简单的商业街区复兴转化为点状辐射、区域联动的社区复兴。在提升街区南段和青岛湾北岸的商业品质的同时，增加北段文化和特色商业功能，重点构建文化中心，发掘、展示近代青岛特色文化。对于困扰多年的交通问题，应对街区外围交通进行合理的规划疏导，减轻街区中心的压力，增加中山路的步行空间，增强整个区段的横轴交通联动，有机连接各空间节点，使东西向距离拉近，形成轻松便捷的观光、交通网络。在保持现有历史风貌的前提下，对街区内部高密度、低质量的居住环境给予积极整治，厘清权属关系，有计划、有步骤地更新城市设施，由点及面地渐次展开整体性保护。

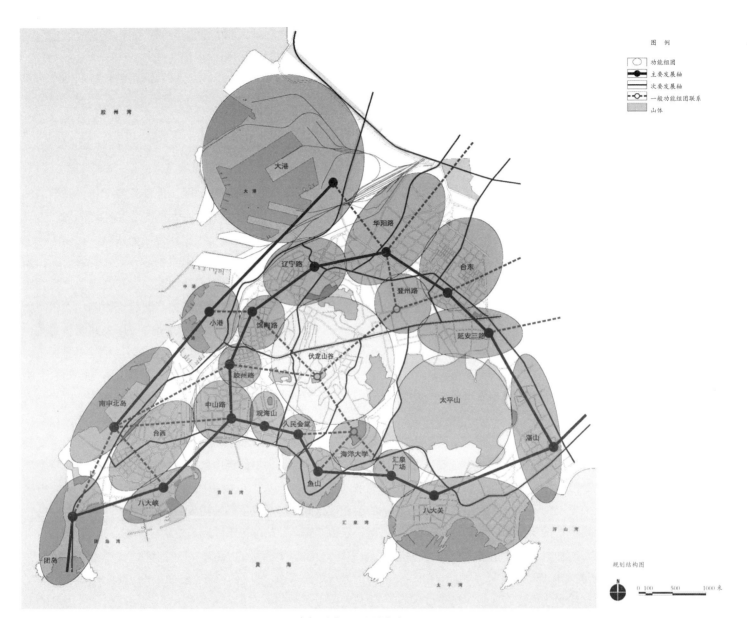

图 6-5.2-1 青岛历史城区规划结构概念图

图 6-5.3-1 中山路片段沿街立面

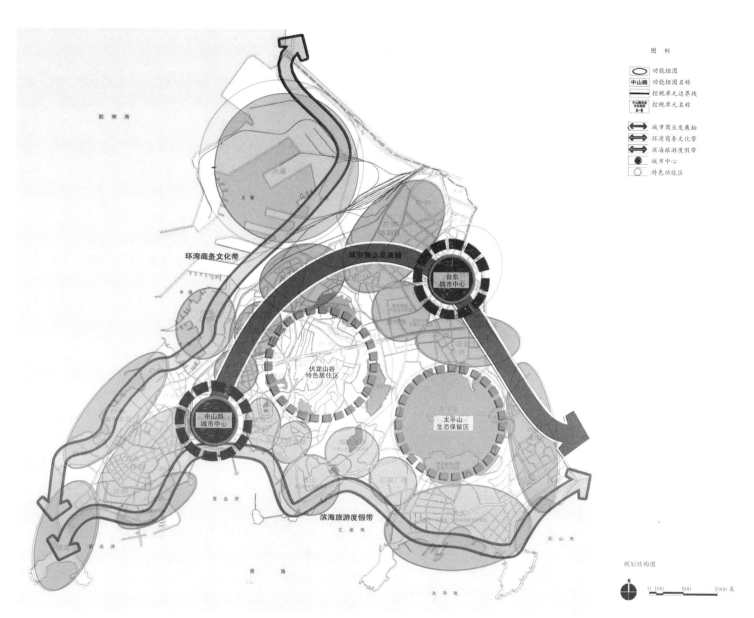

图 6-5.2-2 青岛历史城区城市"两核一轴两带二区"概念图

图 6-5.4-1 伏龙山谷居住区鸟瞰

6.5.4 伏龙山谷居住区

伏龙山谷居住区的范围为北至贮水山北侧山麓,西至观象山西侧山麓,南至海洋大学边界,东至青岛山东侧山麓,面积为283公顷(图6-5.4-1)。本地段发展较早,在德国人占领青岛的初期就开始了居住功能的建设,经过德租、日占、民国时期逐步的建设和发展形成了文化特色鲜明、生活氛围浓郁的居住社区和建筑形式,并且很好地被保存下来,如今这一片区仍然为典型的居住型社区,其市民生活氛围十分浓郁。本地段是周边高、中间低的谷地地形,在早期社会地位较高的人往往居住在高地,建筑品质较高,而社会地位较低的人则住在谷内,环境较差。在随后的城市建设逐步推进的过程中,许多历史建筑因为城市建设不当而被拆除,现代建筑的盲目建设、城市交通的快速发展和高架快速路的强势插入,给城市创造了很多消极空间(图6-5.4-2)。

6.5.4.1 现状概况
(1)历史建筑现状

现状历史建筑较多,大体呈组团式分布,主要分布于信号山、观象山、江苏路、无棣路和黄台路等一带。从年代上看,主要以德租、日占和民国时期建筑为主;建筑形式多样统一,大体可分独立式和里院式居住建筑两类;建筑质量总体一般;从功能上看,主要以居住建筑为主,同时还存在军事建筑和公共建筑等建筑类型。

(2)空间现状

由于城市交通快速发展,高架快速路的建设对于该片区的空间环境影响较大,高架快速路强硬划分片区空间,在很大程度上妨碍了南北两侧的功能联系,使得原本就消极的谷地空间更加衰败,居住环境进一步恶化。

总体而言,地段内的地形地貌、特色建筑和街道等空间元素基本得到保存,地段性的空间特征仍然存在。但是作为居住功能的片区中,开放空间设置过少,不能满足居民使用需求。

6.5.4.2 整合发展策略
(1)功能定位和规划思路

在结合历史发展、现状条件和城区功能的基础上,该地段规划功能定位为以展现青岛特色居住文化与风貌的居住型社区。规划上提出"保护特色文化,加强功能更新,改善居住质量"的发展策略,以复兴老城特色居住文化。

(2)规划结构模式

结合现状和发展要求,规划提出"一核心、三片区、特色带"的发展模式,旨在最大限度地降低不良影响,提升片区功能。

"一核心":结合城市地铁站点的建设,增强谷地地区功能建设,增加人气。

"三片区":结合现状历史建筑集中分布区,加强历史建筑利用,合理发展特色居住功能,形成具有特色文化的居住组团。

"特色带":利用现有的山体和特色风貌街道,规划通过增加沿街绿地和绿化带,沟通各个街道和山体与街道之间的空间联系,形成特色绿化带和步行带。

(3)用地规划

由观象山、信号山、青岛山、贮水山围合而成的丘陵谷地

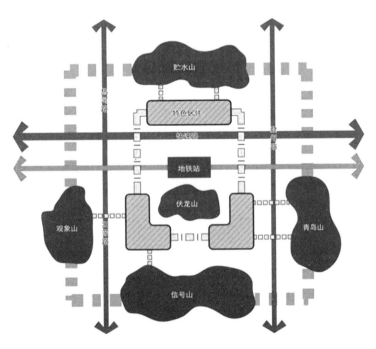

图6-5.4-2 伏龙山谷特色居住区保护结构

集中了一批低层历史建筑，以及一定量的多层住宅和社区服务设施。除了部分历史建筑群的居住环境较为拥挤、设施配置存在缺陷外，外部设施和服务配套较好，适合居住功能的发展。这一区段的工作重点是保护现状历史建筑，顶住开发压力，提升社区品质。

规划上保持大量的居住用地，重点加强特色居住的建设，形成文化亮点。适当增加居住服务设施，提升服务质量。加强开放空间整合和建设，改善居民生活环境。增设地铁站点用地，提升谷地地区功能。

同时，规划保持和提升山体的生态绿化功能，并强化各个山体组团的特征。应停止观象山北部的不当开发，恢复历史格局，并疏散人口。整治伏龙山头的突兀建筑，疏散人口。维持青岛山周边居住功能，并严格控制青岛山东侧的新建设，为青岛山提供更容易进入的入口。整治贮水山麓不协调的建筑物。

（4）交通规划

为保持地段内部环境良好，规划主要延续现状路网结构，主要道路仍为延安路、江苏路、登州路和热河路，其余内部道路均为支路，承担生活性交通。规划结合城市地铁建设，在片区谷地设置地铁站场用地一处，周边结合人流方向和绿地布置地下入口。

（5）空间规划

为解决现状快速路分割空间和地段内空间联系不连贯的问题，规划结合特色风貌街道，在局部增加开放空间，增加街道两侧绿化，打造舒适宜人的特色步行空间，贯通片区内部。同时，在特色步行街道与高架交叉的两处节点，应加强功能性建设，最大限度地降低消极影响，充分利用城市空间，提高高架下的空间利用率。规划保护和提升各个山体的空间特性，加强进山绿化通道的建设，优化环境。

6.6 结语

通过对青岛历史城区保护的思考，可以明显感受到保护规划与制度化建设的重要性。以往由于认识上的偏差，许多历史城市的规划编制，在保护范围划定上不尽合理，所提发展目标散乱，甚至策略与指导方向相反，导致规划的指导意义淡化、缺失。此外，在科学规划的基础上，必须建立一整套自上而下、科学有效的城市保护管理机制，包括行政管理体系、资金保障体系、监督体系、公众参与体系等，在政府的主导下，实现良性运转的综合性保护发展模式。

历史城市的保护是一项长期性的工作，绝不能当成短期政绩工程。在城市发展的过程中，如果将所有的发展动力都交给了市场的无形之手，必然走向简单、粗暴的发展模式，造成社会资源的浪费和城市文脉的割裂。当我们面临历史城区的时候，应该自始至终地坚持维护历史环境的完整性和城市结构的有序性，以更加开阔的胸怀和更加长远的眼光，实现持续的、更大的公共利益。

青岛的建筑

07 青岛近代建筑的风格脉络

青岛近代建筑主要经历了德租时期（1898—1914）、第一次日占时期（1914—1922）、民国时期（1922—1937）三个重要时期。青岛的建筑文化经历了从单一被动输入外来文化（德租时期、日占时期）到完全主动吸纳不同的先进建筑文化的过程，建筑风格则从相对单一型向多元涵化型转化。青岛近代建筑主要的风格有：殖民地形式、古典形式、德意志浪漫主义形式、折中主义形式、青年风格派、中国民族形式、拟洋风、和洋折中形式、和式建筑、现代主义等。

青岛是一个新兴的近代城市，它的形成和发展经历了极其复杂的过程。从1891年登州总兵章高元驻兵青岛到1898年签订中德《胶澳租借条约》，青岛建筑的整体风格体系开始出现。此后青岛由日本人两次占据，又经历了北洋政府和国民政府的统治。青岛建筑风格经历了从单一以德式建筑为主体的风格体系到多元文化涵化的特殊建筑群体的发展过程。

7.1 德租时期青岛建筑的发展（1898—1914）

7.1.1 近代德国的建筑发展

德租青岛之前的一个多世纪，欧美社会经历了建筑史上巨大的变革。德国人后来居上，19世纪末德国的钢产量仅次于美国居世界第二，德国的工业化进程已走在了世界的前列。

普法战争的胜利触发了强烈的民族主义的情绪，这种情绪一直延续到第一次世界大战之前。民族浪漫主义建筑师求助于他们本民族中世纪前留下的建筑，从中获取灵感，设计出新型的建筑来满足民族心理。这一时期的纪念性建筑物表现得更为突出，如布鲁诺·施密特（Bruno Schmitz）设计的莱比锡战争纪念碑（1898—1913），造型上参照了奥斯托格斯（474—526）国王（于493年在意大利建立了奥斯托格斯王国）的陵墓风格。在19世纪末至20世纪初，德国城市建筑发生重大变革的前夜，许多团体和个人发挥了重要的影响力。

（1）西特的德国学派

卡米洛·西特（Camillo Sitte，1843—1903）是一位奥地利建筑师，于1889年创立了德国学派，他的著作为城市建设提供了明确的形式和相关的思想，这些思想在该学派的建筑师的脑海中逐渐成形。1889年发表的《遵循艺术原则的城市设计》（Der Stadtebaunach Seinen Künstlerischen Grundsatzen）一书令西特享誉盛名，论述了城市规划的主题应是围绕着经验主体的城市空间，在此书中西特将生成不规则形的城市结构、留空广场并饰以纪念碑或美学元素列为学科的重中之重。德国学派的实践不仅仅局限在德国，例如作为该学派的大师级人物斯达波恩，在科隆的扩建规划中取得了成就而受到广泛的赞誉，他因此得到安特卫普（Antwerp）扩建项目的委托，该学派的影响可见一斑。

（2）赫尔曼·穆台休斯（Hermann Muthesius，1861—1927）

穆台休斯，1896—1903年受普鲁士建筑管理委员会的委派去英国考察，深受英国建筑的影响。1904年回到德国，成为普鲁士贸易委员会智囊团的顾问，被委以改革全国应用艺术的教育领域的重任。后来，他成为德意志制造联盟的主要发起人之一。1904年，出版了《英国建筑》这部著作，极力推广英国式的乡村住宅，该著作对欧洲，尤其是崇尚英国的德国，产生了实际的影响。他本身也是一名建筑师，喜欢采用自然的材料、不对称的形式，与自然和睦相处，并将这些设计称为日耳曼式，其早期的住宅设计在很大程度上采用了这种模式。他的出版物，增强了建筑师对日耳曼主题的乡村住宅设计的兴趣。

（3）威廉二世（Friedrich Wilhelm Viktor Albert von Preußen，1859—1941）

威廉时期的建筑经常被称为威廉样式（Wihelminian）。威廉一世跟威廉二世不同，威廉一世喜欢超尺度的新巴洛克建筑，而威廉二世则对德意志传统建筑很感兴趣，他是一位民族主义者，支持德国传统建筑的恢复和保护工作。威廉二世本身就是一位充满热情的建筑家，他派遣穆台休斯去英国考察建造方法，并且派卡尔·黑克戴恩（Karl Hinckeldeyn）去美国考察建筑。威廉二世鼓励成立专业的民族建筑保护组织，提倡在历史保护的名义下对农村建筑做系统的调查。

威廉二世对古老的过去非常崇敬，正是由于他的支持，新罗马风风格迅速发展起来。威廉二世像威廉一世一样希望在首都柏林建造一些与众不同的民族建筑。威廉二世喜好新罗马风风格，仿古的蘑菇石风格影响到了柏林的一些政府建筑。

（4）弗朗兹·斯规奇顿（Franz Schwechten，1841—1924）

斯规奇顿是威廉二世的御用建筑师，他和威廉二世的观点对一些市政厅的设计起到重要的作用。1905—1911年间，他为威廉二世设计了巨大的城堡式样的皇宫，平面是不规则形式，外墙是粗削石。建筑的东部的主要房间是德国式的观众大厅，大厅的后面是皇帝的寝室，用潘泰列克大理石砌成，墙面上有中世纪7位伟大的皇帝的壁画，还有6尊古希腊和斯堪的纳维亚神话中的神的雕像，所有的神话都是有关赞美德国皇帝的故事，并展示了中世纪的思想，威廉二世对此很有兴趣。

第一次世界大战之前，欧美国家经历着工业化超速发展时期。20世纪前后，社会形势的急剧变化，导致了谋求解决功能、技术与艺术之间矛盾的"新建筑"运动，于是，占主要地位的折中主义思潮逐渐为"新建筑"运动所代替。在欧洲，探求新建筑的运动最早可追溯到1820年代。德国著名建筑师卡尔·弗里德里希·辛克尔（Karl Friedrich Schinkel，1781—1841）原来热衷于希腊复兴式建筑，为了寻求新建筑的萌芽，多次出国考察，先后到过英国、法国、意大利，并在探新中做了一些摸索。另一个德国建筑师戈特弗里德·森佩尔（Gottfried Semper，1803—1879），原致力于古典建筑的设计，后来又受折中主义建筑思潮的影响。1861—1863年发表了著作《技术与构造艺术中的风格》（Der Stil in den Technischen und Techtonischen Kunsten），他深信一座建筑物的功能要在它的平面与外观上，甚至包括任何装饰构件上反映出来。他认为新的建筑形式应该反映功能与材料、技术的特点。这种创作见解为长期受学院派思想禁锢的建筑师们指出了一条新的道路。

近代青岛建筑风格与当时的欧洲建筑潮流尤其是德国建筑潮流息息相关，德国侵占青岛并将德国的建筑文化带到了青岛，使青岛成为"德意志文化在东方的传播中心"，这也是青岛近代建筑风格的一个主要来源。

7.1.2 德租时期的青岛建筑风格

德租时期的青岛建筑尤其是欧人区的建筑，主要以单一的西洋建筑为主，其中多是德意志民族特点的新罗马风建筑和青年风格派建筑，除此之外还有少部分中国传统风格的建筑。在讨论德租时期青岛建筑风格的时候，需要认识到：由于近代社会正在进行现代化转化，建筑的外在形式并不能简单地认定为某种风格。当时世界建筑发展迅速，新技术、新材料不断出现及应用，折中主义方兴未艾，现代建筑也跃跃欲试，一栋建筑往往在具有某种鲜明的风格的同时，又有其他的形式风格特点，如果单一划线界定，未免以偏概全。

7.1.2.1 殖民地形式

青岛近代建筑发展的早期出现了一类建筑，数量颇多，形式丰富，这就是殖民地形式（外廊式样）建筑。青岛近代建筑的外廊时期，是指德租青岛的前期时段，这时殖民地样式在中国的发展已处于晚期，此类建筑在青岛虽出现较早，却也很快销声匿迹。

外廊建筑是中国近代建筑中最早出现的样式，建筑史学家一直将其看成是西方建筑的一个支流而不予重视。据说它从印度产生，在中国广州登陆，最早的实例是广州的十三夷馆。藤森照信曾经将外廊样式在中国的发展分为五个时期：1842年之前为外廊建筑的发生期，1842—1860年为发展初期，1860—1880年为发展盛期，1880—1900年是晚期，19世纪末以后进入尾声。

从时间上讲，德租青岛的时间为1898—1914年，属于藤森照信界定的外廊建筑发展的尾声；从具体建筑形式上看，此时的青岛外廊建筑独具特点，式样繁多。其中有早期简易拼装的木构形式，也有由外廊形式发展变异的特殊形式。这些外廊、类外廊建筑从功能上来看包括银行、官邸、商业楼、旅馆、医院、兵营等等，几乎覆盖青岛建筑初始阶段的所有类型。人们可以下得出这样的结论：从某种意义而言，外廊建筑也是青岛近代建筑的原点。

（1）气候影响

藤森照信认为外廊建筑的出现"除了对付南方的酷热气候外没有别的原因"。德国人开始建设时没有过多考虑气候因素，直接引入了英国殖民地常用的外廊式样。但青岛属于温带季风气候，又具有海洋性气候的特点，温度适中，四季分明，这种气候并不适合热带建筑的形式。于是外廊形式在出现之后很快就有所变化。这种变化就是外廊被玻璃窗罩封改造成日光室，以此来满足北方冬季保暖的需要。

藤森照信说道："为防暑而设外廊，又为了防寒而使之变成了日光室，这种意味深长的现象不能不说是伴随着外廊北上而产生的必然结果。"青岛的大多数外廊建筑都经历了这种变化，如1904年建成的礼和商业大楼。该建筑南侧设有外廊，后来被玻璃窗罩封，栏杆也被灰浆封住。二楼南侧本来在中心段只用连廊相通，后来也填充了墙体和屋顶，并添加了外窗，所有这些变化只能归因于气候因素（图7-1.2.1-1~图7-1.2.1-3）。

（2）外廊形式

在中国近代建筑中外廊形式不外乎有单侧外廊、L形外廊、三面外廊和四周回廊几种。在青岛近代建筑中，这几种形式都存在，其中最多的形式是单面外廊和L形外廊两种。单面外廊又演变出多种形式。如用山花进行装饰性的分隔，在平面中多形成外凸的两翼。山花在立面的构图中形成三种情况：1) 形成两侧翼楼，作为长廊的收头；2) 山花居中，形成外廊两段划分；3) 两段山花或外廊自身形式的改变，形成立面三段划分（图7-1.2.1-4）。这些变化在很多方面类似古典主义的立面三段、五段划分手法。

外廊的另一种变化是内阳台的出现。从外观上看仍然是外廊形式，但在内部空间已经被分隔成内阳台，彼此间不能贯通。

在青岛近代建筑中，同是外廊形式，但外廊基本单元的细部处理手法有很大的不同。有的柱廊开间单元是一种平直的矩形母题，开间高宽比不定；有的是拱券形式，券的形状或是半圆形或是一段圆弧；有的以巨柱式分隔两层为一单元。在建筑材料使用上也表现出多样性。

外廊由木构件组成，因为结构的需要，外廊单元以并排的两根或三根木质支撑柱作为一簇。一个开间的栏杆多由短木并列构成，形式纤细轻巧。

外廊单元由石柱支撑，有单柱，也有双柱。许多柱子两头内收，呈梭柱形式，再与券一起组成完整的券柱构图。

红砖的做法色彩鲜艳，砌筑的勾缝也很精细，而且做出多种细部变化，其券柱单元构成的外廊形式，很有南方外廊建筑的特色。

图 7-1.2.1-1 青岛礼和洋行

图 7-1.2.1-2 礼和洋行现状

图 7-1.2.1-3 德租时期礼和洋行远景

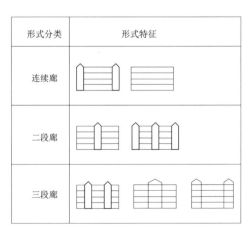

图 7-1.2.1-4 外廊建筑立面分类

整个券柱与檐口连为一体，只用简单的线脚分出层次，做法简洁实用。有的干脆是干干净净的方形、弧形窗洞。这种做法受到了早期现代建筑思潮的影响。

（3）具体实例

青岛较早时期的外廊式建筑是典型的殖民地建筑式样，与在东南亚出现的英国殖民地建筑没有明显的区别，建筑周正，四面为环形外廊。单面外廊及其变化形式与纯粹的殖民地形式相比，已有相当大的变化，外廊形式多在南向一字展开，山墙面饰以山花，起到竖向分隔的作用，多具有古典风格的韵味和德意志传统建筑特色。德租时期的许多建筑虽有外廊的外观，但其内部彼此分隔，形成较为私密的阳台。该形式在外观上与外廊形式协调呼应，但从严格意义上来讲它们已经不能算是外廊建筑了。

以下是几个典型实例。

1）总督临时官邸。该建筑建于 1899 年，现已无存。由于当时使用需求迫切，但又暂时找不到合适的私人营造者，所以不得已由施密特（Baufirma F. H. Schmidt）公司从德国运来可拆卸的木构件搭建而成，该建筑又被称为"瑞典木房"。它的侧面是一座砖砌的塔楼，南侧和西南侧的外廊呈 L 形，其立柱、出挑、栏杆、中心的山花全为木构（图 7-1.2.1-5、图 7-1.2.1-6）。

2）德华银行。德华银行青岛分行为德华银行在青岛的分支机构，是青岛市近代历史上第一家银行，其旧址位于青岛市太平路与青岛路口东北角、广西路 14 号院内，建于 1899—1901 年，其设计者为锡乐巴（海因里希·希尔德勃兰德，Heinrich Hildebrand）。1922—1938 年曾作为日本驻青岛总领事馆馆址，现为民居。该建筑是标准的英国殖民地外廊式样。建筑的基座、券、立柱、围栏等都由花岗石砌筑，细节处理保留了古典韵味。它的坡顶设有圆形的老虎窗和条形的山花，建筑四周由外廊环绕，后来外廊用玻璃窗封住，成为日光室。整体建筑风格端庄古朴（图 7-1.2.1-7~ 图 7-1.2.1-9）。

3）柏林信义会住宅。柏林信义会住宅旧址为中国青岛市城阳路 5 号的一座教会建筑，建于 1899—1900 年，现为青岛市市立医院二分部。1897 年德国海军占领青岛后，柏林信义会总部任命 1884 年来华的和士谦（卡尔·约翰内斯·沃斯坎普，Carl Johannes Voskamp）牧师为青岛地区传教会的监督。1898 年 4

图 7-1.2.1-5 青岛总督临时官邸及总督副官官邸

图 7-1.2.1-6 青岛总督临时官邸

图 7-1.2.1-7 青岛德华银行

图 7-1.2.1-8 太平路上的德华银行

图 7-1.2.1-9 德华银行发行的货币

图 7-1.2.1-10 柏林信义会住宅

月,柏林信义会传教士阿道夫·昆祚(Adolf Kunze)与两位传教士来到青岛,和士谦与传教士卢威廉(Wilhelm Lutschewitz)于12月,在青岛建立了柏林信义宗传教会青岛传教站(Tsingtauer Missionsstation der Berliner Missionsgesellschaft)。由于设计者昆祚牧师曾在广东生活近十年,整个建筑风格带有殖民地建筑风格的深刻影响,细部和建筑材料又像殖民地建筑一样带有中式建筑的元素。建筑上下两层,设坡屋顶阁楼。墙基由红色花岗岩碎石砌成,墙面以中式灰砖砌成,屋顶敷设中式灰瓦。正立面为三段式划分,两端为山花和四扇窗户,中段为砖砌拱券支撑起的敞廊,饰以瓦片砌成的栏杆。该建筑具有文艺复兴式风格。其长廊设于南向,两侧翼楼收头,外廊单元由砖木材料砌筑。整个建筑受殖民地外廊建筑影响颇深,同时其建筑材料也体现出其应急性。正立面敞廊自德租时期便开始用玻璃封闭起来,北立面敞廊后来被砌成砖墙,屋顶也改覆矩形红瓦(图7-1.2.1-10、图 7-1.2.1-11)。

4)海滨旅馆。海滨旅馆(Strandhotel),又译"沙滩旅馆""海滨大饭店",位于青岛市南海路23号,建于1903—1904年。1897年德国占领青岛后,胶澳总督府于1901年将汇泉湾北侧的沙滩辟为海水浴场(即今青岛第一海水浴场)。浴场开放之初,总督府即有计划地招商引资,在此建设一座高档的海滨度假酒店,1904年夏季竣工开始营业。该建筑呈中心对称形式,南向外廊被中心山花分成两段。整体为砖木结构,外廊单元由双木柱或三木柱支撑。因其面对汇泉湾,外廊成为夏日观海纳凉的绝佳地点(图7-1.2.1-12~图7-1.2.1-14)。

5)德国胶州邮政局。德国胶州邮政局旧址位于青岛市安徽路5号,面向广西路、安徽路与莒县路,建于1900—1901年,为德租时期德国邮政机构的所在地,之后长期为邮政通讯机构所使用,因此有广西路邮电局的俗称。该建筑属砖木结构,红砖饰面,细部精美。建筑高三层,附设阁楼和半地下室,分别临安徽路、广西路和莒县路三条道路。墙基以花岗岩砌成,墙面大部分为红砖墙面,小部分为混水墙面。折坡屋顶临街与背街面以矩形红瓦覆盖,倾斜的顶部以铁皮等材料覆盖,屋顶中央有一旗杆。转角处有两座塔楼高高耸立,具有德国建筑的特色。外廊互相界隔,成为内阳台。后来,由于不适合本地气候,内阳台装上玻璃窗成为日光室(图7-1.2.1-15~图7-1.2.1-18)。

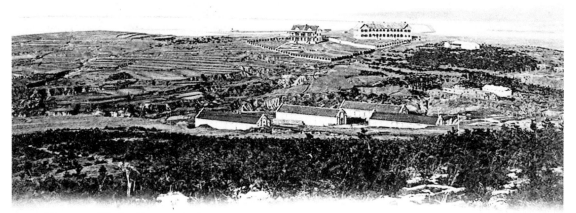

Die neuen Missionshäuser; im Hintergrunde Womans Island mit den neuen Hafenanlagen.
Im Vordergrund die Pulverhäuser.
Gruss aus Tsingtau.

图 7-1.2.1-11 柏林信义会住宅远景

图 7-1.2.1-12 1900 年代青岛海滨浴场

图 7-1.2.1-13 1900 年代青岛海滨旅馆

图 7-1.2.1-14 当前的青岛海滨旅馆

图 7-1.2.1-15 德租初期德国胶州邮政局

图 7-1.2.1-16 德国胶州邮政局老照片

图 7-1.2.1-17 当前的青岛邮电博物馆

图 7-1.2.1-18 青岛邮电博物馆阁楼

6）广西路9号住宅。该建筑为集合式公寓住宅，建于1903年，平面呈长条形，外廊单元由花岗岩的双柱支撑。从历史照片上看，该路段除了9号住宅之外，连续出现了外廊建筑，可见外廊形式是当时建筑的一种时尚。从外形上看上下两层均为外廊，但下层隔断不能连通，成为内阳台，上层连通成外廊。由此可见，当时建筑的内阳台形式与外廊形式有一定的关联（图7-1.2.1-19~图7-1.2.1-21）。

7）旧海关。该建筑后为集合式住宅，位于兰山路5号，竣工于1899年，早已被拆除，只留有图片形象，建筑的平面呈U形，中轴对称，内阳台及拱券尺寸不等，与房间的开间尺寸相协调（图7-1.2.1-22）。

8）海因里希亲王饭店。海因里希亲王饭店，始建于1899年，位于太平路与青岛路路口西北角，以时任德国海军远东舰队司令普鲁士亲王海因里希命名。建筑立面纵向分为五段，两端和中部为实墙和山花，其余两段为木构支撑的外廊，体量虽然庞大，感觉却很轻巧（图7-1.2.1-23、图7-1.2.1-24）。

图7-1.2.1-19 青岛广西路德租时期

图7-1.2.1-20 青岛广西路9号Bödiker住宅

图7-1.2.1-21 青岛广西路9号近景

图 7-1.2.1-22 青岛兰山路及旧海关明信片

图 7-1.2.1-23 1902年青岛太平路远景

图 7-1.2.1-24 海因里希亲王饭店

青岛德租时期虽然有大量外廊特点的建筑,但某些重要的公共建筑如教堂、法院、车站、警察公署等却未采用外廊形式。这些标志性的建筑,位于城市街道的节点,又有极佳的视角,代表城市的整体风貌和深层次的文化归属,德国人将这些关键地段的建筑建成造价不菲的德国传统形式(罗马风建筑风格)。直至德租青岛的中后期外廊形式变化甚大,已完全无法与英国殖民地式样相类同,并对以后青岛建筑的发展起不到传承的作用。德租青岛的最初几年确实出现过外廊建筑,它们也曾有过发展变化,但那短短的几年只是青岛近代建筑史上不经意的一瞬间。

7.1.2.2 古典主义形式

在德国建筑历史上,法国大革命(1789)对它的冲击非常之大,甚至可与中世纪向文艺复兴过渡的时期相提并论。法国古典主义建筑语言给德国建筑师以极大的鼓舞。在建筑方面,德国人是法国人的学生。这时德国的建筑大师都秉承了法国的建筑精神,如朗韩斯(Carl Gotthard Langhans,1732—1808)(图 7-1.2.2-1)、基利父子(David Gilly,1748—1808,Friedrich Gilly,1772—1800)、辛克尔(图 7-1.2.2-2)及森佩尔等。德国的古典复兴主要以希腊复兴为主。著名的柏林勃兰登堡门(Brandenburg Gate,1789—1793,朗韩斯设计,图 7-1.2.2-3)即是从雅典卫城山门汲取来的灵感。另外,还有著名建筑师辛克尔设计的柏林宫廷剧院(Schauspielhaus,1818—1821,图 7-1.2.2-4)及柏林旧博物馆(Altes Museum,1824—1828)。

1890 年代前后,主要市政项目已经开始建设或完成,多由老一代建筑师设计。柏林是信仰新教的普鲁士人的首都,作为霍亨索伦王室政权的形象代表就是新巴洛克风格的皇宫(Royal Palace,1900)。皇宫位于市中心,始建于 15 世纪,在 17 世纪被改造过,以后被历代君王所扩建。威廉一世在位期间,主要的政府建筑都被建造为超尺度的新巴洛克风格,就像皇宫一样

图 7-1.2.2-1 朗韩斯

图 7-1.2.2-2 辛克尔

具有压倒一切的威慑力,象征着国王的权威。威廉二世继续建造威廉一世未完成的一些工程项目,特别是新巴洛克风格的大教堂(Berliner Dom,1894—1905),还有被称为"博物馆岛"(Museumsinsel)的博物馆建筑弗里德里希大地博物馆。一些市政当局建造的新市政厅选用了新古典主义的风格,受到柏林的辛克尔影响,例如,当赫尔曼·韦斯曼(Hermann Waesemann)设计的柏林市政厅需要扩建一幢重要的办公楼时,霍夫曼就运用了新古典主义的风格。

(1)总督府

德国总督府位于青岛市沂水路11号,德国建筑师弗里德里希·马尔克(Friedrich Mahlke)设计,设计时间为1901—1902年,该建筑由施密特公司承建,1905年主体建筑完成,1906年春交付使用,正式成为德国胶州湾租借地的总督府,供胶澳总督办公之用。大楼坐北朝南,背靠总督山(观海山),面向青岛湾,遵循严谨的古典建筑的比例,该建筑纵向五段,横向三段,屋顶陡峭,覆以红色筒瓦,上有扁形老虎窗。墙体建筑材料为青岛特产花岗岩,打磨精细,并砌筑了竖向构图的巨柱形式,与水平的南向外廊相垂直。巨柱之间是石砌的圆券,外廊内为圆拱或十字拱。建筑靠近基座部分是没有细磨的蘑菇石,材质的不同将横向建筑的第二、三段区分开来(图 7-1.2.2-5~图 7-1.2.2-8)。正对着总督府临海一端是叶世克总督纪念碑,建于1903 年(1967 年被拆除)。叶世克(Paul Jaeschke)是第二任胶澳总督,1901年因患斑疹伤寒殁于野战医院,德国海军部为了表彰他的殖民业绩修建此碑。该构筑物与总督府遥相呼应,界

图 7-1.2.2-3 柏林勃兰登堡门

图 7-1.2.2-4 柏林宫廷剧院

图 7-1.2.2-5 青岛总督府 1

定广场，形成对景关系。从历史照片可知，纪念碑为锥形，形体高挑，分为两段，下段为发券的环形柱廊。很长时间内，该构筑物一直是青岛沿海一景（图 7-1.2.2-9~图 7-1.2.2-12）。

（2）俾斯麦兵营

俾斯麦兵营（Bismarck-Kaserne），位于青岛市鱼山路 5 号、中国海洋大学鱼山路校区院内，靠近校园红岛路 5 号后门，是驻青德军于 1903—1909 年间建设的一座大型兵营建筑群。兵营原址是章高元驻防时期的清军嵩武中营，该营房位于群山环绕的山谷中，东北侧与东南侧紧临今天的青岛山和八关山，西侧和西北侧不远处是今天的信号山和伏龙山，营房平面呈矩形，营房和营门

图 7-1.2.2-6 青岛总督府 2

图 7-1.2.2-7 青岛军司令部

图 7-1.2.2-8 青岛总督府 3

图 7-1.2.2-9 太平路及纪念碑远景

图 7-1.2.2-10 胶澳总督叶世克

图 7-1.2.2-12 叶世克总督纪念碑近景

图 7-1.2.2-11 叶世克总督纪念碑

均朝向西南。营房环绕以夯土围墙,营门以石料砌成,门洞上方有一石匾,刻有阴文"嵩武中营"四字。营房全部为中式平房。从德国的兵营来看,不管是伊尔第斯兵营还是俾斯麦兵营,都具有古典主义的韵味。俾斯麦兵营平面一字展开,很有气势。立面居中对称分为三段,两侧均有山墙面,对称布置。中心一段向外突出,中心的山墙最为高大,强调中心,统领全局。山墙的形式为两侧逐步内收,中心向上拔起,强化建筑的中心感。山墙面的花饰是该建筑特有的设计,与西欧古典主义的常见山花设计截然不同。屋顶为坡屋顶,向外出挑,简洁大方。南侧外廊单元没有采用巨柱形式,而是采用一层券廊,二层券柱形式,单元更加细化,突出了建筑应有的尺度(图7-1.2.2-13~图7-1.2.2-17)。

7.1.2.3 新罗马风建筑形式

罗马风建筑在德国流行较广,时间也比较早,要求发扬个性自由,提倡自然天性,同时提倡用中世纪艺术的自然形式来反对机器生产。"别墅,由于其多样性,相对有限的规模和不受限制的地盘,使对浪漫主义流行的嗜好得以最充分地利用和表现",德意志传统的郊区别墅被称为"整个时代的建筑典范"[1]。其传统住宅的形式特征是"没有内院,平面布置不整齐,体形很自由。常底层用砖石,楼层用木构架。构件外露,安排得疏密有致,装饰效果很强。屋顶特别陡,里面往往有阁楼,开着老虎窗。圆形或八角形的楼梯间凸出在外,上面戴着高高的尖顶"[2]。

青岛的德式建筑几乎是德国本土样式的原样移植,秉承德国传统罗马风建筑风格(也被称为新罗马风建筑,Die Neuromanic)。德意志传统建筑尖顶新颖奇特,墙体材料,砖、石、木等变化多端,体形和屋顶的处理手法引人入胜。它们多选址在山坡之上,视野开阔,环境优美,空气清新。花岗石是建筑不可缺少的材料,与德国本土建筑风格一致,建筑体形活泼自然,变化丰富,很有中世纪城堡建筑的风格特点。该类建筑往往以一座塔楼高高耸起,均衡建筑体量。这些建筑同时也是现今当地建筑师创作的源泉,如青岛基督教堂、伯恩尼克住宅(图7-1.2.3-1)。

图7-1.2.2-13 俾斯麦兵营远眺

图 7-1.2.2-14 俾斯麦兵营鸟瞰 1

图 7-1.2.2-15 俾斯麦兵营鸟瞰 2

图 7-1.2.2-16 俾斯麦兵营

图 7-1.2.2-17 海大地质馆

（1）青岛基督教堂

江苏路基督教堂位于青岛市江苏路15号，基址是一个小山丘，德租时期正式名称为小教堂丘（Kapellen-Hügel），面向海滨，南侧有一个小广场，东侧紧临信号山公园，是沂水路、龙山路等多条道路的对景建筑。基督教堂是老街区的视觉中心，江苏路（Bismarck Straβe）、沂水路（Diederichs Weg），都保留了大量的德国风格的建筑（图7-1.2.3-2）。

青岛基督教堂是典型的新罗马风建筑，塔楼是其重要的标志。塔楼的做法与原设计方案有所出入。原设计高度为27米，实际的高度为36米。原高度注重了塔楼与整体的关系以及塔楼与基地的关系（图7-1.2.3-3）。但在实施方案中它被拔高9米，突兀而起，凌驾于建筑主体之上。本来敦厚简化的塔顶，代之以传统的程式化的德式屋顶，这一点较原方案相对保守了，但德意志传统风格意味更强了（图7-1.2.3-4）。

从南向较近的角度看去，由于透视视觉的矫正作用，突兀的感觉并不明显，相反却感觉高度适中，栩栩如生。塔楼的设计也运用了许多手法，根据材料的不同可将其分为三段。上段为蓝绿色的尖顶，中段为黄色粉墙，下段为蘑菇石墙面。

塔楼西立面分为三段。底部砌筑的蘑菇石并不在一条水平线上，为了强化角部，墙体砌筑得更高。增添了蘑菇石的小角楼，形状由下至上逐渐收分，加以锥形顶盖，显得更加敦实坚固，工作人员入口也得以强化。

中段黄色粉墙在东西两个面上出现了山花形式。中段顶部饰以花岗石，这种做法也许是为了强化上、中段的交接。实际上这一段的高度已经接近原设计的尖顶高度了，在加以绿色双重尖顶之后，高度上已失去和谐。施工者也许意识到了这一点，所以在塔楼黄墙的中段做了一些细部，目的是打破这种突兀感，使尖顶不致过于盛气凌人。所采取的方法是：在四个立面的三个面引入了大钟，东立面为次要立面，没有设置时钟；分段处理，如西立面塔楼中段的山花四角以蘑菇石强化，山花中部以弧形长窗强化中心；黄墙中部以大钟强化这一段的中心，因为钟是识别性的元素，人们的视线多停留于此。

顶端为双层的绿色尖顶，属德意志建筑风格，高11米。经过这一系列的中心强化之后，立面已经被分成若干局部，再加上较多的视觉趣味中心设计，塔楼的体量感被削弱了。

南立面是没有山花的主立面，设计者将大钟置于绿尖顶的下缘，在粉墙的中部饰以几块蘑菇石并开一小窗，这些仍然是强化中心、削减体量的手法。在距离较远处人们有合适的视角仰视大钟，在近端由于人的视觉透视变形又可以矫正实际高度（图7-1.2.3-5～图7-1.2.3-7）。

（2）伯恩尼克住宅（Wohnhaus Bernick）

伯恩尼克住宅位于栖霞路和福山路之间，建于1905年，由德国工程师波特尔（Ingenieur Potter）设计，伯恩尼克和波特尔公司施工（图7-1.2.3-8）。该建筑地上三层，半地下锅炉房一层，总建筑面积800多平方米，是一座设计精美、保存完好的德意志传统风格的独立式别墅（图7-1.2.3-9～图7-1.2.3-11）。

伯恩尼克住宅背靠八关山，位于福山路和栖霞路之间的山坡上，背靠青岛山，南望汇泉湾的海滨浴场。它位于德国别墅

图 7-1.2.3-1 1900 年前后的青岛城市风貌

图 7-1.2.3-2 基督教堂初建成

图 7-1.2.3-3 基督教堂原方案

图 7-1.2.3-4 基督教堂

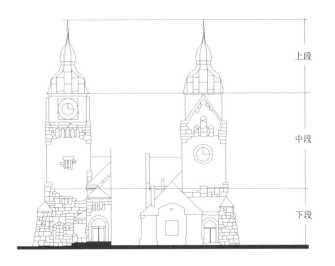
图 7-1.2.3-5 基督教堂塔楼立面分析

图 7-1.2.3-6 基督教堂侧立面

图 7-1.2.3-7 基督教堂正立面

图 7-1.2.3-8 伯恩尼克住宅历史照片

图 7-1.2.3-9 伯恩尼克住宅旧址正面

图 7-1.2.3-10 伯恩尼克住宅旧址背面

图 7-1.2.3-11 伯恩尼克住宅形体分析图

区，四周青山绿树，海风习习，为一栋绝佳的度假别墅。该建筑占地面积1500平方米，南向是一个开敞的院落，西边坡地有一道引水槽，据说原有莲花池一座，现已无存。走出建筑院落，东边有石铺小路，直通向福山路。建筑平面为长方形，呈南北向布置，北部和西部各有一座附属建筑。

该建筑有东北、东南向两个主要入口，西南、东南向各有一个次要入口。东向入口有一小过厅和主要楼梯间。楼梯为木制，较为隐蔽。楼梯扶手及门框全是曲线花纹，带有新艺术运动的痕迹。过厅内的小门藏有非常隐蔽的楼梯，直通二层。完全到达二层时进入北向房间，再上几步进入南向房间，楼梯间布置非常局促，这一楼梯间直通三层。建筑每层净高4米，非常空旷；又因为开窗很小，采光量少，室内光线昏暗，达不到当今的居住要求。

伯恩尼克住宅的最大特点是大斜坡屋顶的使用，因为地势北高南低，所以在坡顶北侧几乎是一坡到地，与地面呈55°角，异常陡峭。建筑的西立面最丰富，这个面实际上是在山墙面上做细部：山墙面顶端用红瓦和半木构装饰，下端是淡蓝色的墙体加肉色花岗石底座。山墙面上的尖塔、凸出的阳台与墙面之间形成了体块对比。

建筑以一座四坡屋顶为主体在南北两侧各贯一坡；西边侧一高一矮两个小尖顶，非常紧凑；东西两侧单坡顶，各自独立，与大屋顶不再相贯。在南侧设一层露台和一层平台。屋顶的构成关系和屋顶与尖顶的构成关系既丰富多变又井然有序、一气呵成。

7.1.2.4 折中主义形式

折中主义是19世纪上半叶兴起的一种建筑风格，19世纪末和20世纪初在欧美盛极一时。它任意模仿历史上的各种风格，或自由组合各种式样，所以也被称为"集仿主义"。折中主义在建筑形式上是多种风格的自由组合，没有固定的样式，讲究比例和形式上的美观。这种风格可以随意模仿历史上各种风格的形式，因此可以打破古典主义和浪漫主义的局限。

在青岛的德国建筑中，很多建筑有意或无意地融入了建筑文化的要素。严格意义上说该时期的所有建筑都或多或少地存在着折中的痕迹，如纯德国传统建筑形式融入了青年风格派的要素和各种象征意义的东方符号，另外有一类建筑是东西方建筑元素的整合。如总督官邸是德式建筑为主的多种元素的有机组合，而麦克伦堡疗养院则是东西方建筑符号的生硬结合。

（1）胶澳总督官邸

胶澳总督官邸，又称青岛德国总督楼、迎宾馆、提督楼，旧址位于青岛市市南区龙山路26号。整个建筑坐落在信号山脚下，依山面海，气势宏伟，将德国威廉时代的建筑式样与德国青年派手法相结合，又近乎完美地融合多个欧洲建筑风格的装饰元素，是一座难得一见的建筑精品。建筑原是德租青岛时期胶澳总督官邸，现为青岛德国总督楼旧址博物馆。此楼由德国建筑师维尔纳·拉查洛维奇（Werner Lazarowicz）设计，1903年开始动工修建，至1907年基本完工。连同此楼花房、凉台等附属建筑，到1908年方全部完工，全楼建筑面积为4000多平方米，建筑造价45万马克（图7-1.2.4-1～图7-1.2.4-3）。

总督官邸是德租时期青岛建筑中折中多种形式特征的经典，它既有复杂变化的红坡屋顶，又有极具特色的山墙面，而且还有体量颇大的尖顶角楼，另外它既有新艺术运动的建筑特征，又有浪漫主义德意志城堡特色。因此它具有多种个体普遍相似性的特征，是最接近于青岛建筑原形的个体。

该建筑形式的最大特点是花岗石的应用，窗台之下全部用花岗石，图案丰富，花样繁多，花岗石用到了红坡顶之下的方方面面。其余的墙面是黄色，饰以浅浅的波纹。整个建筑形体按建筑材料分成三个部分：红顶、黄墙和大理石基座。整个色调：红色（顶）、黄色（墙）、肉红色（大理石）对比鲜明（图7-1.2.4-4）。

总督官邸的西立面是主要立面，主要入口正对西广场。建筑师极力地表达提督府丰富的雕塑感和虚实的体量对比。西南方向的塔楼高高耸起，控制全局（图7-1.2.4-5）。

西立面采用横三段构图方式，以厚重的大理石墙作为分界线，活泼自然，尤其是左端山墙中的外凸黄墙与大理石的体块呼应，表现墙面的整体性。左右两边的山花大小悬殊，但右边的小山花与体量庞大的角楼成为一体，使立面构图重新达到均衡。

总督官邸西立面入口与左端山花并不在同一直线上，左墙有一弧形转角，山花左端伸出一饰物打破山花的对称。但入口

图 7-1.2.4-1 胶澳总督官邸远眺

图 7-1.2.4-2 胶澳总督官邸远景

图 7-1.2.4-3 胶澳总督官邸鸟瞰

图 7-1.2.4-4 大理石细部

右端的黄墙使构图再度均衡，于是左段整体又形成了新的动态平衡。两端既均衡，又有体量、材质、色彩的对比。整个墙面既具有整体性，又有花岗岩点缀角部和墙面，增加了活泼性。以后青岛的建筑师纷纷仿效这种细部处理手法。

西立面两个山花一大一小各具特色，形成了对比。左边山花以三角形为母题，用花岗岩拼成各式图案，山花外层是石框，内层是放射的太阳，下面是锁链，中心掏空为窗洞，由两根短石柱支撑，作为下部黄墙的衔接，左端是石雕的装饰，打破了其对称性；右边山花以半圆形为母题，用花岗岩做成外框，以条石拼成锁石样式，两侧是浅浮雕装饰和成排的窗洞（图7-1.2.4-6）。

总督官邸的南立面呈明显的纵横三段处理形式。其中轴对称形式被右边的小角楼打破，但是主入口置于左边（图7-1.2.4-7），水平伸出，使南立面重新形成了构图均衡。

建筑师在左右两个塔楼中运用了一系列令人赞叹的对比手法。左边塔楼形体高大，平面呈方形，主要材料上部以黄色粉墙为主，下部以蘑菇石为主，开小窗洞，与西立面不同，但都采用轴线对称形式。角楼顶端采用重檐攒尖顶，两重檐之间是红色木构装饰，鲜艳夺目。右边塔楼形体稍小，楼体平面采用方形切角形状，主要材料是蘑菇石，形状大小颇具变化。顶层是全玻璃窗，中间以短粗石柱分隔，塔顶是多边形弧形曲面，顶端水平，色彩上与左边塔楼相协调，形状富于变化。

图 7-1.2.4-5 青岛总督官邸西立面

图 7-1.2.4-6 青岛总督官邸西面山花

除了外立面丰富多变，室内设计也很精致考究，木质装饰古朴而又温馨，又没有多余的琐碎修饰（图7-1.2.4-8）。

图 7-1.2.4-8 总督官邸内部

图 7-1.2.4-7 胶澳总督官邸南侧

（2）麦克伦堡疗养院

德国麦克伦堡疗养院位于青岛崂山柳树台，1904年由总督府建筑师普尔设计，1909年竣工。《胶州地区发展备忘录》和《胶澳志》都有记载，早在1904年的6月，在胶济铁路全线通车的同时,"柳树台疗养院落成"(图 7-1.2.4-9~图 7-1.2.4-11)。1914 年 11 月 7 日,日德战争结束,德军投降。此前,自知不保的德军拆除了麦克伦堡疗养院。疗养院开业之后供不应求,《德国在胶州地区卫生事业发展备忘录》1906—1907 年度记载,"地处峻山的麦克伦堡疗养院,今年接收了 1077 人,去年则为 1009 人……",疗养院常常出现因客满而不得不谢绝定租的情形。

柳树台位于崂山南九水东北端,环境幽静。两层疗养院建筑为砖木结构。与胶澳城区里的德军兵营和市区一些公共商业建筑不同,崂山麦克伦堡疗养院建筑使用了一些中国传统建筑符号,屋角瓦檐上翘,屋脊两端设计了一些中国饰件。整个麦克伦堡疗养院看上去有些怪异,以德国古典造型为主体的建筑中,两种建筑语言的结合略显生硬。但通观这时期的主流建筑,疗养院大楼试图向中国本土文化靠拢的努力却是值得注意的。这说明,在参与青岛早期建筑设计规划的一部分设计师中,确有一些人希望尝试将东西文化融合在一起进行设计。只可惜,留下的作品太少。

7.1.2.5 青年风格派

"莫里斯与工艺美术运动是现代主义产生的主要根源,新艺术运动是它产生的另一个根源。"[1]1950 年代在英国出现了"工艺美术运动",其后产生的新艺术运动(Art Noureau)倡导用自然界植物曲线作为装饰,以此来适应工业化的简化装饰,该风格在德国被称为"青年风格派"(Jugendstil)。德国的青年风格派的发展经历了两个时期,1900 年以前,其风格十分接近英国的工艺美术运动,采用花卉植物图案,更侧重于自然主义。约在 1895—1898 年间,德国艺术界的一系列事件促进了青年风格派的成长。1896 年,凡·德·费尔德被邀请到德国做演讲,宣传新艺术,两年后,他又应邀到德国的德累斯顿举办展览。在此同时,多种重要的杂志的出版将新艺术作品介绍给了广大读者。1896 年《青年》杂志创刊,次年,《艺术和手工艺》《德国艺术和装饰》和《艺术装饰》相继出版。1900 年以后,凡·德·费尔德定居德国,直接推动了德国青年风格派的发展,在凡·德·费尔德观念的影响下,这种风格转向更抽象、更富活力的线条,而且这与后来的现代主义设计运动不谋而合(图 7-1.2.5-1)。

青年风格派的主要成员有奥托·埃克曼(Otto Eckmann,

图 7-1.2.4-9 麦克伦堡疗养院

图 7-1.2.4-10 麦克伦堡疗养院背面

图 7-1.2.4-11 麦克伦堡疗养院远景

1865—1902)、奥古斯特·恩代尔（August Endell，1871—1925)、赫曼·奥布利斯特（Hermann Obrist，1863—1927)。他们的代表作品如1897—1898年在慕尼黑建造的埃维拉照相馆（Elvira Photographic Studio）和1901年建造的慕尼黑剧院。青年风格派在德国真正有成就的地方是达姆施塔特。1901—1903年举行了一次广泛的现代艺术展览会，吸引了各国著名的艺术家与建筑师参加，其中比较著名的有约瑟夫·马里亚·欧尔布里希（Joseph Maria Olbrich）与贝伦斯等人（图7-1.2.5-2）。它打破常规，除了建立一座统一的展览馆外，还在一个公园里让各个艺术家建造自己的房子并自由布置，形成了一个艺术家之村。他们把建筑作为艺术复兴的起点，试图使新艺术和建筑设计紧密地结合起来。

1914年之前，现代主义建筑运动萌芽，在德国和它影响下的瑞士、奥地利等国表现最突出。恩代尔和欧尔布里希脱离了青年风格派的羁绊走出了新路。甚至到了阿道夫·路斯（Adolf Loos）、彼得·贝伦斯（Peter Behrens）、密斯·凡·德·罗、格罗皮乌斯时摒弃了一切装饰，完全走向了现代建筑（图7-1.2.5-3）[3]。但此时青岛建筑中，现代主义的倾向并不明显，直到1920—1930年代才出现了真正的青岛现代建筑。青年风格派在青岛有许多典型的实例，曲线的山花和开窗纹样非常丰富。

青年风格派在青岛最具代表性的建筑是位于广西路的红房子餐厅，其装饰被大大地简化，细部纹样多用自然曲线，整座建筑充满动感。从外观来看，这种风格与德国传统建筑风格有所不同，与古典风格相比更是另类（图7-1.2.5-4~图7-1.2.5-6）。

该建筑三层，顶端有阁楼层。坡顶中央老虎窗为圆弧状窗楣，紧挨着两侧为两个烟囱，外部用砖砌，内有凹槽，形成雕塑感。立面墙面装饰对称设计，两侧二三层由弧形线脚框住，形成大的组合单元，包括二层大开间窗和三层三个一组的组合窗。中间的图案也是窗户呈三个一组布置，表现一定的秩序感。底层两侧小窗设计得自然生动，券形窗洞内分左右两个连续券的窗洞，之间连接的是简化却夸张的爱奥尼柱式，柱身粗矮，两头稍细，中间粗壮呈梭柱样，且由整石雕琢，很有趣味。建筑的侧面很有特点，柔美自然、变化丰富的山花，红砖围砌的大面积的线脚和平实的墙体产生对比。

7.1.2.6 中国传统建筑

青岛开埠之后，除了德国人带来的西方风格建筑之外，还有两座中国传统形式的建筑：天后宫和老衙门。开埠之前青岛只是普通的渔村，没有大规模的官式建筑，再经过德人大规模地进行西方式的规划和建设后，所剩中国建筑寥寥无几，其中天后宫和总兵衙门是中国传统风格的代表（图7-1.2.6-1、图7-1.2.6-2）。

（1）天后宫

位于青岛前海太平路上的天后宫，是市区内现存最早的宗教建筑（图7-1.2.6-3~图7-1.2.6-6）。天后宫始建于明成化三年（1467），后历经明、清、民国等先后七次修缮扩建，渐成规模，是青岛市区最早的庙宇建筑。据《胶澳志》载："天后之祀不见于正史，然渔航业奉祀维谨。故沿海口岸恒有是庙。庙东有老衙门。为章高元建牙之所。二者均属开埠以前所建纯粹华式。为本埠所罕觏。"

清代同治元年（1862），山东建立了东海关，同治四年（1865）在青岛口建立了分关，六月，又一次重修天后宫，并重建了"戏楼"。同治十三年（1874）和光绪二十四年（1898），天后宫又重修，规模越来越大。1897年，德国侵占青岛后，将天后宫一带划为德人区，周围村庄尽被拆除，当要拆毁天后宫时，激起青岛商民无比义愤，群起反抗，德国总督慑于中国民众的压力，于是决定将天后宫从欧洲人居住的青岛区迁往中国人居住的鲍岛区，并在馆陶路拨给地皮，但是，还未来得及迁移，1914年日本占领青岛，再没有提及天后宫的迁徙。1936年，青岛商民集资对天后宫再次进行扩建，除将戏楼、钟楼、鼓楼重新改建外，还增建了殡仪馆，主要建筑均改用黄绿色琉璃瓦。这时的天后宫共有殿宇16栋，建筑面积1100多平方米，成为一处颇为壮观的香火圣地。

现在天后宫，占地面积约4000平方米，建筑面积约1500平方米，共有殿宇16栋，房屋80余间。原戏楼、大殿、配殿以及东、西厢房尚存，但双层飞檐琉璃瓦已被换成灰瓦，钟、鼓楼亦被拆除，神像已不复存，原来门前一对旗杆被雷击毁，再未重立。天后宫共两进院落，建筑采用中国传统的轴线式布局。周边围墙围合，入口设在面向大海的南侧。前院正中为戏楼，重檐歇

图 7-1.2.5-1 奥托·艾克曼的青年风格派张贴画

图 7-1.2.5-2 达姆施塔特的路德维希之家入口

图 7-1.2.5-3 恩代尔设计的柏林邦特剧院 1901

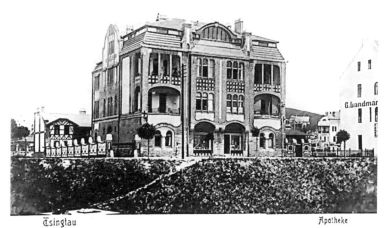

图 7-1.2.5-4 德国医药商店

图 7-1.2.5-5 青岛广西路 1906

图 7-1.2.5-6 红房子餐厅（青岛赉寿药房旧址）

图 7-1.2.6-1 国画中天后宫和总兵衙门并立

图 7-1.2.6-3 青岛天后宫 1

图 7-1.2.6-2 天后宫与总兵衙门鸟瞰

图 7-1.2.6-4 青岛天后宫 2　　　　　　　　　　　　　　图 7-1.2.6-6 青岛天后宫室内神像

图 7-1.2.6-5 青岛天后宫背面

山形式，面阔三间。东西设钟、鼓二楼。后院正殿即天后殿，单檐硬山式建筑。两侧辅有东西配殿、厢房等。

（2）总兵衙门

1891年6月，清政府诏令登州镇总兵衙门由登州（今蓬莱）移驻青岛，1892年在青岛口建总兵衙门，这是青岛建置后修建的第一座行政与军事类建筑（图7-1.2.6-7~图7-1.2.6-9）。总兵衙门选址于青岛湾畔，青岛河口西侧，青岛村南，于1959年被拆除，原址新建了青岛人民会堂（图7-1.2.6-10）。

根据史料和相关历史图片，整组建筑结合自然地形，面向东南，共分三进院落，两旁还有几个小跨院，是一组典型的中国北方式古典建筑群，属于早期青岛地区规模较大的建筑群。衙门前设有一长约15米的影壁，按照中国传统建筑的风格，影壁的设置是为了对建筑群的主要入口进行遮挡。影壁上绘制了一种怪兽獬豸，张牙舞爪，形态逼真，它既作为权力的象征，又对任职官员具有一种警示的象征意义。通过大门，院内则设大堂、后堂各五间，左右厢房各三间，主体建筑结构采用梁架砖木石混合体系。该建筑为中国传统建筑样式，呈中轴线对称式布局，墙体为青砖砌筑，周边用花岗石镶嵌，屋顶施青瓦，体量简单，局部有些装饰。影壁外竖立一根木制的旗杆，20多米高，悬挂清朝的龙旗，以表明这里作为当地最高等级的政府办公建筑的属性。清总兵衙门也被当地人称作"老衙门"，门前的那条宽阔的道路则被称作衙门街。

纵观该时期青岛的主流建筑，虽然风格多样，但西式建筑占有压倒性的主体地位，德式建筑统揽全局，并且随着城市规划的实施，建筑风格也得以科学地控制，沿街建筑井然有序。应该说此时的青岛建筑呈现出单一有序的建筑风格。

7.2 第一次日占时期青岛建筑的发展状况（1914—1922）

7.2.1 近代日本建筑发展

19世纪中叶，日本在经济、科技、文化等方面执行全盘西化的政策，日本建筑界也面临着西方建筑大量移植的局面，之后日本出现了"拟洋风"式的建筑。这一时期的日本建筑没有脱离欧洲影响，吸收的是英式的折中主义风格。世纪相交阶段，日本人提出"和魂洋才"的口号及进行传统复兴的探索。日本第一次占据青岛时，尽管在军事、经济、科技、教育方面颇有成就，但在建筑上还没有走出西欧折中主义的道路。此时，日本的建筑仍主要是比较蹩脚的折中式，拿不出比德国形式更好的建筑来影响城市，这与日本的建筑所处的发展阶段有关，当时尚处于探索阶段。面对东西方的差异，这种探索是曲折的。该时期的日本建筑没有鲜明的个性。

7.2.2 第一次日占时期的建筑风格

7.2.2.1 拟洋风形式

日占时期保留了德人原有的城市风貌和建筑风格。日本人在青岛所做的设计大多以仿德国的折中形式为主，数量很大，但质量却不高，讲究经济、实用，注重满足日本人的生活习惯。在中山路、馆陶路等地建设时，日本人考虑到了与欧式建筑的协调，许多重要的建筑物沿用大块粗石料的传统。但在细部处理时却走了样，蘑菇石贴面也成了卵石贴面。在空间上则更加经济实用，层高控制在3米（德式室内高度为4~4.4米），已失去了德式的大方和明快。如今的海洋大学教学主楼是该类建筑的典例。

中国海洋大学鱼山校区教学主楼，原为日本人第一次占领青岛时期的青岛日本中学校，1917年2月，青岛军政署发布军政告示第11号，决定在青岛旭兵营（原德军伊尔蒂斯兵营，今北海舰队司令部）设立青岛中学校。1920年政府斥资45万日元在原炮兵营建造日本中学新校舍，由青岛民政署土木课建筑师三上贞设计，华商公和兴工程局承建，1921年6月竣工，1922年北洋政府收回青岛后，该校改由日本居留民团承办。1945年青岛日本中学校解散，校舍改为驻青美军兵营。在司徒雷登的斡旋下，国立山东大学收回了位于原德军俾斯麦兵营的校舍，并将原日本中学校舍一并接收。1946年10月，国立山东大学在青岛复校。自此原日本中学校舍随国立山东大学与后来的山东海洋学院的变迁而屡经变迁，现为中国海洋大学鱼山路校区的一部分。

图 7-1.2.6-7 青岛总兵衙门全景鸟瞰

图 7-1.2.6-8 青岛总兵衙门门口影壁

图 7-1.2.6-9 青岛总兵衙门大门

图 7-1.2.6-10 青岛市人民会堂及老衙门遗存

日本中学校舍由两栋主楼及附属建筑组成。大门朝向西南，临有明町（今鱼山路），由两个巨大的花岗岩石柱组成。南侧主楼平面采用了古典建筑的形式，虽呈 E 字形，侧面楼梯一长一短并不对称，立面为屋顶、墙体、基座三段式处理，但是与西方标准的建筑形式差别较大。坡屋顶铺牛舌瓦，设老虎窗，墙体设竖条形长窗，由条石分隔，以二至四扇为一组，花岗岩剁斧石砌成墙基，灰白色墙面上有波浪纹，正面装饰曲线形山花，区别于欧洲常用的三角形，山墙后侧有一巨大的塔楼，塔楼上覆红瓦四坡屋顶。墙面窗户为长条形，饰以大块花岗岩。塔楼体量庞大，在比例上与欧洲建筑相比稍显笨重（图 7-2.2.1-1~ 图 7-2.2.1-4）。

7.2.2.2 和式建筑与和洋折中

日本人为了宣传自己作为占领者的文化，在青岛实施了一些纯日本风格的建筑设计，其中规模最大的是处于大庙山上的日本神社。该时期，日本建筑师也进行了将东西方建筑风格进行融合的尝试，但对外观比例掌握不好，再加上各元素符号之间的固有差别，融合困难，普济医院就是这时期的代表建筑。

（1）青岛日本神社

青岛神社（又称青岛大庙、日本神社）原址位于市北区贮水山北侧，设计者是日本内务省神社局的加护谷佑太郎。神社建于 1916—1919 年，是青岛第一次日占时期日本守备军司令部为了供奉神道教的天照大神和在春秋两季祭奠在日本攻占青岛期间阵亡的官兵而建。该建筑群采用纯和式木构大屋顶，前有鸟居。1949 年之后，神社内的建筑物陆续被拆除。目前当年的"青岛神社"尚存樱花路两侧的小型石灯笼的底座，108 级石台阶，二鸟居的柱础以及神社派出所旧址（图 7-2.2.2-1~ 图 7-2.2.2-3）。

（2）青岛普济医院

普济医院旧址位于青岛市市北区胶州路 1 号，建成于 1919 年，是青岛老城区现存的数座第一次日占时期所建公共建筑之一。1910 年代末，日本青岛守备军民政署在新町分院东侧的路口处设立普济医院，由建筑师三上贞设计，于 1919 年 11 月开始运营。

普济医院旧址位于胶州路、上海路路口西北角，坐北朝南，初建时楼高两层，西侧部分楼体由于高差形成三层，设坡屋顶阁楼，平面略呈"一"字形，建筑面积 563.7 平方米，钢筋混凝土结构。正立面三段式划分，中轴对称，檐口起弧线形山墙，以花岗岩装饰，屋顶中央设一亭式塔楼。墙基以花岗岩蘑菇石砌成，外墙窗户以花岗岩条石装饰。1935 年建成的施诊所正门面向东侧的上海路，与原普济医院相连接，形成"工"字楼（图 7-2.2.2-4、图 7-2.2.2-5）。

7.3 民国时期青岛的建筑发展（1922—1937）

7.3.1 民国时期建筑发展

1840 年之后，中国进入近代，处于承上启下、中西交融的过渡时期，这一时期的建筑丰富多彩，尤其是 1920—1930 年代直至抗日战争之前，建筑事业繁荣，上海、南京、天津、武汉、青岛等大城市建筑活动日益频繁。南京、上海分别制定了《首都计划》和《大上海都市计划》的新城市规划，建造了一批行政建筑、文化建筑、居住建筑。建筑技术及施工能力得到了质的提升，许多大型复杂的工程顺利完工使用，部分建筑在设计上和技术设备上已接近当时国外的先进水平。中国建筑师的队伍壮大了，国外留学归国的建筑师纷纷成立中国建筑师事务所，建筑教育也在部分院校开展起来。1927 年成立了中国建筑师学

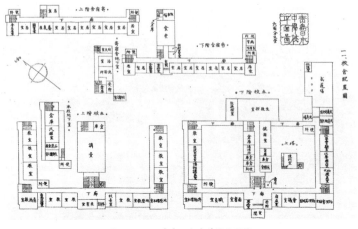

图 7-2.2.1-1 青岛日本中学校平面图

图 7-2.2.1-2 青岛日本中学校全景鸟瞰

图 7-2.2.1-3 青岛日本中学校建成初期

图 7-2.2.1-4 青岛日本中学校

图 7-2.2.2-1 青岛神社建筑

图 7-2.2.2-2 青岛神社之前的鸟居

图 7-2.2.2-4 青岛普济医院

图 7-2.2.2-3 青岛神社大庙建筑

图 7-2.2.2-5 青岛普济医院现状（市立医院）

会和上海市建筑协会,分别出版了专业刊物《中国建筑》(1932年创刊)和《建筑月刊》(1932年创刊)。中国近代建筑在这一阶段不只是单纯地引进西方建筑,而且结合中国实际,打造出中国特色。

从建筑风格来看,19世纪下半叶到1930年代,西方国家经历了由古典复兴、浪漫主义,通过折中主义、新艺术运动向现代主义的转化过程,这些丰富的建筑风格一一在中国近代建筑中展示了出来。从1920年代末开始,随着欧美各国现代主义建筑的发展和传播,中国新式建筑也出现向现代主义建筑过渡的趋势。从带有芝加哥学派特点的上海沙逊大厦到模仿美国摩天楼的上海国际饭店,都有清晰的展示,但真正体现现代主义建筑精神的建筑实践仍比较少。

此外,近代民族形式建筑的雏形开始展现。最初出现的是一些新功能、旧形式的建筑,如1865年建造的江南制造局机械厂等。从1920年代起,近代民族形式建筑活动进入盛期,到1930年代达到高潮。由于五四运动以来民族意识高涨,发扬我国建筑固有特色成为当时中国建筑界和社会的普遍呼声。国民政府推行中国本位文化,在当时编制的南京和上海的规划中,均倡导采用中国固有形式。当时中国建筑师的设计思想仍然以学院派思想占主导地位,他们很自然地会把中国民族形式融入他们设计的建筑中去。这样,在南京、上海、北京等地的各类新建筑中,涌现出一批由中国建筑师和少数外国建筑师设计的不同形态的民族形式建筑作品。这是中国近代探索新建筑的近代化与民族化相结合的有意义的创作实践,同时涉及引进的国外近代建筑形式和先进建筑技术如何与中国的现实相结合,并在建筑近代化的过程中如何继承、借鉴、发扬传统建筑遗产等问题。

7.3.2 民国时期青岛的建筑形式

该时期现代建筑运动已经蓬勃开展,青岛在经济、文化方面与世界联系密切,深受国际大趋势的影响。一方面,青岛政府采取更加开明的政策,实行高度自治,发展成一个完全开放的自由贸易港口,同时它是东西方经济文化交流的重要城市。另一方面,民族主义思想复兴,完全体现中国传统特色的建筑开始兴建。该时期有以下两个因素对青岛建筑的发展产生重要影响。

1) 从西方留学归国的年轻中国建筑师开始登上历史舞台,他们完全有能力与进入中国的国外建筑师一争高下,这些中国的建筑师包括庄俊、罗邦杰、苏夏轩、陆谦受、董大酉等人。许多中国第一代建筑师在青岛留下了作品。

2) 沈鸿烈担任青岛市长期间,为青岛的城市建设做了许多有益的工作,如实施了一套长远、整体的发展思路,在他的任期内(1931—1937)青岛市的城市建设呈现出前所未有的繁荣。他也是中国传统建筑风格的积极倡导者。

7.3.2.1 现代主义风格的建筑

此期,青岛建筑的发展紧跟世界潮流,出现的现代建筑摒弃一切多余的装饰,注重功能和简洁的形体,典型的实例是青岛的东海饭店(图7-3.2.1-1~图7-3.2.1-3)。

东海饭店位于青岛市八大关汇泉路,1931年竣工,由上海英商新瑞和洋行(Messrs. Davies & Thomas Civil Engineers and Architects)设计。新瑞和洋行是近代上海一家著名的建筑设计机构,1896年创立,创始人是覃维思(Gillbert Davies),其作品包括大量办公楼和私人住宅,其中成名作还有建于1908年的上海华洋德律风公司大楼。东海饭店的投资方为明华银行,实施建造的为上海锦生计营造行。东海饭店是青岛当时最大的饭店和最高的建筑物,也是外国人在青岛设计最早的现代化的大型公共建筑。

从太平路隔海向东眺望就会看到这座独特的建筑。其建筑平面呈流线型的设计,采用竖向划分、逐渐后退的手法。淡蓝色的外墙粉刷,使得整个建筑显得轻盈、活泼,与所处的海山环境融为一体,成为青岛沿海一线的著名风景点。饭店共设有88间房间,建筑方案进行了最佳的视线设计,全部客房均可观赏到海景。

建筑高7层,钢筋混凝土结构,平面呈扇形,总面积达11255.8平方米,整体采用一体两翼的格局,底层为水平伸展的基座,主入口位于两翼交接之处,两根圆石柱支撑挑台,挑台下两侧有汽车通道。建筑外观简洁明快,形体感觉强烈,从建筑形体上我们可以看到20世纪初包豪斯建筑风格的影子。该建

图 7-3.2.1-1 东海饭店 1935　　　　　　　　图 7-3.2.1-3 青岛东海饭店

图 7-3.2.1-2 东海饭店 1938

筑始建时即作为饭店使用,曾用名"四海饭店""水边大厦"。青岛解放之后由全国总工会接管,短暂作为疗养院使用,后交由海军管理至今,为中国人民解放军海军北海舰队第一招待所。东海饭店是青岛八大关近代建筑之一,为全国重点文物保护单位。

7.3.2.2 中国民族风格的建筑

1930年代,中国建筑界的复古思潮同样影响到了青岛。这些建筑如水族馆、鲁迅公园、回澜阁、万字会等。尽管复古思潮对青岛建筑的影响不太大,但它在青岛近代建筑史中占有重要的地位。它是青岛海滨中的一道美丽的风景线,是中国文化心理的一种回归,尤其是在青岛遭德、日占据23年后,成为人们心理上的一种需求。

这些建筑物在城市景观设计方面有其成功之处,关键在于它们既占有城市优美的景点,又避免了与欧式建筑的冲突与碰撞。它们在选址设计时就采取了并不与欧式建筑一争高下,而是巧妙融合的方式,故能统一于城市风格之中。但它又能占据海滨的关键地点,无形中成为这些地区建筑的点睛之笔,如回澜阁的海上景观,就是以大海为依托,视野开阔,与其他建筑并无视觉上的冲突(图7-3.2.2-1~图7-3.2.2-4)。万字会的建筑群位于小鱼山和信号山间,在苍松翠柏掩映之下自成一体。

(1)青岛水族馆

青岛水族馆,也称青岛海产博物馆、青岛海洋科技馆,位于中国山东省青岛市市南区莱阳路4号,海滨公园(今鲁迅公园)内,筹建始于1930年。早期建筑由青岛观象台海洋科设计,鸿记义合工场营造,1932年2月落成,同年5开馆使用,建成时为中国第一、亚洲最大的水族馆。

水族馆建筑吸收了中国古代城门的造型,东西长31米,南北宽15.6米,高3层,砖石木结构。建筑采用了红色粗花岗石砌筑外墙,与周围的红色海滩礁石相协调,城墙垛上方设有二层的歇山顶城楼,以青绛紫色琉璃瓦装饰,面向汇泉湾。远远望去,比例和谐,与海滨环境融洽,采取中国古代建筑的形式,气韵不凡(图7-3.2.2-5~图7-3.2.2-7)。

(2)青岛红万字会仿中式建筑

建筑群全称为世界红卍字会青岛分会(世界红万字会青岛分会),又称青岛道院,位于青岛市八大关街道西部、鱼山路37号(大学路7号)。该建筑为世界红卍字会集资所建,1933—1941年完成,融合了中国传统风格和西洋建筑风格,环境设计优美,不同风格建筑和谐相处(图7-3.2.2-8~图7-3.2.2-12)。

红卍字会青岛分会旧址建筑群基址原为一条东西宽约50

图7-3.2.2-1 德租时期栈桥

图 7-3.2.2-2 1930年代栈桥北望（回澜阁未建）

图 7-3.2.2-3 改建后的栈桥和回澜阁

图 7-3.2.2-4 1950年代青岛海产博物馆全景

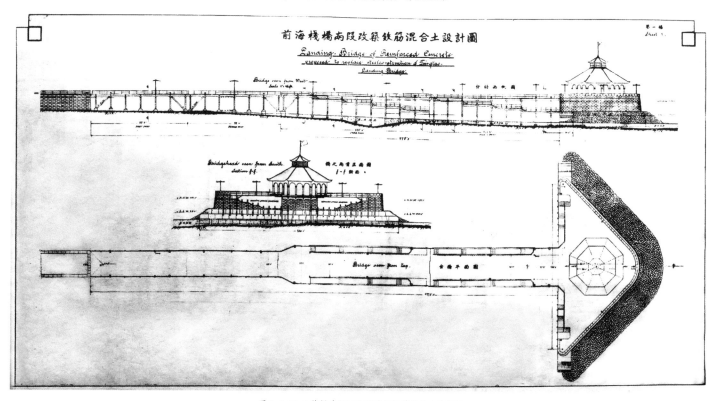

图 7-3.2.2-5 栈桥南段回澜阁改筑钢筋混合土设计图

图 7-3.2.2-6 青岛海滨公园及水族馆

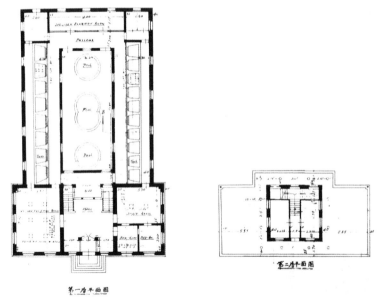

图 7-3.2.2-7 青岛水族馆平面设计图

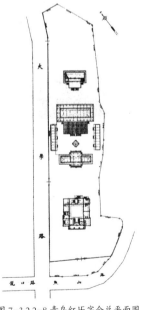

图 7-3.2.2-8 青岛红卐字会总平面图

图 7-3.2.2-9 青岛红卍字会鸟瞰 1950 年代

图 7-3.2.2-10 青岛红卍字会中院山门

图 7-3.2.2-11 青岛红卍字会前院建筑

图 7-3.2.2-12 青岛红卍字会后院伊斯兰风格建筑

米、南北长约 250 米的冲沟，建成后的建筑群为一长条形院落，整个院落进深超过 100 米，分为前院、中院、后院三组建筑。前院、后院为西洋风格，中院建筑是道院，为中国古典宫殿式传统建筑，建筑面积为 1500 多平方米，由近代建筑师刘铨法设计。该组建筑由山门、南北两厢、礼亭、大殿等组成，是整个院落的主体。大殿基座由花岗岩砌筑，重檐歇山屋顶，上覆黄琉璃瓦，面阔九间，面宽 42 米，进深 20 米，高 17.6 米，周围 28 根圆柱。南北两厢各面阔九间，屋顶为歇山式，上覆绿色琉璃瓦，各有 10 根方形水泥柱。院落中心还设置了一座八角礼亭，似乎是参照曲阜孔庙的形制。刘铨法在设计中采用了预制混凝土构件和水泥制品代替传统木建造的构造方式，并获得了成功。

此外，这一阶段还有很多折中形式的建筑，因为青岛的开放多元性，此时的建筑师不断地吸纳融合各种形式，推出新的折中式的风格。这部分建筑数量最多，风格特征也最复杂，集中体现在中小型建筑设计上，八大关建筑群就是代表。

7.4 小结

青岛近代建筑风格从 1898 年德租时，经过第一次日占时期和 1920—1930 年代的迅猛发展，形成了完整的建筑风格体系。但在迎来 1930 年代城市建筑发展高潮之后，1937—1949 年间由于战乱和经济萧条，青岛建筑已无大的起色，1920—1930 年代的繁荣终成昙花一现。我们重新审视 1898—1937 年青岛的这一段历史，就会发现青岛建筑文化经历了一个从单一有序的建筑风格到多元涵化的建筑风格发展过程。

注释

[1] 柯林斯. 现代建筑设计思想的演变：1750—1950[M]. 英若聪，译. 北京：中国建筑工业出版社，1987：23-33.

[2] 陈志华. 外国建筑史：十九世纪末叶以前 [M]. 北京：中国建筑工业出版社，1979：164.

[3] 佩夫斯纳. 现代设计的先驱者：从威廉·莫里斯到格罗皮乌斯 [M]. 王申祐，译. 北京：中国建筑工业出版社，1987：9.

08 罗克格和青岛的新罗马风建筑

近代德国建筑文化伴随着列强的入侵强行输入中国近代城市。其中,新罗马风建筑风格因为受到德皇威廉二世的推崇,在德国盛行,又作为帝国文化的标志在青岛群体亮相,成为德国统治青岛时期中心城区的主要建筑风格。以罗克格为代表的德国建筑师在中国进行了多种建筑风格的实践,其中最引人注目的还是德意志传统特色的新罗马风建筑。在社会文化强制西方化的背景下,中国传统建筑文化逐步融入西化的城市建筑之中,形成了青岛多元涵化的近代建筑文化形态。

"西方建筑艺术。特别是德国建筑风格被引入中国时，正是外国列强以不平等条约干涉中国主权时期，而今中国人却将这段时期的建筑看作其本土建筑史中现代建筑遗产的一部分……中华民族虽具源远流长之文化历史，却始终以融合外来民族的文化以丰富自身为其精神特征。"[1] 德国建筑的输入及其变化恰恰证实了这一变化过程。德国建筑在中国落户始于早期的一些开埠城市：香港、上海、天津、武汉、青岛，还包括作为德国势力范围的山东地区，其中以青岛地区最为集中。近代青岛是由德国人规划发展起来的全新现代城市，在城市建设过程中德国人采取推倒重建的方式，短短几年时间，整体欧洲城市形象便跃然而生，而原有的村镇风貌荡然无存。德国人对城市施以强势的文化统治政策，青岛的建筑风格也达到了某种和谐，恰如当时的社会状态一样，当时的建筑文化并不单一，各种风格要素相互作用，建筑形式复杂而多变。

8.1 威廉二世和新罗马风建筑（Die Neuromanic）

德皇威廉二世（Wilhelm Ⅱ），全名为弗里德里希·威廉·维克托·艾伯特·冯·普鲁士（Friedrich Wilhelm Viktor Albert von Preußen，1859—1941）末代德意志皇帝和普鲁士国王，1859年出生在柏林，是腓特烈三世和英国维多利亚长公主的长子。威廉二世未登基之前，非常仰慕宰相俾斯麦，可是当他即位后，就与这位铁血宰相产生了巨大的矛盾，威廉不甘受制于人，终于在1890年解除俾斯麦的职务。威廉二世实行帝国主义，以显示德国蒸蒸日上的国力。他积极推行著名的世界政策，具有强烈军国主义的色彩。他欲借殖民地扩张，为德国寻找在列强群起之下的立足之地，一改以往俾斯麦以德国为核心的欧洲中心主义。

德国建筑文化的输入与德国乃至世界建筑的历史紧密相连，德皇威廉二世主政时期（1888—1918）宣扬"帝权神授论"，推行极端的民族主义政策，对内加强专制统治，对外实行"世界政策"，加紧殖民扩张。此外，威廉二世对建筑有着超乎寻常的热情，他对柏林国会大厦、莱比锡和汉诺威的新市政厅等重要的政府建筑都提出过设计建议，他尤其沉迷于罗马风建筑，历史学家鲍尔·塞德尔说，"威廉二世时期对罗马风建筑产生明显的偏爱，认为这种风格具有顽强的生命力，代表着神圣意旨"，认为该风格是神圣罗马帝国的标志，最能够体现他的世界政策。在威廉二世的鼓噪下，新罗马风建筑在德国盛行，又传播到了德国的海外殖民地（图8-1-1、图8-1-2）。

新罗马风是古代罗马风建筑的复兴和发展。欧洲（主要是德国）范围内的新罗马风建筑早期的介绍来自1920年代海因里希·胡布施（Heinrich Hübsch）和鲁道夫·维格曼（Rudolf Wiegmann）的著作，他们认为罗马风建筑是欧洲国家的宝贵财富。新罗马风建筑的早期建筑师是约翰·克劳迪斯·冯·拉索（Johann Claudius von Lassaulx）和弗里德里希·冯·加特纳（Friedrich von Gärtner），罗马风建筑的圆拱形风格不仅展示了罗马建筑的语言，还包含了其他的建筑文化影响。

罗马风体系中的斯陶芬（Staufen）风格（也称霍亨斯陶芬风格，Hohenstaufen）跨度从1138年康德拉三世至1254年康拉德四世，是最成熟的形式，新罗马风在很大程度上就是19世纪晚期的斯陶芬风格的复兴（图8-1-3）。建筑理论家迈克尔·伯格曼（Michael Bringmann）认为，早期罗马风建筑物的柔弱性及条件限制形成的粗犷风格，被新罗马风简约的基本体形而取代，外在呈现的脆弱性及苦行禁欲的宗教意味让位于建筑细节的"多样化"，新式风格随后与准确复古概念相叠加[2]。总之，历史上的新罗马风是当时建筑师探索的一种新式的"风格主义"，属于建筑形式特性的结构功能美学在新风格中得以体现和发展。近代德国著名的建筑师辛克尔、森佩尔、穆台休斯、斯规奇顿等对新罗马风建筑在德国的发展起到重要的作用（图8-1-4、图8-1-5）。

以下是新罗马风建筑的著名实例。

（1）法国梅斯火车站

梅斯（Matz）火车站，建造时间为1905—1908年，建筑者为柏林建筑师尤尔根·克罗格（Jürgen Kröger），采取了新罗马风的设计风格。该栋建筑体量庞大，基于3000多根钢筋混凝土桩，深度可达17米，平台屋顶有300多米，是一个非常有代表性大体量建筑。1850年首先建造了一座临时车站，1853年又建造了一座半木结构的车站。梅斯车站于1975年1月被划定为历史古

图 8-1-1 威廉二世

图 8-1-2 威廉二世的新皇冠

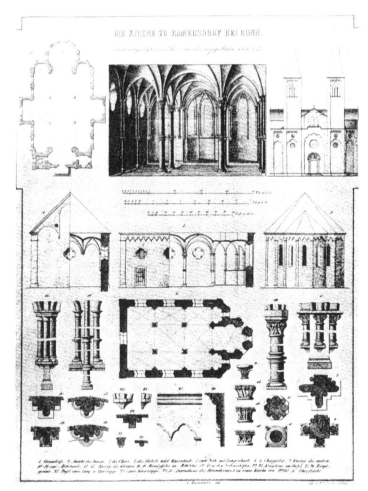

图 8-1-3 晚期斯陶芬形式的乡村教堂

图 8-1-4 斯规奇顿设计的柏林新罗马风住宅

迹，列为纪念碑建筑，后由于火灾重建。2007年，梅斯市向联合国教科文组织申请将车站区列为联合国教科文组织世界遗产名录。

建筑材料选用灰黑色的孚日砂岩（Vogesensandstein）建造，这种材料的特点是非常适合于表达雕塑特征，这种材料的选择象征着旧梅斯的鲕粒灰岩应用的结束。该建筑的竞赛只在德国进行，由柏林建筑师克罗格赢得，彼得·尤尔根森（Peter Jürgensen）和尤尔根·巴赫曼（Jürgen Bachmann）协助进行了规划。此外，威廉二世干预了建筑细节的设计，尤其是塔的外观。在中间部分，威廉安排了他自己钟爱的皇帝亭子。德国人认为这些主题是权力和新艺术风格的混合，反映了当时的技术进步（图8-1-6）。

（2）德国威廉皇帝纪念堂

威廉皇帝纪念堂位于夏洛滕堡（现为柏林）(Kaiser-Wilhelm-Gedächtniskirche)，1891—1895年建成，建筑师是斯规奇顿。

该建筑位于繁忙的购物区布赖特施德广场（Breitscheidplatz）上，是柏林最著名的地标之一，建筑废墟被改建成战争纪念馆。这一区域的建筑在第二次世界大战期间（1943）遭受了英军的炸弹袭击，基本成为一片废墟，只有纪念堂局部受损，被整体保留了下来，后来为纪念战争的创伤，特意保留了建筑残损的样子。

纪念堂原有的建筑体现了自然活泼的特点和挺拔向上的气势，该建筑有5个塔楼，最高处达113米，建筑的内部经过了精心的设计，细部精致豪华，墙壁和拱顶装饰着总面积为2740平方米的玻璃马赛克，多名建筑师参与了室内设计。

1956年，建筑师埃贡·艾尔曼（Egon Eiermann，1904—1970）的新教堂方案中标。新教堂毗邻纪念堂，采用了现代风格，包括八角形大厅和钟楼。新教堂建成后，老纪念堂遗迹受到了破坏，拆除了原来的中殿。新建筑采取了新颖的光线处理手法，通过在内壁和外壁之间照明蓝色的微光映射出淡蓝色的微光。新建筑八角形结构和六面钟楼组成的形式受到了一些非议（图8-1-7）。

（3）新天鹅城堡

新天鹅城堡（Schloß Neuschwanstein）是德国重要的标志，1869年奠基，1884年正式使用，位于今天的德国巴伐利亚西南方，靠近德国与奥地利边界，这座城堡是巴伐利亚国王路德维希二世的行宫之一。1868年5在给作曲家瓦格纳的信中，国王路德维希二世提到希望在前高地城堡的古堡废墟上建造一座城堡，风格取自中世纪德国骑士城堡。城堡的建筑设计由建筑师克里斯蒂安·扬克（Christian Jank）完成。

城堡以传统的建筑砖材砌筑，然后以石材进行外部装饰。用于建筑大门和悬楼的方石材来自巴登-符腾堡州的尼尔廷根，用于建筑窗、柱和祈祷堂的大理石来自奥地利阿尔卑斯山脉的温特斯山（Untersberg）。整个建筑随处可见罗马风建筑细节，而所有门窗、列柱回廊则呈现为巴洛克风格，城堡内装饰极其奢华，从天花板、灯饰、墙壁到日常用具，无一不是工匠精雕细琢之作。

城堡内部功能齐全，共有360个房间。国王使用的王位厅、餐厅、卧室、起居室、办公室，均设在城堡的第三层。为了方便建堡，城堡的第二层曾作为建筑工人的临时住所。随着建造过程的推进，路德维希不断增加新的建筑需求，拜占庭穹顶的王位厅取代了原先计划中的工作室，客人的房间则由摩尔厅所取代。但是由于资金的不足，很多的设想都没有实现（图8-1-8、图8-1-9）。

8.2 新罗马风建筑在青岛群体亮相

在欧洲历史上，罗马风建筑以城堡要塞的形式固定下来，巨石砌筑的高大城墙形成矩形、圆形、椭圆形的城市平面轮廓，城堡内有宫殿、教堂、塔楼、训练场、监狱、马厩、仓库、作坊等，诸多功能紧密结合成一座微缩的城市。德国人规划的青岛市中心，在城市规划的制定上除了借鉴了带形城市、花园城市等规划理念外，其中心建筑群体形态生动，俨然构成了一座大型的城堡要塞。重要建筑占据中心节点，火车站、观象台、教堂、警察公署、监狱、灯塔、豪华府邸等建筑就像一个个活跃的音符，此起彼伏，交相辉映。

罗马风的主要特征元素——转角窗、斜坡屋顶、塔楼、旋

图 8-1-6 法国梅斯火车站

图 8-1-5 斯规奇顿设计的柏林磨砂玻璃工厂

图 8-1-7 德国威廉皇帝纪念堂修复之后

图 8-1-8 德国威廉皇帝纪念堂原建筑

图 8-1-9 新天鹅城堡

转楼梯等建筑特征在青岛得到了充分的展示，而且被后来的建筑师争相模仿复制。这些建筑用材上多以粗石为主，砌缝紧密，形体厚重。屋顶倾角不一，或平缓，或陡峭，组合严谨，变化多样；在墙角或窗前凸起圆弧状转角窗，体现了趣味盎然的中世纪韵味。塔楼位于建筑的中心、角部或侧面，位置多变，数量灵活，构图轻松自由。屋顶天窗形式多样，或单一，或成组，井然有序。旋转楼梯原先来自欧洲中世纪的教堂，后被大量的公共建筑采用，空间紧凑，动感鲜明。

青岛的新罗马风建筑最为集中，设计建造的质量也最高，至今保留了大量的杰作：天主教堂形态挺拔，线脚精细；胶澳法院石基厚重、稳固，墙面简洁；欧人监狱的锥塔富有情趣；皇家观象台拥有大片毛石墙面和观望塔；警察署的高塔挺拔，墙饰炫目；海军兵营装饰了古典柱式和精巧的尖塔；海航灯塔则如同海中城堡一般熠熠生辉。最经典的建筑当属青岛总督府邸，典型的新罗马风建筑式样又融合了青年风格派手法，外墙饰以花岗岩装饰，质朴有序，变化丰富，无论选址、设计、施工都精准到位，实为一座华贵的欧洲城堡（图 8-2-1~图 8-2-4）。

除青岛之外，上海德国总会大楼、天津的德国会馆都是典型的新罗马风建筑，高高的屋顶、耸立的塔楼，在喧闹的租界区处处彰显着与众不同的气质。

（1）胶澳观象台

胶澳观象台位于青岛市观象山山顶。1898 年德国海军港务测量部建立气象天文观测所，1908 年，青岛观测所开始着手扩建观象台，德国海外舰队联合会为此提供了 17.5 万金马克的经费。1910 年 6 月观象台主楼开工建造，由建筑师海因里希·舒巴特（Heinrich Schubart）设计，1912 年 1 月落成（图 8-2-5、图 8-2-6）。

观象台办公楼主体 3 层，塔楼 7 层，高 21.6 米。其外墙全部为花岗岩蘑菇石砌筑而成，屋顶为牛舌瓦大坡屋顶，塔楼顶部的女儿墙砌成雉堞状，建筑采用典型的罗马风城堡的式样，粗犷有力而又错落有致，成为青岛老城区一处标志性的景点。观象台内设计有办公室、实验室、图书馆、公共阅览室、地下储藏室及其他附属房间。建筑内部一层为紫红色釉面砖地面，楼层之间以石条阶梯相连通，走廊墙壁上嵌有一块德国人留下的石碑。

（2）青岛欧人监狱

青岛欧人监狱，又称青岛德国监狱，其旧址位于青岛市常州路 25 号，青岛天后宫东侧，1900 年竣工，起初是用来关押德国统治时期的欧洲人罪犯，该建筑为中国目前保存最早的殖民地监狱，现已开辟为监狱博物馆。

该建筑群以德国罗马风古堡式建筑为主体，包括伙房、浴室、马房、义字号监房、水井、瞭望台、监狱工场等 26 栋建筑，建筑总面积达 8297.5 平方米。主体建筑为两层，为砖、石、木的混合结构，外墙由红砖砌筑，外墙装饰主要包括简单的边饰（如位于主体建筑的边角）、窗饰（位于窗框顶端）和环绕整栋建筑的水平墙饰。建筑最具识别性的标志是与主体建筑相连接的圆形塔楼，用于监狱管理者监视放风场地。塔楼是该建筑中最精华的部分，打破了一般公共建筑对称的形式，塔尖高高耸立，活泼自然，成为青岛老街区滨海一带重要的标志。建筑的细部处理非常精致到位，尤其是塔楼内的旋转楼梯，施工考究，衔接细腻，外墙面则有规律地相应开设窗洞，上覆坡度很大的锥形塔尖，塔楼上部砌成罗马风特有的连续券形装饰（图 8-2-7、图 8-2-8）。

（3）青岛天主教堂

青岛天主教堂本名天主教青岛教区浙江路圣弥厄尔教堂（又称圣爱弥尔教堂）。教堂的设计者是德国天主教圣言会修士阿尔弗雷德·弗莱波尔（Alfred Fräbel），由克雷曼（Kleemann）修士从德国带来图纸。原计划由克雷曼负责施工监理，但是他突然去世，临时改为由建筑师阿图尔·毕娄哈（Arthur Bialucha）负责施工。

教堂始建于 1932 年，1934 年竣工，为典型的新罗马风建筑风格，带有古老的哥特风格韵味。原拟建教堂高达 100 多米，由于第二次世界大战爆发德国限制本土资金外流，该教堂不得不减小规模，钟楼塔身高度调整为 56 米，教堂的两座钟楼塔顶尖各竖有 4.5 米高的大十字架。尽管如此，钟楼曾经长期作为青岛最高的建筑物，成为青岛城市轮廓线的重要组成部分，并且也是浙江路和肥城路两条马路的对景。其建筑平面为拉丁十字形，正门朝南。整体建筑面积约为 3200 平方米，共占地约 2470 平方米。

教堂内部采用古典圆拱屋顶，主厅高 18 米，所有的大小窗

图 8-2-1 青岛伊尔蒂斯兵营

图 8-2-2 青岛德国警察署

图 8-2-3 青岛团岛灯塔

图 8-2-4 广西路两侧的尖顶

图 8-2-5 青岛胶澳皇家观象台

图 8-2-6 1930 年代青岛观象山

图 8-2-7 青岛欧人监狱

图 8-2-8 当前的青岛欧人监狱

图 8-2-9 1910 年代天主教堂基址:青岛河南路曲阜路路口

图 8-2-10 青岛天主教堂

图 8-2-11 青岛天主教堂室内

户都由采用《圣经》中的故事为题材的彩色玻璃图案拼成。教堂内墙柱和屋顶用黄、白色粉刷,花纹和线脚为金黄色,屋顶共装有 7 盏大型铜吊灯(图 8-2-9~图 8-2-11)。

(4)德国输入的其他风格

几乎是德国租借青岛的同一时期,新艺术运动在欧洲盛行,德国是新艺术的发源地,作为德国殖民地的青岛也出现了这种当时很时髦的建筑形式。青年风格派在青岛保留了典型的建筑实例,但数量没有人们想象的那么多,更多情况是新罗马风建筑的细部融进了一些青年风格派的特征,如山花、窗沿及各种装饰线脚等,使质朴的外观平添了柔美和流畅。德国人在中国留下的建筑还有殖民地外廊式建筑和古典风格建筑,但是它们数量不多,影响范围比较有限。

8.3 以罗克格为代表的建筑师

近代在华的德国建筑师当中最著名的当属罗克格（图8-3-1）。他一生设计了大量的作品，遍布青岛、北京、天津、沈阳、厦门等多座中国城市，甚至远涉邻国朝鲜。他的专业水平不仅受到了德国教会和私人业主的赏识，还得到了政界人士的肯定，朝鲜高宗李熙，清朝醇亲王载沣、庄亲王载勋，袁世凯、张作霖等都与他有过交往。罗克格的作品，功能类型多样，风格千差万别，综观他在华的工作经历简直就是近代中国早期建筑发展状态的缩影。

图8-3-1 建筑师罗克格

（1）西式建筑的多元手法

在青岛的德籍建筑师在展示自己创作理念的同时，又要受当时的政治文化等因素影响。罗克格精通新罗马风建筑的设计，在天津德国会馆的设计中将传统元素发挥得淋漓尽致。他设计的青岛德国海军俱乐部和医药商店是纯粹的青年风格派式样，两座建筑墙面朴实，窗口和山花采用流畅的自然曲线，摆脱了新罗马风的定式。

在青岛基督教堂的设计中，罗克格采用德国青年风格派的设计理念，塔楼用优雅的曲线造型，形式简洁明快，但是在建造时，教会对原方案进行了修改，将塔楼形体拔高，造型改为纯粹的新罗马风式样，放弃了罗克格的初始设计。罗克格方案修改过程耐人寻味，体现了起源于德国的两种建筑思想的竞争，最终代表德意志民族主义的新罗马风式样得以胜出，从建筑发展角度来讲这一结果不能不说是一个倒退（图8-3-2）。

罗克格还主持了清朝资政院大厦的设计，方案造型为纯古典的形式，建筑面积两倍于德国国会大厦，后因辛亥革命爆发，工程开工不久就告夭折。能够在中国的政治中心设计建造西方古典主义的大型公建，说明了罗克格的设计水平被政府充分认可，也说明了当时中国社会具有的开放程度。

（2）结合中国传统的尝试

在中国民族风格走向现代化道路的过程中，罗克格无疑是被当今很多人忽视的先行者，虽然当时的设计还有些生硬，但他深入思考，大胆尝试，为后人的继续探索提供了借鉴。

罗克格主持了北京正阳门的改造工程，他的方案将原城门做了较大的改变：增设大踏步和汉白玉栏杆，东西两侧增设了弧形半悬空的月台，箭窗都装上了玻璃，窗口部位增加罗马风式的装饰线脚，箭楼门洞上增加了"正阳门"三个水泥大字。完工之后城门形象更加完整，细部刻画也更丰富。但建成效果引发了一些争议，许多中国人认为这是一次不伦不类的设计（图8-3-3）。罗克格还收到了在北京东华门的旧址上仿建一座勃兰登堡式城门的设计邀请，考虑到城市整体风貌，罗克格婉言回绝了这一项目。可见当时外籍建筑师已经具有了传统街区风貌的整体保护意识。

1911年万国医疗卫生博览会在德国德累斯顿举行，罗克格主持了中国展馆的设计。中国馆包括中国塔和展厅部分，采用了简化的中国传统风格。在建造过程中，现代材料与传统式样进行了大胆的结合，并取得了成功，这是近代早期建筑师对中国传统建筑现代化转型的一次有益的探索（图8-3-4）。

（3）其他德国建筑师

除了罗克格之外，德国占领时期涌现了一批优秀的建筑师，青岛是德国建筑师从业的集中地，那里有人数众多的德国建筑师队伍，他们多有德国政府背景。如青岛总督府和总督官邸方案的主设计者、政府建筑师弗里德里希·马尔克（图8-3-5），以及维尔纳·拉查洛维奇、海因里希·希尔德勃兰德、弗里茨·比贝尔（Fritz Biber）、阿图尔·毕娄哈、海因里希·舒巴特、阿尔弗雷德·斯门森（Alfred Siemßen）、司托瑟（Stößel）、温特卢浦（Wentrup）等等。在上海执业的德国建筑师有：海因里希·倍

图 8-3-2 基督教堂的两个对比方案

图 8-3-5 建筑师马尔克

图 8-3-3 改造之后的正阳门

图 8-3-4 万国医疗卫生博览会中国馆

克尔（Heinrich Becker）、卡尔·贝德克（Karl Baedecker），汉斯·埃米尔·里勃（Hans Emil Lieb）等。在胶澳租借地，除了德国建筑师，很少见到其他欧美建筑师，当时中国建筑师还在襁褓之中，没有能力施展身手。

8.4 本土文化催生风格变化

（1）社会文化背景

德国殖民者占据胶州湾之后，"胶澳一区为外人占据者，二十余年比之内地尤行隔阂"[3]。但是，殖民地内部并不平静，中西方两种文化发生了激烈的碰撞。起初，德国人在青岛强力推行"现代化"，希望建立所谓的"模范殖民地"，但遭遇了来自中国民众的坚决反抗，两种文化之间的冲撞与情感裂痕日益加剧。起初阶段，德国人对待华人极其凶残，在八国联军侵华战争中，德国人身先士卒，罪行累累，在山东的高密和胶州肆意屠杀无辜民众，焚烧儒家经典，侮辱孔子雕像，恶性事件主要集中在宗教抗争方面。

在殖民统治出现危机之后，德国人重新调整了殖民策略，1905年起德国殖民者开始着手研究胶澳租借地的独立文化政策，并将独立文化政策作为德国在华政策的最重要任务。新政策的施行使民族矛盾逐渐缓和下来，中德双方在经济、文化、教育等诸多方面进行合作，充满种族歧视的华洋分区制度最终取消，山东巡抚周馥、革命者孙中山也曾访问过青岛，城市出现了人口急剧增长、工商业日渐繁荣的景象。

（2）海外的德国建筑文化

建筑文化是社会文化的一部分，德国的建筑文化在输出过程中，也在不断地调整变化。1871年，普鲁士王国统一德国，比西方的国家更迟走上帝国主义道路，开始了海外殖民地的争夺。德国曾经正式拥有过主权的殖民地包括：亚太地区的德属萨摩亚和德属新几内亚地区，东非、西非的部分地区以及中国的胶州湾。

由于威廉皇帝的世界政策，新罗马风在欧洲以外迅速传播，非洲的多哥，中东的耶路撒冷，埃及的亚历山大港，法国的梅斯、波兹南，都有新罗马风的遗迹（图8-4-1、图8-4-2）[2]。虽然青岛的城市中心形象与欧洲城市别无二致，然而青岛是中国领土的一部分，又位于孔孟之乡的山东省，所以无论德国殖民者采取何种统治政策，胶澳租借地都无法割裂中国传统文化的巨大影响。由于青年风格派建筑蓬勃发展，本土建筑文化的持续作用，外来建筑文化的涵化不可避免地出现了[4]。

（3）涵化的建筑形态

中西建筑文化的碰撞无法回避的时候，建筑师已经没有特定的风格标签了，除了少数优秀的建筑师之外，多数普通的建筑师采取拼贴混搭的手法处理建筑造型，这种设计谈不上什么风格，多是因为临时应急便捷操作，出现了许多不伦不类的式样，如集中式的建筑点缀中国的飞檐、屋脊，或铺设琉璃瓦等，或者西洋建筑与一个中式附属建筑比肩而立。这类建筑缺乏美感，但作为中国建筑现代化发展的初始阶段却很普遍（图8-4-3）。

当时除了西方人根据自己对中国建筑的理解设计之外，还出现了中国人对西洋建筑的模仿设计。他们并非职业建筑师，他们的设计只是出于对西洋建筑的感性认识，因此许多案例最终成了四不像。某些独立式住宅是集中式布置，但是无论空间结构还是细部线脚，与西洋建筑相差很远。此外，在合院式建筑的建造过程中，也最终形成了一种中西式样混杂的形式。

当文化主体改变的时候，建筑特征就会有所改变，这表现在建筑的各种装饰、符号、材料等方面。以新罗马风建筑重要

图8-4-1 德国人在多哥洛美设计的总督宫

图8-4-2 耶路撒冷的Mariae-Heimgang教堂

的标志塔楼为例，在建筑易主或殖民者撤离之后，人们开始漠视这种与使用功能关系不大的标志物的变化，许多尖塔年久失修，终被拆弃。1914年之后，虽然欧洲建筑风格还在中国近代城市延续，但是罗马风的特色渐渐模糊，在后续的建筑中即使塔楼标志频频出现，但新罗马风的意味已消弭殆尽了。

8.5 结语

近代新罗马风建筑输入中国城市，是德国对外宣誓文化霸权的一个附属物，随着殖民政策的全面失败，新建筑思潮的兴起，再加上中华本土文化的持续作用，近代德国输入中国的建筑形态呈现出缓慢的文化涵化现象。德国人撤离胶州湾的十年后，大量欧美建筑师来华执业，中国建筑师开始陆续登上历史舞台，近代中国的新罗马风潮流已经成为渐行渐远的历史片段。

注释

[1] WARNER T. Deutsche Architektur in China Architekturtransfer[M]. Berlin: Ernst & Sohn, 1994: 7.

[2] BRINGMANN M. Die Zeit der Staufer Geschichte-Kunst-Kultur[M]. Stuttgart: Württembergisches Landesmuseum, 1979.

[3] 袁荣叟. 胶澳志·民社志·宗教[M]. 青岛：胶澳商埠局, 1928: 367.

[4] 陈雳. 楔入与涵化：德租时期青岛城市建筑[M]. 南京：东南大学出版社, 2010: 116.

图 8-4-3 津浦铁路沿途车站建筑

09 德租时期青岛建筑形态的演变

　　青岛地区在德国人租借的16年间发生了巨大的现代化转变，然而此时中国社会原有体制仍未消失，社会整体呈现出一种多元势差的结构形式。青岛建筑形态就是在这种社会结构基础上演变发展的，西方化的建筑形态与中国传统建筑文化从碰撞伊始就发生了渐进式的逾越整合现象。本章试以社会学的角度从青岛地区的文化形态、生产方式、政策法规、港口经济等方面为切入点，展开分析外来建筑形态的强势楔入及其渐进式逾越的状况，希望以此勾画出当时特殊历史背景下青岛建筑发展的面貌。

自1898年中德《胶澳租借条约》签订起，德国人开始经营青岛。仅仅16年间青岛从一个单一的渔镇一跃成为世人瞩目的现代化城市，速度之快令人瞠目（图9-0-1、图9-0-2）。青岛的兴起无疑是在中国传统社会中楔入了一个近代小社会[1]。西方列强对青岛的影响除了破坏中国独立性一面之外，还创建了一种包含中国文化却更西方化的现代城市模式。

德租时期青岛社会呈现出多元势差的社会结构，即社会各层面存在着悬殊的社会结构差别，体现在文化形态、生产方式、生产关系等方方面面，成为青岛建筑形态演变的决定性因素。一方面德人试图强行将西方城市和建筑形态楔入胶澳地区，但其文化体系绝不可能对中国文化实行全面逾越[2]，无论何种力量都无法中断中国社会内部发展的自然历程，华人全面介入城市建设使得中国文化潜移默化地对外物产生作用。另一方面，面对强势文化的巨大压力，租界区的华人在文化心理上发生了不同程度的转变，他们在痛恨和抵制外来同化张力的同时，也萌发了对现代文明的向往。

因此，在中西合力作用下，外来建筑形态呈现出一种渐进式的逾越现象，即从纯粹的西洋风格向中西交融的涵化状态转变。但是从总体上看，这种逾越过程是缓慢的和渐进式的，青岛依然是西化的城市，主体建筑依然是西式的建筑（图9-0-3~图9-0-5）。

9.1 自由创作和折中手法

据1898年《帝国法令》规定，胶澳总督在租借地享有很大的自治权，胶澳地区无疑成为一个自由的王国[3]。建筑师也拥有了更自由的创作条件。当时欧洲大陆折中主义手法方兴未艾，在青岛的德国建筑师也受其影响。他们从中国建筑文化中寻求素材，并运用到设计中去，这些建筑体现了他们对中国文化的某种好感与好奇。在一些临时性的建筑中，中国工匠是不可或缺的参与者，他们在整合建筑细部方面驾轻就熟，在许多德国建筑中加入了中国传统建筑的痕迹。

例如阴阳鱼图案在建筑细部中被广泛应用。亨利王子大街西门子公司商务中心的柱头就别出心裁地将中国的阴阳鱼图案与西方爱奥尼式样结合在一起。该图案也出现在车站饭店的围栏和德华银行室内的柱头上（图9-1-1）。德国建筑中经常同时掺杂大量的中国图案，如花格、垂花、雀替、简化的斗拱、文字等等。

总督官邸是德租时期青岛最豪华的官邸别墅，设计元素极其丰富，手法运用自由活泼，其中许多细部也有中国传统的痕迹。西立面山花角端的怪兽与中国屋脊的兽吻非常相似，德国本土很少有这样的处理手法。南侧塔楼则很有中国重檐形式的韵味，它的窗套、山花、装饰的花纹式样更兼有新艺术运动与中国传统两种风格（图9-1-2）。

税务司阿里文的住宅，将中国式样的门房建在西洋住宅旁边，是一种大胆的拼贴设计（图9-1-3）。总督副官住宅（现康有为故居）是德国人模仿中国十字脊歇山形式的尝试，屋脊、筒瓦、基座、连廊等中国元素应有尽有，德国人对此建筑并不认可，认为只不过是当时缺乏建筑范例和城市总体规划所致，但是这种大胆的实践值得称道（图9-1-4）[4]。麦克伦堡疗养院也属于此类建筑。

9.2 文化政策及文教设施

德国殖民者意识到文化殖民策略的重要性。在1908年帝国议会的备忘录中，德国人第一次明确指出："青岛在一定程度上是德国人工作成就的永久性展览会。"[5] 1912年保尔·罗尔巴赫赋予这种德国文化使命的思想更多的内容。他认为，德国未来的霸权作用将取决于能否成功地贯彻德国的文化使命，来抵制英美的影响。青岛是"发挥这种精神作用的一个适宜的基地"[6]。乌多·拉腾霍夫在他的调查报告中这样描述文化殖民的重要性："拳民滋事已使熟悉中国国情的经济、政治、科学界人士开始考虑，德国不应再通过大炮对中央帝国施加影响了，而应仰仗'文化'：日耳曼精神和日耳曼文化在中国的传播还需要根基、帮助和导向。所以，德意志帝国应树立一种现代文明国家的范例。这种想法在若干年后才逐渐趋于具体化。"[7]

图 9-0-1 青岛村原貌

图 9-0-2 狄特立克斯石 (Diederichsstein)

图 9-0-3 青岛发行的纸币上中西建筑并立

图 9-0-4 德国人关于青岛的漫画

Chinesische Musikkapelle.

图 9-0-5 德租时期青岛的场景

图 9-1-1 西门子公司商务中心大门的柱头

图 9-1-2 总督官邸的柱头花饰

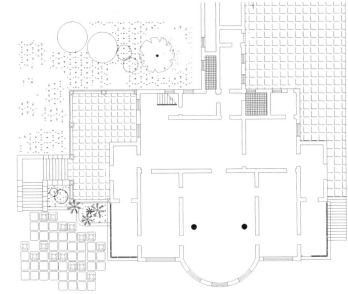

图 9-1-4 总督副官住宅

图 9-1-3 阿里文的住宅

（1）宗教输入及对立

德租时期"胶澳一区为外人占据者，二十余年比之内地尤行隔阂。市区以内儒释道之感格，远不如天主堂耶稣教之有势力。而在乡间则一神教更不如多神教之占优胜"[8]。后来民间又有义和团、大刀会、大同教等民间组织兴起。不同的宗教文化形态伴随着对侵略的仇恨，使得当地的居民对外来物产生了强烈的对立情绪。在义和团运动时期，经常发生中国人与教民的武力冲突，甚至造成人员伤亡。

欧洲区对上帝的信仰的人数占95%[9]，教堂建筑是市民最主要的精神活动场所。教堂建筑完全是西洋风格，基督教堂和天主教堂分立总督府两端，矗立于高地之上，直面大海。三者占据中心道路结点，控制着城市的主要视点，向世人展示德意志文化的主导地位（图9-2-1）。在青岛基督教堂的设计中，德国人基于一种强烈的强势文化优越感，放弃了原先简洁的方案构思，取而代之的是明显的德意志化的建筑形式[10]。

（2）教育输入与文化沟通

青岛的现代教育在这一时期产生了。1898年德国当局设置学务委员会，组织办理教育行政，形成了青岛第一个现代教育行政机关[11]。德租时期开设的学校有教会办和政府办两种，教会办的学校有德华中学、爱道院、礼贤书院、天主教女校、淑范女学、女学堂、明德中学等，德国政府办的学校包括最初26所小学校（称为蒙养学堂）、德华大学堂等。这些学校中影响较大的是德华大学堂和礼贤书院。

1907年帝国政府公使莱克斯伯爵上呈了一份关于德国对华文化政策的备忘录，提出在青岛建立一所高等学校的想法。他认为，"这所学校应使中国人更容易接近德人"，他在《德华关系概述》这篇文章中认为："这应是一种地位平等、权力平等，同时又承认中国主权的明智政策的早期范例之一"[12]。这所学校就是德华大学堂。德华大学堂的开办费共计64万马克，由中国政府支付4万马克。高等科分为法政科、医科、理工科、农林科四门[13]，实行中德双语教学，开设汉语课，然而建成的教学主楼没有考虑中国的建筑特色。学堂选址位于火车站西侧，前面为野外炮兵营地，主体二层，斜坡屋顶，花岗岩基座增加了其雕塑感。礼堂前的圆顶山墙具有明显的青年风格派风格（图9-2-2）。

礼贤书院始于清光绪二十七年（1901），由德国和瑞士同善教会创设。创建发起人是牧师花之安，花之安之后由卫礼贤接手。学校"分小学、中学二级。经常费年约3000余元，大部分由亚细亚新教会同善会捐助。德日宣战因而辍学"[14]。学堂采用中西相结合的教学方式，使中国学生逐渐习惯西方生活方式。包括中德双方教师在内，学堂共有150人。学生来自中国各个省市，很多出身显赫。学堂采用中国传统的合院建筑空间形式，教学部分位于中心院落，后勤、厨房、浴室、厕所空间在教学空间之后。学堂根据不同年龄学生的性格特点将宿舍进行了简单的分区，东侧院落是学生宿舍，南侧院落是高年级学生宿舍，西侧院落是低年级学生宿舍，中心部分是一个活动场所。每间宿舍容纳两人，室内装饰朴素，有必备的家具。这是一座完全接近中式风格设计的新学堂（图9-2-3）[15]。

（3）新兴行业及华工住所

随着现代城市的出现，青岛出现了最早的打工群体。他们中的极少数是章高元驻青时的码头运输工人、民夫和手工业者，更多的则是破产的渔民和农民。他们的土地被征用，船只被破坏，只得出卖劳动力谋生，成为码头建筑、运输苦力和杂役工人的主要来源[16]。他们人数众多，处于社会的底层。进入工厂时，他们首先面对的是如何调整自己的心理状态和生活状态，来适应新的生产关系；工厂主所要考虑的就是他们的住宿问题。1902—1903年德中丝业公司在青岛的沧口镇建立了一个纺丝厂。工人的住所按照德国兵营式设计，采用19世纪中期德国矿区的宿舍风格，由于它没有考虑华人的生活习惯，工人难以适应，纷纷离去，工厂也因此倒闭，这种把欧洲工人的住房标准引入中国的尝试随之宣告失败[17]。

1907年，德国政府在青岛港口的居民区为船厂学徒工建造了一所能够容纳300人的公寓。该建筑外观呈现出典型的德式造型，与城市风格相一致，但内部空间考虑到了华人的居住方式，以庭院方式联系，每一栋可以容纳12人，恰和当时中国家庭的人口数一致，也符合中国人的生活习惯[18]。

1901年青岛出现了第一批人力车夫，但相应的卫生条件和技术状况并不完善。1908年政府为人力车夫建了集体宿舍，即所谓人力车场。起初的60个不同的人力车出租公司在警察局干预下分为5个单元，人力车场按照单元划分，分别拥有自己的

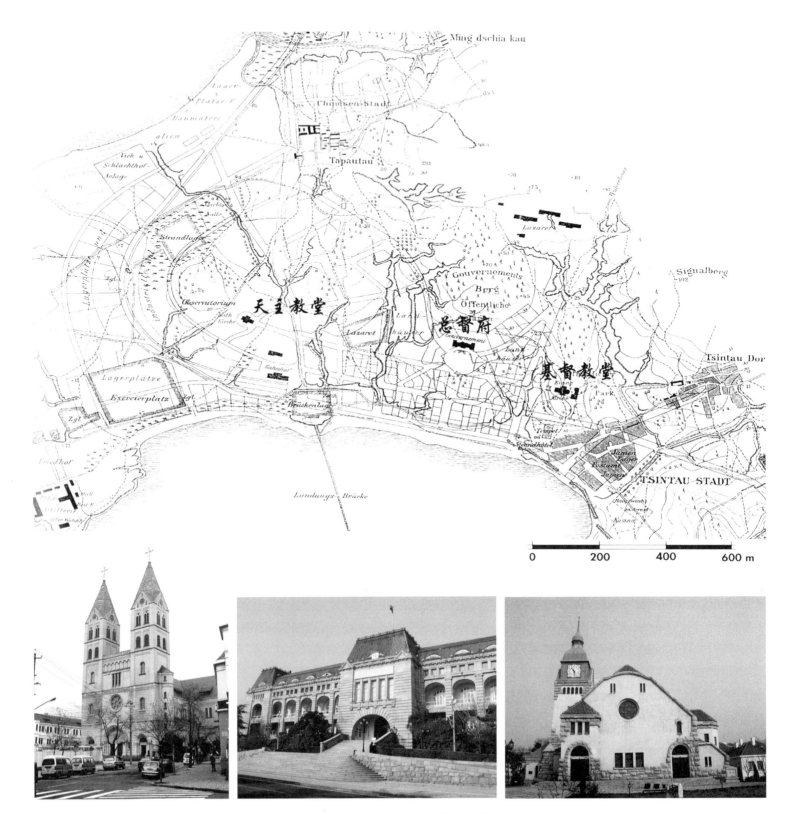

图 9-2-1 基督教堂、天主教堂和总督府及原规划位置

图 9-2-2 德华大学

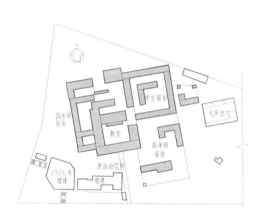

图 9-2-3 礼贤学院建筑及总平面

车间、洗衣房、浴室、寝室、饭厅、打铁铺，还有日常生活必需的裁缝店、点心铺等。人力车夫进入了一种崭新的居住模式。这些措施客观上提高了工人的生活质量，也促进了城市卫生和交通事业的发展。德国人扬扬自得，宣称"此举乃社会救济的典范"[19]。

9.3 独立式住宅的逾越

德当局先后颁布了一系列影响青岛城市建设的法律法规，涉及土地政策、城市建设等方面[20]。欧洲区是城市核心，其中数量最大、最有特色的住宅形式当数独立式住宅。青岛的独立式住宅区环境优美，建筑式样新奇，漫步其中就像走在柏林的郊区（图9-3-1）[21]。

青岛近郊的别墅区就有许多独立式别墅，并且具有很高的设计水平和建造质量，德人对这些建筑的高度、密度、间距、材料及空间布置都有详尽的描述。这类建筑体现了鲜明的新艺术运动风格，还掺杂着德意志民族特色。建筑空间严谨，流线顺畅，与当今居住建筑的基本功能已相差无几，这说明现代生活内容和生活方式已经进入青岛地区。这些建筑不乏青岛近代建筑的精品，例如：阿里文住宅外观庄重大方，内功能严谨，不受对称形式的束缚；伯恩尼克住宅自由活泼，具有典型的德意志民族特色；总督牧师官邸均衡稳重，山花曲线带有新艺术运动特色（图9-3-2）[22]。

1911年辛亥革命爆发后，国内局势动荡不安，而青岛地区如同世外桃源，吸引了清朝的遗老遗少纷沓而至，购地置房。为了吸引华人的投资，德国当局允许华人在欧洲区建房，华洋分区的法规也随之改变。1912年德国当局授权建筑监督局，对华人建筑的立面进行咨询和监督，严格要求建筑形式必须与城市整体风格一致，但对内部使用功能却听之任之[23]。于是一些建筑在外观上模仿西洋风格，陡峭的屋顶、曲线山花、挑台、蘑菇石基座等惟妙惟肖，也不可避免地夹杂了一些中国建筑的痕迹，但其内部功能却大相径庭。

该类建筑平面多采用对称形式，有的以外廊联系各间，颇有中国传统檐下空间的意味，有的以中心走廊组织空间，也形成一种简单的公共空间。由于平面过于讲究对称形式，楼梯的安置比较生硬，甚至将其放在南向。还有一种不对称的平面形式，以折线外廊联系空间，将德国住宅中经常出现的塔楼进行处理，平面呈八边形，似有中国古塔的意味（图9-3-3）。

该类建筑在内部功能上体现出中国固有建筑空间的理念。在空间使用上，卫生间已经进入了单体建筑内部，但是厨房在院内单独设置，保留了中国院落空间的生活方式。房间并列布置的简单化布局也与四合院式的生活方式有直接的联系，甚至门厅还有祭祀的功能。

9.4 独特的大鲍岛建筑形态

胶澳地区开埠前地瘠民贫、物产稀薄，工商活动不甚繁荣，从事工商业的人数极少，全区仅有800人左右[24]。自开埠以来德人实施城建服从建港的政策，促进了青岛地区的港口经济贸易蓬勃发展。据《胶澳志》记载："胶澳海关之设始于千八百九十九年。距今正三十载。此三十载之中本埠进出口贸易逐年进步，一日千里，迥非其他各通商口岸所能企及。"[25] 毗邻小港的大鲍岛区因为得天独厚的条件，地价暴涨，商贾云集，迎来了持续的商业繁荣。

94.1 华商会馆

起初胶澳地区的商人绝大多数为德国人，偶尔有日本人，中国商人很少，即使是小商人也多不敢前往。中国商人主要来自齐燕会馆、三江会馆和广东会馆，最早以广州、宁波商人为主，他们是青岛城市最早的买办阶层[26]。他们在当时享有一定的社会地位，德租时期政府设华人顾问12人，其中6人由齐燕会馆推选，其他6人由三江、广东两馆推选各半。在牵涉到有关华人公益的施政问题时，他们列席会议并陈述己见[27]。

三江会馆于前清光绪年间成立，最初由苏、浙、皖、赣四帮商号组成。多年经办青岛地区的公益事业，也做了许多有益

图 9-3-1 青岛的别墅群形象

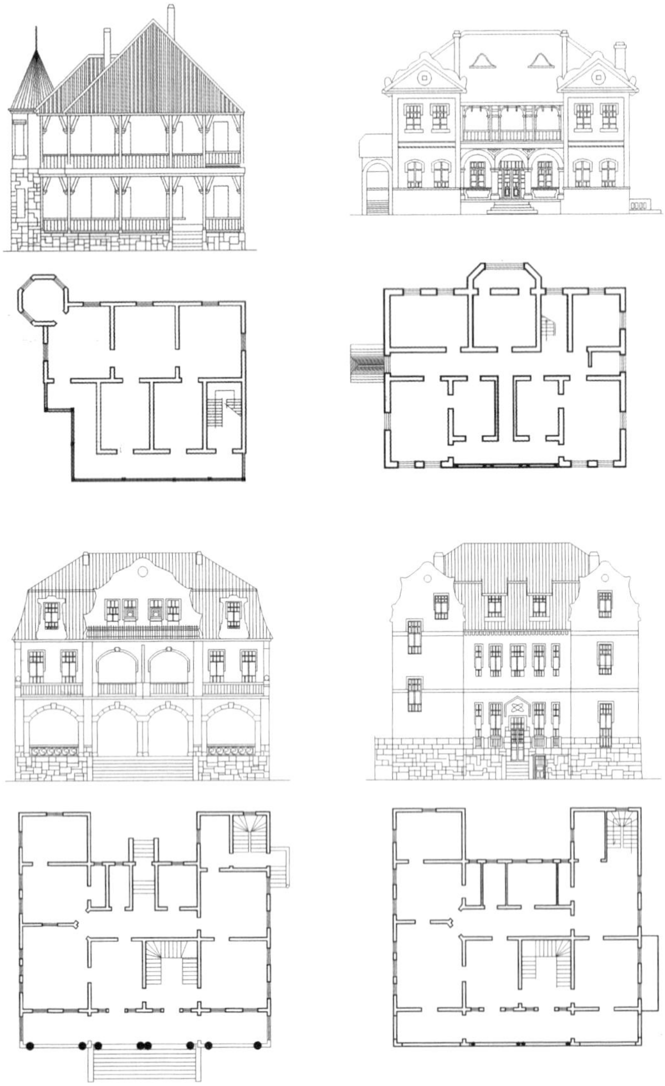

图 9-3-2 总督牧师官邸

于社会的事[28]。馆址设在大鲍岛区的芝罘路，它是一幢很有特色的建筑，呈多进的中国式院落，沿着地形高差逐层抬起。院落南端设有影壁，中心院落是两层高的戏台，四角飞檐起翘很高，一派中国江南建筑风格。该建筑与西洋风格的建筑和社区为邻，两相对比，甚是奇特（图 9-4-1）。

图 9-3-3 明水路、安徽路、曲阜路三处住宅

图 9-4-1 三江会馆

9.4.2 大鲍岛区合院式住宅

合院式住宅，青岛当地俗称"里院""大院"，最初出现于德人规划和建设的大鲍岛区。根据 1901 年德国人的市中心规划，虽然城市主要交通网络基本确定的同时，深入细致的路网规划还没有最终确定，但是对于大鲍岛区，尤其是今中山路北端以西以棋盘式路网格局的思路已经明确，这与欧洲区沿地形自由分布的道路体系大相径庭（图 9-4-2）。这种布局在欧洲文艺复兴的城区屡见不鲜，是欧洲典型的街区规划风格。

（1）合院式住宅的特点

合院式住宅占据每一棋盘格，沿街道环绕围合，有单座院落的，也有几个院落拼合相连的。按照德国人的规划，大鲍岛区居屋建筑面积须占地面积四分之三以下。住室之开阔面积须在 5 平方米以上。邻舍中间之距离至少 3 米 [29]。它们一般两到三层，红坡屋顶，经常根据高差以山墙为界分段错层（图 9-4-3）。

图 9-4-2 大鲍岛区鸟瞰

图 9-4-3 大鲍岛区

在内部空间上，合院式住宅的底层为店铺，多有出口通向院内。进入内院，经常正对影壁。二层以上为住宅，不论朝向均沿周圈布置。卫生间、水房集中设置，多在北向的角落。楼梯间设在楼内，另有单跑、双跑楼梯的设在楼外，直上二层。内院格局与中国传统的四合院颇为相似，华人比较容易接受。建筑材料以砖木为主，墙体砖石构造，楼板、回廊、楼梯多用木材。扶手、栏杆和檐下立柱多有精细的木雕。另外许多构件，如镂空的窗花、雀替、斗拱状的简化构件都具有中国传统特色(图9-4-4)。

（2）合院式住宅的成因

合院式住宅建筑是殖民统治下的产物。从欧洲区到大鲍岛华人区，街道突然变窄，建筑密度增大，甚至中山路的绿化带到此也戛然而止，上下水设施也更为简陋。德人以最小的市政投入满足基本的华人基本生活需要。狭窄的内院及外廊使得居民可以勉强获得光线和活动空间。德人的"清洁法"对街道卫生进行监督控制，但对院内的卫生状况无暇顾及，导致院内杂乱不堪，卫生条件恶劣[30]。

合院式住宅的产生有其商业动因。大鲍岛区西临小港，南接欧洲区，是青岛商业发展的重要地段。合院的特点使其具有连续的沿街面，发挥最大的店铺使用效用。在商业驱动下，居民对居住环境的要求已经退而求其次了。随着青岛工商业的持续繁荣发展，该形式不断扩展延续，南迄太平路、兰山路、广西路，北迄济南路、沧口路、即墨路，几十条老街形成庞大的合院式商住建筑群。

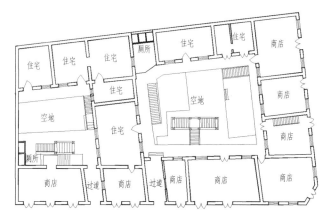

图9-4-4 芝罘路73-74某合院式集合住宅

9.5 结语

德租时期外来的建筑形态表现出完整的西方特性，此后的日占时期、民国时期中，青岛整体建筑风格仍然是欧式主体风格的延续。建筑文化的楔入及其逾越现象是青岛社会多元势差的结构格局不断进行整合重构的体现。德租之后，青岛建筑形态同样进行类似的整合，即在中国本土文化不断作用下渐进式地进行着逾越转型。一方面建筑中具有强烈殖民色彩的外来构成要素，不自觉地进行消减、弱化，向着更讲究功能实用的方向转变；另一方面，伴随着中国第一代建筑师的参与，中国传统建筑风格不失时机地出现在本应属于它的这片土地。毕竟这片土地上的建筑历史，最终要由中国建筑师自己来续写。

注释

[1] 任银睦. 青岛城市现代化研究: 1898—1912[D]. 南京: 南京大学, 1998: 9.

[2] 逾越（Transition），见：方汉文. 比较文化学[M]. 桂林: 广西师范大学出版社, 2003: 274-285.

[3] 诺瑞姆. 德国的租借地胶州. 转引自: 刘善章, 周荃. 中德关系史译文集[M]. 青岛: 青岛出版社, 1992: 113.

[4] WARNER T. Deutsche Architektur in China Architekturtransfer[M]. Berlin: Ernst & Sohn, 1994: 295.

[5] 罗梅君. 样板殖民地: 德国对胶州保护区的印象. 转引自: 刘善章, 周荃. 中德关系史译文集[M]. 青岛: 青岛出版社, 1992: 62.

[6] 同 [5]：64.

[7] 斐培谊.近代德华关系浅见.转引自：刘善章，周荃.中德关系史文丛[M].青岛：青岛出版社，1991：41.

[8] 袁荣叟.胶澳志·民社志·宗教[M].青岛：胶澳商埠局，1928：367.

[9] 同 [8]：368.

[10] WARNER T. Deutsche Architektur in China Architekturtransfer[M]. Berlin:Ernst & Sohn, 1994：245.

[11] 袁荣叟.胶澳志·教育志[M].青岛：胶澳商埠局，1928：984.

[12] 斐培谊.近代德华关系浅见.转引自：刘善章，周荃.中德关系史文丛[M].青岛：青岛出版社，1991：42.

[13] 袁荣叟.胶澳志·教育志[M].青岛：胶澳商埠局，1928：985.

[14] 同 [14]：987.

[15] 参见：WARNER T. Die Planung und Entwicklung der deutschen Stadtgründung Qingdao (Tsingtau) in China[Z]. Vom Promosausschuβ der Technischen Universität Hamburg-Harburg zur Erlangung des akademischen Grades Doktor-Ingenieur genehmigte Dissertation, 1996：244-246.

[16] 刘彦民.德占时期青岛工业与工人阶级状况.转引自：刘善章，周荃.中德关系史文丛[M].青岛：青岛出版社，1991：160.

[17] 参见：WARNER T. Die Planung und Entwicklung der deutschen Stadtgründung Qingdao (Tsingtau) in China[Z]. Vom Promosausschuβ der Technischen Universität Hamburg-Harburg zur Erlangung des akademischen Grades Doktor-Ingenieur genehmigte Dissertation, 1996：239.

[18] 同 [17]：241.

[19] 同 [17]：242，另见：帕默，克里格.青岛：1898—1910.转引自：刘善章，周荃.中德关系史译文集[M].青岛：青岛出版社，1992：230.

[20] 德国人单威廉创立了一套完整的地制地税政策，对青岛城市的稳步发展起到重要的作用。参见：单威廉.德领胶州湾（青岛）之地政资料[M].周龙章，译.台北：台湾当局地政研究所，1980；沙美.胶州行政[M].朱中和，译.上海：民智书局，1923。德人的建筑规范制度见：袁荣叟.胶澳志·沿革志·德人租借始末[M].青岛：胶澳商埠局，1928：52-53；谋乐.青岛全书[M].青岛：青岛印书局，1912.

[21] Eine Reise durch die Deutschen Kolonien：VI. Band Kiautschou Beilin.转引自：徐飞鹏，张复合，村松伸，等.中国近代建筑总览：青岛篇[M].北京：中国建筑工业出版社，1992：6.

[22] 参见：陈雳.青岛近代建筑形式研究[D].厦门：华侨大学，1999：42-53.

[23] 参见：WARNER T. Die Planung und Entwicklung der deutschen Stadtgründung Qingdao (Tsingtau) in China[Z]. Vom Promosausschuβ der Technischen Universität Hamburg-Harburg zur Erlangung des akademischen Grades Doktor-Ingenieur genehmigte Dissertation, 1996：247.

[24] 参见青岛博物馆藏《胶州地区发展备忘录（1902.10 — 1903.10）》P48.

[25] 参见：袁荣叟.胶澳志·食货志六·商业[M].青岛：胶澳商埠局，1928：778.

[26] 任银睦.青岛城市现代化研究：1898—1912[D].南京：南京大学，1998：67.

[27] 参见：袁荣叟.胶澳志·民社志·结社[M].青岛：胶澳商埠局，1928：432.

[28] 同 [27].

[29] 参见：袁荣叟.胶澳志·沿革志·德人租借始末[M].青岛：胶澳商埠局，1928：52-53.

[30] 即"订立洁净街道章程"。见：谋乐.青岛全书[M].青岛：青岛印书局，1912：41.

10 德租时期青岛工业建筑遗产

德国是近代工业强国，侵占青岛地区时进行了全面的规划建设，在开发建设的同时也带来了先进的工业技术，拉开了青岛地区早期工业化的帷幕。胶济铁路和港口建设成为带动该地区工业化的强大动力，在此基础上各类新兴工业应声而起。与此同时，新兴企业的周边成片地出现了产业工人的住区。承载这些早期工业化现象的重要载体是大量的工业建筑遗产，它们在建筑技术、使用功能、风格式样、使用主体等方面都有其自身的特点，为城市现代化赋予了更加实质的内容，也为后人的深入研究提供了众多的实例。

德国在19世纪初出现了工业革命的萌芽，以机器为主体的工厂制度取代了以手工技艺为主的生产过程。到1830年代德国的工业化全面展开，其标志性事件是关税同盟的建立。1871年德国统一，随着工业化的推进，经济发展异常迅猛，进入了凯歌高奏的电气时代，当时的许多工业遗产现在还在使用（图10-0-1）。到20世纪初，德国工业化程度仅次于美国，位居世界第二位，已经超过了英国、法国，成为名副其实的欧洲工业第一强国。

此时德国虽然在经济上异军突起，后来居上，但是世界影响力并不大，无法与英国抗衡，遂急于冲出欧洲大陆，实施全球战略，成为像英国那样的"日不落帝国"，这也是威廉皇帝执政年代的国家追求。德国从威廉二世开始在欧洲大陆上巩固了自己的力量，在海外推行"海军主义"，实施侵略扩张，大力开辟殖民地，在世界范围广泛攫取原材料，倾销工业产品，加快资本输出。

1898年德国借口"巨野教案"，与清政府签订了《胶澳租借条约》，于是青岛地区沦为了德国的殖民地。德国人欲以此为契机，将影响力深入山东腹地直至华北平原，对中国进行殖民化掠夺。在德租时期，德国根据殖民地发展需要，大规模进行与建港、筑路相配套的工程和重要的市政工程建设。德皇威廉二世决心将青岛建设为所谓的"模范殖民地"，成为德国军队在远东一个牢不可破的桥头堡。德国人的开发建设催化了青岛地区的城市化进程，带动了城市建筑行业的转型，也由此产生了早期工业化，其中大量的工业建筑遗存保留至今，为青岛近代城市化赋予了更加实质性的内容。

10.1 铁路和港口

10.1.1 胶济铁路

与德国自身的发展经历一样，胶济铁路是推动青岛甚至山东地区工业化具有决定意义的工程，胶济铁路自身也是一条强大的工业遗产链条，铁路机车的生产、经营、管理是一套复杂的工程系统，沿线的站点及附属建筑都成为宝贵的工业遗产。

1898年胶济铁路开始修建，1904年正式通车，铁路总长约393公里，共设立各类车65个，铁路网络的建立使整个山东地区成为德国势力的控制区域。铁路延伸的同时也伴随着工程技术的延伸与规划布局的拓展，除了风格独特的新式铁路车站建筑之外，沿途的道路、桥梁、绿化、铁路邮政、电报业、铁路医疗、铁路警察都应运而生。当时与胶济线密切相关的主要企业有山东矿务公司、山东铁路公司、四方铁路工厂等（图10-1.1-1）。

（1）四方铁路工厂

铺设胶济铁路这样大规模的工程，必须配备一个专门为铁路装配机车、修理设备的企业，这就是四方铁路工厂建立的最初目的。德国政府在1900—1910年间，在青岛兴建了一批工厂，成为青岛早期工业发展的重要基石。德国在修筑胶济铁路的同时，于1900年10月动工兴建了山东铁路四方总修理厂（Hauptreparatur-Werkstätte Syfang der Schantung- Eisenbahn），为德国德华山东铁路公司下属机构，总投资158.7万马克，成为继唐山、大连两厂后第三家出现于中国的铁路机车车辆工厂。

在工厂的选址方面，德国的山东铁路公司经过勘察和比较，最终确定选址在四方和沧口车站之间，四方村以南的位置，工厂远离市区，对市民生活干扰小，又濒临铁道，运输极其方便。从1900年开工到1904年建成，工厂投资约320万马克，四方铁路工厂的创立翻开了青岛工业发展史上重要的一页，它是现在四方机车车辆厂的前身，直到今天还发挥着重要的作用。厂区占地12.5万平方米，建筑面积1万多平方米，有工人400多名，当时主要的设备有电动机、发电机、蒸汽机、水压机、起重机、锅炉、锻冶炉、化铁炉、汽锤、各种车床以及石炭搬运车等215台。1903年试车投产后，承担了胶济铁路全部的机车车辆组装和修理任务，德国人从本土运来蒸汽机车零部件在该厂组装，至1914年累计组装与修理机车、客车、货车1148辆。工厂有多组建筑，中心为机车修理车间，围绕周围的是锻工、机工车间，西部设机车库，北部为煤场。青岛最早的工业区是在四方铁路工厂带动下发展起来的，工厂厂房具有典型的工业建筑特征，采用过土、木、砖、石、钢等各种结构形式，集中体现了当时的建筑技术（图10-1.1-2~图10-1.1-4）。

（2）铁路沿线工业遗产

胶济铁路沿线地区的文化特征各不相同，青岛开埠之后成

图 10-0-1 科隆电缆厂

图 10-1.1-1 胶济铁路

Syfang Hauptreparatur-Werkstätte der Schantung-Eisenbahn

图 10-1.1-2 青岛铁路工厂

图 10-1.1-3 青岛四方铁路工厂远景（日占时期）

图 10-1.1-4 青岛四方铁路工厂车间（日占时期）

为西方文化占统治地位的城市，济南则属于以中国文化为中心、有选择地接受西方文化的城市，而其他很多城市则对西方文化有强烈的排斥情感。在胶济铁路修建过程中中国民众的反抗运动此起彼伏，甚至发生过高密地区的流血事件。胶济铁路的开通对于贯穿和交融不同地区文化发挥了重要的推动作用。

1898年9月胶济铁路开工，德国人按照地区分段实施修建。胶济铁路包括支线在内共设大小站点65个，多是德国风格的建筑，其中最早修筑的是从青岛到胶州的一段，自1898年9月动工到1901年4月完工，建设历时两年半。在德租时期胶济铁路最初的设计中，整个青岛段只有青岛、大港、四方、沧口、女姑口、城阳、南泉、蓝村、李哥庄、胶东和胶州11处车站，后期又增加了娄山和沙岭庄2处车站。

潍坊坊子小镇（Fangtze Eurotown）就是由胶济铁路煤炭运输而形成的独具特色的社区（图10-1.1-5）。小镇虽然不在青岛境内，但也是胶济铁路关联的地段，小镇之内保存的德式建筑有103处之多，日本占领时期又续建了多处。镇内历史建筑数量众多，功能齐备，有军用建筑、医院、教堂、工厂、住宅等，建筑风格鲜明，很多属于典型的德国传统式样。

10.1.2 港口和船舶工业

青岛的港口建设是另一项重要的工程，青岛新港与胶济铁路相连，分别从海陆两个方向拓展青岛的外向空间，在海洋上与中国及东亚其他国家沿海城市对接，使青岛成为名副其实的国际中转枢纽，很快就取代了芝罘港成为山东地区的经贸中心。青岛新港的建设包括：兴建小港，作为大港的辅助港；兴建船渠港；兴建大港，作为青岛港的主体港；兴建大型修造船厂；兴建航灯标志等（图10-1.2-1、图10-1.2-2）。

德国人在青岛建立的船坞工艺厂亦称水师工务局，1900年工厂建成开工，起初厂址设在青岛湾内，5年后迁往大港以北防波堤的端头，当时在德国的工厂之中，它的技术最先进，规模最大。船坞工艺厂负责军舰的日常修护，为来往商船提供便利。1907年定名为青岛造船厂，船厂有11个车间，分别承担船务的一系列工作，工厂内还设蓄电站，以备急需之用（图10-1.2-3）。

1898年10月，德国造船技师弗兰克·奥斯特（Franz Oster）在青岛湾（今莱阳路8号院内）创建修船所。创建之初条件简陋，工厂的厂房兼做办公室和住宅。旋即组装完成带有蒸汽驱动的12台金属加工机械的车间。修船所最初的业务主要是修造小船艇，兼修各种车辆。经过一年的发展，修船所已有百余名工匠，两个小型机械车间。五年之后，由于难以维持，奥斯特不得不将船厂出售给德国政府。

1905年10月，16000吨浮船坞落成，开启了总督府船坞工艺厂作为国家资本涉足青岛造船业的时代（图10-1.2-4）。1909年正式更名为青岛造船厂，青岛船坞工艺厂在早期青岛的工业体系中占据举足轻重的地位。青岛造船厂从交付使用到1914年间拥有近2000名工人，共建造舰船近40艘，修理大小舰船约500艘次。1910年曾为清政府海军建造"舞风"号炮舰1艘，排水量220吨。

第一次世界大战爆发后，日本对德宣战，1914年11月，日军占领青岛，青岛造船厂在战争中破坏严重。该厂的大小浮船坞被日军打捞出水后劫往日军佐世保军港，旋即转日本福田造船所使用。1915年，日本将青岛造船厂残余设备迁移到船渠港口工地，并增建800吨级船台1座，可承担中小型船舶修造工程。

10.2 新兴产业

青岛港与胶济铁路投入运营伊始，就呈现出前所未有的活力，给殖民政府带来了巨大的经济效益，推动了青岛地区工商业的兴起。德国占领青岛的15年间，青岛地区的新兴产业从零开始，蓬勃发展，主要领域包括城市建设和民用设施，它们与市民生活息息相关，多为德国殖民当局经营。德国人在青岛建立的企业有几十家，涉及公用事业、食品加工、制造业等领域，其中对工商业影响较大的工业项目有总督府屠宰厂、日耳曼啤酒厂、青岛电灯厂、德华沧口缫丝厂等[1]。

图 10-1.1-5 坊子煤矿

图 10-1.2-1 小青岛灯塔

图 10-1.2-2 小港

图 10-1.2-3 船坞工艺厂

图 10-1.2-4 青岛港的船坞

10.2.1 总督府屠宰厂

总督府屠宰厂（Gouvernements-Schlachthof）由胶澳总督府投资创办，投资额85万马克，建造时期为1903—1906年，建筑师施托塞尔（Stössel），厂址选在青岛火车站以西，远离居住区，减少对居民区的污染，也有效防止了人群疫病的干扰。由于选址周密，"所有有害气体可无害排除，对当地居民不会产生不良影响，其废水也可以方便地排入近海"[2]。

总督府屠宰厂的建设和管理标准在当时堪称一流，工厂全面实施卫生检疫，其屠宰加工的肉制品，不仅仅为青岛地区的德国士兵食用，而且还对外出口。厂区功能齐备，由数栋建筑组成，包括办公、住宿、冷库、实验室、屠宰加工车间等。建成之初的屠宰场坐落于一个基本坐北朝南、大致为正方形的地块上，由总共8栋建筑组成，包括主厂房、办公楼、门房、4座其他附属建筑和紧靠主厂房后方而与之独立的烟囱。厂房院落大门朝南，屠宰场办公楼紧靠大门左侧，其后方是马厩和畜力车停放处。大门后方隔一片空地为屠宰场主楼，主楼内为3座屠宰车间、冷藏室、机器房和水塔。

在厂房的设计上，政府建筑师施托塞尔最大限度地把古典风格的办公楼与后面的现代化的厂房集合成一个整体。工厂的厂房为钢结构大跨空间，平面为"山"字形，中心矗立塔楼，造型稳重，而又具有德式建筑风格，可惜没有保存下来。所幸屠宰厂的办公楼得以保留，办公楼建筑主体两层，上有阁楼，对称形式，屋顶四面起坡，与山墙结合，极富转折变化，基座以花岗岩砌筑，墙体由块石、木构和灰墙砌筑而成，红瓦坡顶，比例得当，细部精致。

办公楼为传统德国建筑形式，设半地下室和红瓦坡屋顶阁楼，四面的山墙以木桁架装饰，在墙基、墙角及门窗框处都大胆地运用花岗岩做装饰，临街正立面有石砌拱形敞廊（图10-2.1-1~图10-2.1-5）。

10.2.2 日耳曼啤酒厂

1903年8月15日，盎格鲁–日耳曼啤酒公司的德国商人与英国商人出资兴建日耳曼啤酒公司青岛股份公司（即青岛啤酒厂的前身）。德国人有喝啤酒的民族习惯，1904年日耳曼啤酒厂在米勒上尉大街（今登州路）竣工投产。工厂建筑由克姆尼茨市德国机械厂建筑师设计，汉堡施密特公司施工，克姆尼茨市机械厂为德国西门子公司的前身[3]。这是中国第一家且持续经营至今的啤酒厂，当年设计生产能力为2000吨/年，是亚洲最大、最先进的啤酒厂。

工厂基址设立在郊区的太平山以北，充分考虑了周围的环境，尽可能减少对周边居民的干扰。啤酒厂全套设备为德国进口，采用世界先进的啤酒生产工艺，至今工厂仍在生产，许多建筑还在使用，建筑本身也成为青岛啤酒博物馆。

日耳曼啤酒公司青岛股份公司厂区规划严整，很多建筑属于德国传统式样和德国青年风格派风格。两幢红色建筑位于厂南大门两侧。位于西侧的三层小楼是综合办公楼，包括休息活动楼、办公和外籍高管的住宅。休息楼为砖石结构，主体二层，建筑面积150平方米，花岗岩墙基，红砖清水墙，红瓦斜坡屋面。住宅楼为三层，为砖石结构，面积约800平方米，花岗岩墙基，红砖墙身，墙体细部由砖条砌成规整的图案，檐口木构支架做工精细，整体建筑色彩对比强烈，具有古朴庄重的工业感。位于厂门东侧的建筑是酿造办公室和酿造生产车间，其生产设备全部由德国引进，是当时世界上最先进的糖化生产车间。东面酿造生产车间与综合办公楼风格相似，也是红砖墙面建筑（图10-2.2-1、图10-2.2-2）。

10.2.3 青岛电灯厂

青岛电灯厂（Elektrizitätswerk）又称青岛发电所，建于1902—1903年。1897年德国占领青岛后，德国当局并未计划由政府投资建设发电厂。约1898年，德累斯顿的库默尔公司（O.L. Kummer & Co.）在今天的天津路、河南路路口西南角投资建设了一座小型电厂，装有两台50马力（共75千瓦）的柴油发电机，主要为军政机关供电。1901年底，库默尔公司的小型电厂因资不抵债而倒闭。次年1月，西门子公司买下了这座小型电厂，之后在邻近小港南岸的后海沿一带另择新址，建造了一座规模更大的发电厂，即为"青岛电灯厂"。该厂的变压器由德国通用电气公司承建，西门子的电气工程师恩斯特·普莱斯曼（Ernst

图 10-2.1-1 青岛总督屠宰场远景

图 10-2.1-2 青岛总督府屠宰场全景

图 10-2.1-3 青岛总督府屠宰场

图 10-2.1-4 青岛总督府屠宰场内景

图 10-2.1-5 青岛督署屠宰场办公楼旧址

Plessmann）与德国通用电气的克里伯参与了新发电厂的创建。新的发电厂装有一台 60 马力发电机，于 1903 年 7 月投产。后来，胶澳总督府将该厂东侧的道路命名为千瓦大街（Kilowattstraße，今广州路北段）。至日德战争前，工厂发电容量已达 750 千瓦，电线线路（高压线及低压线）共长约 90 公里，除了能够供给城市 2 万盏民用电灯使用之外，工厂还供给各工厂及军用设施用电。此时公司已经扭亏为盈，进入良性发展。

1914 年青岛战役期间，由于德军前线各步兵堡垒外围均有电网作为障碍物，并埋设电控反步兵地雷，阻碍了日军的进攻势头，日军使用迫击炮弹对青岛电灯厂轮番轰炸，最终炸毁发电厂蒸汽锅炉，导致德军前线各防御设施基本处于断电状态，德军投降前该厂已被彻底破坏。

由于青岛电灯厂原有建筑早已无存，今天只能通过历史资料来分析它的建筑。青岛电灯厂厂房设计者不详，厂房建筑是大跨空间，外立面坡屋顶，简洁明快，稍有线条装饰，没有突出的特点。尽管厂房建筑平平，但是青岛电灯厂对青岛早期工业发展及城市运转起到了关键的作用（图 10-2.3-1～图 10-2.3-3）。

10.2.4 德华沧口缫丝厂

德国人在青岛发展丝绸工业上蓄谋已久，《胶澳发展备忘录》记载，德国人认为在其殖民地"引入丝绸工业在国民经济方面具有特殊的意义"，而便捷的交通条件也是其选址于青岛的原因之一。德华沧口缫丝厂建于 1902 年，在设立过程中引入了近代西方的建厂经验、先进设备和管理模式，建筑布局按照欧洲工厂的组织模式，占地 16.6 万平方米。厂址在沧口车站附近，运输十分方便，对新兴的城市也没有干扰。厂房在考虑到气候和现代技术条件的情况下，根据德国建筑师提供的设计图以砖石砌墙建造而成。厂房占地约 5000 平方米，安装了最新式的纺丝和捻线机器。与厂房相邻的东部、南部和西部有各种库房和大厅式开敞雨棚，即使下雨，这些雨棚仍能保证工人继续作业。整个厂区包括厂房、库房、职员住房、工人宿舍和厕所等，城市排水设施齐备。该厂建有巨大的净化水槽过滤污水，截留污

图10-2.2-1 青岛日耳曼啤酒厂

图10-2.3-1 青岛电灯厂

图10-2.2-2 青岛啤酒厂（日占时期照片）

图10-2.3-2 青岛发电所（第一次日占时期）

物和沉淀物，避免污染环境。工厂拥有自己独立的供水设施、发电厂和职工医院。早期厂房为大空间，外立面为锯齿形，办公建筑立面开阔，屋顶为两面缓坡顶，中轴对称，很有韵律感，中心为半圆形山墙面，仓库前有一个开敞的堆场，大烟囱高耸入云，带来了工业化的视觉震撼。

虽然工厂投资很大，设备先进，但是由于经营不善，于1908年倒闭停业。1913年8月，民族工商业者周学熙出资购买德华沧口缫丝厂，改建为棉纺织厂，定名"青岛华新纱厂"，成为青岛乃至全国民族工业的代表之一（图10-2.4-1）。

图10-2.3-3 发电厂内部

图 10-2.4-1 德华沧口缫丝厂

10.3 新兴产业的工人住区

随着现代城市的出现，青岛出现了最早的打工群体，他们中的极少数是章高元驻青时的码头、运输、修建工人以及民夫和手工业者，更多的则是破产渔民和农民[1]。他们人数众多，处于社会的底层，进入工厂后首先面对的是如何调整自己的心理状态和生活状态，来适应新的生产关系，伴随着新兴产业出现了大片的工人居住区，它们成为青岛早期工业遗产中不可或缺的部分。

10.3.1 台东镇

在编制青岛城市规划时，总督府设立了一个中国产业工人居住的社区——台东镇，德人城市建设需要大量劳动力，来青岛工作的收入要高于内地其他城市，短短一年时间，涌入青岛的省内劳工达数千人。台东镇位于杨家村一带，居民容量有1万人，他们多是由农民转换成为产业工人和小生产者。

最初台东镇没有正式的住宅，只有为劳工搭建的临时窝棚。虽然条件简陋，这种临时窝棚后还是人满为患。潮水般涌来的劳工，引发了德国人意想不到的社会问题，居住环境拥挤肮脏，霍乱、痢疾、伤寒等流行疫病不断爆发，甚至连青岛的上层也未幸免，传教士花之安、总督叶世克先后因传染病不治。

根据殖民政府1899年11月法令，"政府保留五年后可无偿拆除台东镇所选定形式之临时性建物之权"[4]。1899年秋，殖民者开始规划中国劳工居住区，采取了华洋分治方案，把劳工居住区设置在杨家村附近。该处位置交通便利，通往市中心和李村、崂山都很方便，至大港工地大约2公里。在街道布局上，德国人采用了简洁的棋盘式街道布局，规划了400米×400米的居住街坊，划分成84个建筑地块。这种特殊的街道布局使得台东镇所有街道都横平竖直，道路狭窄，空间局促，建筑密度非常大，建筑形式也缺乏特色，华人的居住权利毫无保障。传教士魏克尔评价说："台东镇景色十分单调，但建得很合目的，很规矩，并驾齐驱，间距相等，始终如一地呈直角裁剪状。"[5]但是台东镇实施了科学的规划和管理，在卫生健康方面做得很好，没有发生大规模的传染病疫情，整个社区呈现欣欣向荣的景象（图10-3.1-1、图10-3.1-2）。

10.3.2 产业工人住区

除台东镇之外，四方、沧口等地也有大型的工业企业建设，于是工厂附近出现了原始的青岛产业工人社区，以下是几个实例。

（1）德华沧口缫丝厂职工宿舍

沧口缫丝厂的厂房和工人住区是同期进行建设的。工厂北部的较远处安排了公司欧人职员宿舍，并精心做了绿化设计。工厂以北为中国工人单身集体宿舍，每幢宿舍约住100名工人，设有楼长，管理宿舍的秩序和卫生。后又在距离工厂2公里处修建了一处工人聚居区，供已婚工人居住。德国人安排中国工人就近集中居住的主要意图是：让农民出身的工人认识到不必再把工厂工作看成是一桩副业，而是维持生活的基本保证，可以在工厂安心地工作。但是德国工厂厂主按照自己的意图进行规划建设，没有考虑中国工人的心理感受。新建住区宿舍的设

图 10-3.1-1 台东镇工业 1

图 10-3.1-2 台东镇工业 2

计原形来自19世纪中期德国工矿企业工人的出租营住宅，其宿舍多朝北向，成排阵列布置，一个营房里住着100人左右，都处在舍监的监督下，在院落中生活的中国工人极不适应这种生活模式，在这里他们没有私人的空间，尽管工资较高，也无法长期居住下去。由于忽略了中国传统的起居习惯，工人们纷纷离厂，最终工厂停产，可见适宜的居住形态对于人们日常的生活和工作起到多么大的作用，即使是工业社会也不例外[6]。

(2) 船坞工艺厂学徒宿舍

青岛建立了早期的军舰修理厂船坞工艺厂。为了解决大量学徒住宿的需要，1907年总督府特意批准船坞工艺厂建造学徒工宿舍，这是一个有特色的产业工人住区。学徒居住区建筑的设计者没有详细的资料记载，建筑的外观为西洋风格，空间设计则按照德国人理解的中国人的居住方式设计，每栋房子可住12个人，带有一个中心庭院，与中国传统的四合院的住宅形式非常相似。

学徒宿舍位于一个居住功能完备的社区，包括教学楼、餐厅厨房和住宿。学徒们生活其中，有相对自由的活动空间，也有比较和谐的交流群体，所以不会感到压抑和寂寞。这种工业区住宅的形式逐步被大家接受。

10.4 工业遗产的特点

德租时期，青岛地区的早期工业化由德国主导，处处体现着外来文化特征，无论在风格上，还是结构技术上，都有明显的外来风格印记。但尽管如此，这些工业遗存还是或多或少地体现了中国化特点，虽然有些变化极其细微，可以忽略。

(1) 外在形式风格

在德皇威廉二世的倡导下，新罗马风建筑风格在德国成为时尚，作为现代主义建筑萌芽的青年风格派建筑形式也在德国快速成长。德租时期青岛的工业遗产更多地受到新罗马风建筑风格的影响，但是由于工业建筑新结构、大空间的特性，在外观处理时由于建筑体量增大而添加了很多细部划分的手法，此外青年风格派设计思想也起到一定的作用，建筑设计掺杂着当时流行的一些设计手法，比如简洁的墙面、曲线的装饰，而德国传统建筑的符合减少了很多。

(2) 建筑技术和管理

德租时期青岛的工业建筑技术并不滞后，建筑结构上不仅有砖木形式，也采用世界上先进的大跨钢结构形式。对工业企业进行严谨的勘察和基址选择是青岛的工业建筑遗产的另一个特点，所选基址首先要充分考虑城市的长远发展，减少甚至避免工业化对城市和居民的不良影响，其次还要交通方便，运输便捷，保证效率。由于当时中国工业能力不济，许多工业产品都需要从欧洲进口，不仅有机械设备，甚至还有建筑材料如钢材、水泥等。砖是建筑不可或缺的建筑材料，少量的砖材可以进口，大量的砖材必须设厂生产，于是总督府创建砖窑厂，这是青岛早期建筑工业的起点（图10-4-1）。

德租青岛时期，所有复杂的政府建筑都由中国工人完成。中国建筑业的产业工人经历了艰辛的成长过程，早期都是由德国的营造公司组织，招募中国工人，后来慢慢地出现了华人工程队。来自德国汉堡的F.H.施密特公司承建了当时青岛主要的政府项目。为了有效地组织和管理城市建设，德国人在青岛设立了一整套管理制度。青岛许多重要的建设法规在总督府的干预下制定和实施，如对建筑的用途、高度、密度、设计风格、建设期限、土地开发的权利和义务等等。甚至以今天客观地审视，

图10-4-1 制砖厂

关于土地使用、城市管理方面的许多制度依然具有借鉴意义。

（3）主体转换

德租时期虽然主要的工程都由德国人主导，但是中国人自始至终地发挥着重要的作用。由于中国建筑工人的不可或缺，许多建筑都或多或少地掺杂了中国元素，如胶济铁路沿途很多车站的中国装饰（图10-4-2）。中国人的生活习惯在一定程度上决定了企业的发展，如前述所提的缫丝厂的工人宿舍和船坞工艺厂的学徒宿舍。使用主体的转换使得当时工业遗产的性质发生了令人意想不到的变化，这也是一个隐藏在建筑之后的微妙现象。

10.5 结语

近代德国租借青岛时期，在外来因素的推动下，拉开了城市工业化的帷幕，为区域的现代化打下了坚实基础，并且持续地发展，形成了当前的工业体系。保留至今的许多建筑遗存都是这段特殊历史的重要见证，有的工业遗产至今还在发挥着重要的作用，当前对它们进行深入的研究和合理保护具有不可忽视的历史意义与现实意义。

图 10-4-2 胶济铁路线上的火车站

注释

[1] 陈雳. 德租时期青岛建筑研究 [D]. 天津：天津大学，2007：93-162.

[2] 胶澳总督府. 胶州地区发展备忘录：1904年10月—1905年10月. 青岛市档案馆，档案编号 A006958：44.

[3] WARNER T. Deutsche Architektur in China Architekturtransfer[M]. Berlin: Ernst & Sohn, 1994: 227.

[4] 谋乐. 青岛全书 [M]. 青岛：青岛印书局，1912：179.

[5] 余凯思. 在"模范"殖民地胶州湾的统治与抵抗：1897—1914年中国与德国的相互作用[M]. 孙立新，译. 济南：山东大学出版社，2005：255.

[6] 华纳. 近代青岛的城市规划与建设 [M]. 南京：东南大学出版社，2011：203-206.

11 德租时期青岛建筑类型学分析

　　类型学是一种分组归类方法的体系，现广泛应用在建筑研究之中，被称为建筑类型学。在近代建筑研究中可以借鉴类型学方法对建筑形式进行深入的剖析研究。青岛是近代德国苦心经营的殖民城市，在德租时期留下来很多颇有价值的建筑遗产，它们特色鲜明，尤其在檐廊、门窗、石饰、塔楼、坡顶、山墙和山花等部位的处理上，体现了青岛建筑特定的材料、构造、风格特征。本章通过细部形式的研究分析，全面展示青岛近代的建筑风貌特色。

11.1 类型学的研究方法

类型学是一种分组归类方法的体系，类型的各成分是用假设的各个特别属性来识别的，这些属性彼此之间相互排斥而集合起来，却又包罗无遗，这种分组归类方法因在各种现象之间建立有限的关系而有助于论证和探索。类型"与建筑的本质非常接近，尽管经历各种变化，总是在情感与理智的支配下扮演着建筑与城市的原则"[1]。"类型所具有的独特性由于社会的差异会有极大的差别，与生活形式及习俗密切相关。因此类型的概念在实务与理论上被视为建筑的基础是理所当然的事。"[1] 考虑到青岛的历史特点、建筑特点，用类型学的理论来研究青岛建筑是非常有意义的尝试。

类型学的概念有两种，一是类型学，又叫"标型学"，作为考古学的一种研究方法，将同一门类的遗物根据它们的形态特征分成类型，研究其发展序列和相互关系。另一个概念是一种分组归类方法的体系，通常称为类型，类型的各成分是用假设的各个特别属性来识别的，这些属性彼此之间互相排斥而集合起来却又包罗无遗，这种分组分类方法因在各种现象之间建立有限的关系而有助于论证和探索。由此可见，第二种解释提出的分类依据是基于这些个体的某些属性。类型学思想在自然科学上的发展是生物分类学。孔德·德·布丰（Comte de Buffon）和卡尔·冯·林奈（瑞典文原名：Carl von Linné）共同创立了生物分类系统。因此类型学在建筑学上的应用，甚至在近代建筑研究上的应用，是一种跨学科理论的研究方法的应用。

"元"（meta-）是类型学的基本概念。阿兰·柯尔孔（Alan Colquhoun）指出目前建筑理论的焦点问题集中在类型学上。因为大多数建筑理论讨论建筑时总是不自觉地停留在一个层面上，而建筑类型学则是研究建筑的"元"理论。也只有这种方法才是研究建筑的根本。但这一理论并不代表单一的某种方法，它同样呈现出多元化的发展。

让 - 尼古拉斯 - 路易·迪朗（Jean-Nicolas-Louis Durand）、克劳德·尼古拉斯·勒杜（Claudi-Nicolas Ledoux）、拉菲尔·莫尼奥（Rafae Moneo）和菲利浦·史泰门（Philip Steadman）都对建筑类型学的发展做出过贡献。值得一提的是新理性主义（Tendenza）[2]学派，它产生于意大利，阿尔多·罗西（Aldo Rossi）是最杰出的代表（图 11-1-1、图 11-1-2）。他认为建筑类型来源于历史中的建筑形式，建筑不创造新的类型，类型是原型在建筑领域的一种体现，表现形式是表层结构，类型则是深层结构。城市是建筑集合的场所和新形式产生的根本。因此他提出了"城市建筑学"。他的主要理论出自他的著作《城市建筑》（*The Architecture of the City*）。该书是本研究的一个重要的理论来源。运用类型学的方法进行设计的建筑师也有很多。除了阿尔多·罗西和阿尔多·阿莫尼诺（Aldo Aymonino）之外，还有意大利的佛朗哥·皮里尼（Franeo Purini）、德国的奥斯瓦尔德·马蒂亚斯·翁格尔斯（Oswald Mathias Ungers）、瑞士的马里奥·博塔（Mario Botta）、德国的克瑞尔兄弟（R.Krier & L.Kier）……虽然都是讲类型学，但他们对概念的理解和应用各不相同，建筑类型学的应用非常广泛，包括形式分类、城市规划、建筑设计等各个方面[3]。

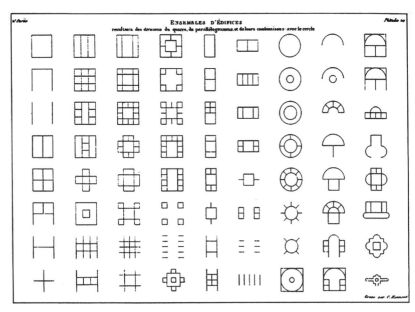

图 11-1-1 建筑类型简化分析图

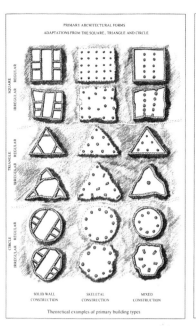 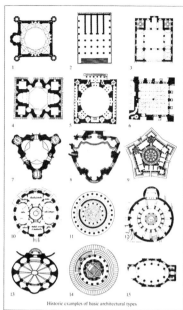

图11-1-2 基本图形和建筑平面的关系

11.2 类型学对建筑细部的研究

人们对建筑形式"整体性的资料是由对造型的描述而组成的",而"造型的描述系由观察出发"得来的,"透过描述我们得以对结构有更深一层的认识"[1]。在这一部分笔者所做的就是通过观察来对青岛德国建筑形式做出描述,再根据这些描述用类型学的方法系统整理。

根据原型类型学的原理,研究青岛近代建筑,必须要研究它的奠定时期——德租时期的基本建筑类型,青岛保留下来的大量的建筑实例就是现成的素材。因为建筑之间的相似性构成"原型",相似性越普遍,原型越可靠,所以说确立这些建筑的相似性是进行形式分类的关键。

首先,德租初期青岛的许多建筑具有殖民地外廊式建筑的特点,外廊是殖民地式建筑的最大特点,在表现形式上非常直观,建筑的檐廊就是青岛建筑的一个特点。其次要提到的是红坡屋顶的建筑。这也是大多数人对青岛建筑的直观感受,"红瓦绿树"的赞誉由来已久。另外,青岛老城区天际轮廓线的丰富变化得益于青岛建筑中另一个充满浪漫情调的建筑元素——塔楼。

尖顶突出,高于坡顶或具有较大体量,成为整个建筑的视觉中心。尖顶塔楼的频繁出现使得整个城市"处于一种向往蓝天白云或皓月疏星的动感之中","如果没有天际线的错落有致,这座城市便失去了五分之一的魅力"[4]。

青岛老建筑重要的特征元素还有门和窗以及山墙和山花的形式。门和窗既体现了功能的需要,还表现出材料和形式上的各种各样的变化。山墙或山花的使用与坡屋顶的使用相得益彰,融为一体。山墙面除了在几何形体上多变外,建筑材料和色彩如石材、红砖、木构等也富于变化。

罗西说过:"类型学是研究构成都市、城市或建筑的元素之中首要核心的类型。……没有任何类型会与一种造型完全相同,虽然所有的建筑造型有可能只属于几种类型。"

德租时期青岛的建筑形式往往是一个复杂的整体,各种形式构成元素经常混合在一起,即如果用某一种元素的标准来衡量该建筑时,又不可避免地发现它还含有其他的形式元素。例如伊尔蒂斯兵营建筑(今中国海军办公楼)就具备多种形式特征(图11-2-1),它既有宽大的红坡屋顶,又有笔直的外廊和山花,两端还有锥形的塔楼尖顶,因此在建筑形式研究的过程中应当具体问题具体分析。

图11-2-1 青岛伊尔蒂斯兵营

11.3 德租时期青岛建筑的细部分析

德租时期的青岛建筑不仅有很高的历史研究价值，而且还有很高的美学价值，青岛的城市特点曾经被誉为"红瓦绿树，碧海蓝天"，可见，建筑在该城市中的地位有多么重要。德租时期青岛的城市建筑受到国内外广泛的称赞，一方面是其城市风貌和谐统一，另一方面是新建筑特点鲜明。青岛的城市风格，在德租时期奠定，并且在以后的日占时期和民国时期得到了很大的发展。时至今日，青岛的建筑设计不时地要呼应德国时期的建筑风格。该时期的建筑风格在细部设计上主要表现在檐廊、门窗、石饰、塔楼、坡顶、山墙和山花等几个部分。

11.3.1 门窗细部分析

（1）建筑入口

青岛老建筑的入口部分一般都进行着重强调，位置多在引人注目的正立面，尺度也比较大，采用拱券形式较多，或者以列柱进行强化。

另外有些主入口顶部的挑檐做得非常丰富，或用各种雕刻装饰，或者加木构支撑，上置坡屋顶，用以突出屋顶。还有用建筑材料的变化来表现主入口，如使用砖、石、木架等（图11-3.1-1）。

（2）建筑开窗

青岛建筑的开窗形式变化多，大小不一。有的开巨窗，甚至有一层、两层的尺度；有的开小窗，尺寸窄小，无法探头观望，成组排列，讲究序列。它们形状各异，如矩形、半圆形、圆形、椭圆形，甚至还有一些不规则的几何图案（图11-3.1-2）。

（3）老虎窗

老虎窗是青岛近代建筑中坡顶元素的重要部分，具有实际应用和形体造型双重功能。老虎窗在坡屋顶中的位置，有的体量较大，置于中心位置，来强调立面的中轴线；有的是以几个小窗来强调序列，这种形式比较常见。老虎窗可分为三部分：顶盖、窗套和玻璃，窗顶盖大致可分为三角形、矩形和弧线形三种（图11-3.1-3）。

三角形的老虎窗。三角形的顶盖有两种，一种顶角小于60度，另一种顶角大于60度。这两种类型又可以变化出无窗框的形式，玻璃窗形状有扁圆形、三角形、尖券形和圆形几种。

矩形的老虎窗。立面为矩形的老虎窗从侧面上看有的是坡顶上覆红瓦，与屋顶相协调，有的是侧面水平形式，有的是整体立于屋脊之上或没有老虎窗顶盖，它类似于缩小的山墙。

弧形的老虎窗（牛眼窗）。由于弧形的曲率不同，有的窗窄成了一条窗缝，有的下部矩形窗框向两边拉长，有的顶端弧形变为尖券形式，也有的老虎窗是完整的圆形。

11.3.2 石材装饰

花岗石的使用是德租时期青岛建筑的一大特点，也是同时期德国建筑的一大特点。花岗石的使用广泛，为以后的设计起到了很好的示范作用，成为在此之后青岛建筑设计的特有手法（图11-3.2-1）。

（1）花岗石的形状

青岛建筑的石材分为粗加工和细加工两种，其形状各异，有条状、自然形状、小碎石、规整的长方形的，还有经过精心打磨的各种装饰形状，它们被分别用在建筑的各个位置。同样是花岗石，石材的颜色却并不相同，在一些重要建筑中，设计者会区别使用，使之合理搭配，互相协调。

（2）花岗石在建筑中的应用（图11-3.2-2）

路面和围墙。在青岛至少有三条马路由小块花岗石铺砌，成为青岛传统街道的标准特征，很有欧洲古老城市的韵味。至于挡土墙、围墙、门垛使用花岗石的就更多了。

台阶和建筑基座。在青岛几乎每一座德国建筑的台阶都由花岗石铺砌而成。居住建筑、公共建筑的勒角、基座，或者建筑外墙的下半部分都由花岗石构造，整体感觉稳重、坚固。

门窗。门窗设计中花岗石的参与也非常多。门楣、窗框、窗台、拱券及象征性的锁石、窗间墙等都使用到花岗石。

墙面和线脚。花岗石在墙体中的使用非常多。与古典建筑中规整的隅石相比，青岛建筑中墙面的花岗石贴石更加自由、活泼，在平整的墙面上随机地出现几处，好似从墙体中生长出来一样，轻松自然。

图 11-3.1-1 建筑入口

图11-3.1-2 建筑开窗形式

图 11-3.1-3 老虎窗形式

图 11-3.2-1 建筑环境用石材

图 11-3.2-2 建筑用石材

柱子。花岗石石柱在青岛建筑中出现得很频繁。与粗加工的花岗石相比，柱子的加工准确，打磨细致，尤其是出现过的梭柱和精美的花饰，体现了中国工匠的高超手艺。此外，青岛建筑中还有许多装饰性的构件是由花岗石加工而成的，各种纹样，中国的、西洋的，栩栩如生，令人赞叹。

11.3.3 塔楼尖顶细部分析

（1）塔楼尖顶的体量

塔楼尖顶在构图中起到了重要的作用，许多德国建筑无论体量大小，都设置了塔楼尖顶这种形式。在小体量的建筑中，塔楼尖顶具有宜人的尺度，而大体量的建筑却不能将其简单地放大，否则会造成尺度失真，于是建筑师们精心地做了细部处理，使之获得近人的尺度（如胶澳警察局的塔楼）。除了细部装饰之外，还采用几种元素的组合（图11-3.3-1）。

（2）塔楼的位置

在这类建筑中，只有天主教堂是双尖顶，具有严谨的中轴对称形式，属于以罗马风为主要风格的折中主义建筑，其余均是以单一尖塔形式出现，在形体上以不对称的形式形成均衡的构图，建筑形体活泼自然。尖塔多在建筑的正立面出现，其位置多在一侧，也有的位于正中央。

（3）塔楼的形式

纵观这些建筑的塔楼尖顶，有曲面特征的弧形尖顶占总数的一多半，其中大多是双层绿色尖顶。双层绿色尖顶可谓德国传统的建筑符号，在青岛建筑中占大多数。有的尖顶体量较小，仅作为装饰之用，因为结构不稳定，装饰也嫌累赘，因此保存下来的极少，只有在历史照片中才留有痕迹。

有一种红色尖顶的截面是曲线的形式，有一种截面做成了折线，避免了笔直的外轮廓，还有一种做法采用直线的轮廓线，这种尖顶给人以笔直挺拔之感。

此外有一些塔楼尖顶的实例，形状比较敦实，在体量上引人注目，但缺乏高耸的感觉。

所有这些尖顶元素可简单地分类成曲线截面和直线截面两种。曲线截面的尖顶轮廓优美、线条柔和，是德国传统形式；直线截面的尖顶轮廓挺拔有力，简洁大方，是以后青岛建筑中的常用形式（图11-3.3-2、图11-3.3-3）。

图11-3.3-1 青岛胶澳警察局

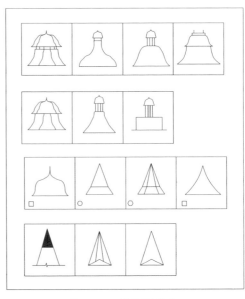

图11-3.3-2 塔楼形状类型

图 11-3.3-3 建筑尖顶

11.3.4 坡顶特征

红坡屋顶是青岛近代建筑的最大特点。德租时期的建筑法规以18米和层高三层作为建筑的高度极限。这种法规为展示建筑的坡顶特色提供了可能。德国人为了表现德意志传统建筑风格，将屋顶做得异常陡峭，里面形成阁楼，外开老虎窗。

（1）基本特点

立面形式。从立面上看该类建筑分为中轴对称式和自由式两种。

屋顶层数。有一层或两层的。平面形式较为平整的多为一层坡屋顶，屋顶沿墙面分布，变化较少；体形较为自由的，或为了突出坡屋顶体量的建筑为两层坡屋顶，坡顶的轮廓线以直线偏多，也有许多柔和的曲线形式。

屋顶组合关系。从屋顶的组合关系上看有两种，一种是单一的形式组合，屋顶多是一个体块；另外一种是复杂的形体组合，至少有两种以上的几何体构成，坡顶覆盖了不同的层高，外观高大新奇。

（2）实例分析——潘宅

潘宅最显著的设计特点也是它的屋顶形式，与青岛大多数德国建筑强调主导元素构图做法截然不同，在规整的平面屋顶形式中做出不同寻常的变化效果。潘宅屋顶的生成过程如图示说明（图11-3.4-1、图11-3.4-2）。

1) 确定"L"形总平面形式。这里的"L"形两边跨度并不相同。

2) "L"形左边镶入一个元素，右边削减处理，这是德国建筑的屋顶设计的常用手法。

3) 在业已形成的体块中继续增减，尤其是右下角屋顶削减抬高，该手法在其他建筑中并不多见，既打破了屋顶的呆板整体，又方便施工。

4) 在削减完成后，加入老虎窗、烟囱及其他附属元素。从整个过程看来，屋顶异常丰富，巧妙地安排了剖面上的各种高差，建筑的生成过程井然有序。

潘宅的另一大设计特点是墙面处理手法丰富。这些处理手法多姿多彩，设计精妙。建筑的色彩对比鲜明，以红砖墙为主色调，以白墙为次要色调，以木构的图案为装饰色调。窗洞的形式多样，窗洞周边也有若干的装饰图案，建筑外观变化丰富而有序。

红坡屋顶是青岛老建筑的重要特点，德租时期的建筑几乎都有这种屋顶的处理手法，不仅表现在建筑单体上，更表现在建筑的群体风貌上（图11-3.4-3~图11-3.4-5）。

11.3.5 山花和山墙

山花是古典建筑的符号，具有极强的装饰性。德租时期青岛的建筑上出现了丰富的山花形式，但整体上趋于简化。山墙面在功能上具有围合作用，在形式上是坡顶的延展终结，表现为墙面的平面化处理。山墙面从侧面看虽然只是一片薄墙，而正侧的效果却截然不同。

11.3.5.1 山花

在16世纪下半叶的德意志建筑中，"涡卷和小山花成了重要的装饰题材"[5]。山花是文艺复兴建筑的重要语汇，经过巴洛克时期完成了复杂多变的形式，到了折中主义时期，山花形式中又包含有各种各样的构成元素，形式更为复杂。之所以把凸出的山墙面也同山花归于一处，是因为凸出的山墙面虽然依托于坡顶，但是其形式设计手法与山花完全相同。

（1）山花的位置

山墙位于建筑的侧面，尤其是在坡顶的侧面。但山花的位置不定，因为它几乎是纯装饰性的构件，没有实用功能。因此它往往根据设计人的意图自由设置，可以放在建筑的正面、侧面，甚至入口、窗洞、塔楼等几乎建筑的所有位置，强调的是形式效果。

（2）山花的形式

德租时期青岛建筑的山花、山墙，形式各异，丰富多彩，一幢建筑甚至有两三种山墙或山花的样式（图11-3.5-1）。

从建筑材料分析，山墙或山花大部分用水泥或粉刷的线角来表现丰富的图样。有的与石材合用，用花岗岩点缀檐口和山墙的两侧；有的与红砖合用，用精细的砌法完成多种图案。

从山花的轮廓线分析，山花的形状主要是三角形，其次是半圆形，极个别的山花为长条形，有的山花形状是各种几何体的综合形式，其外轮廓并不平整。

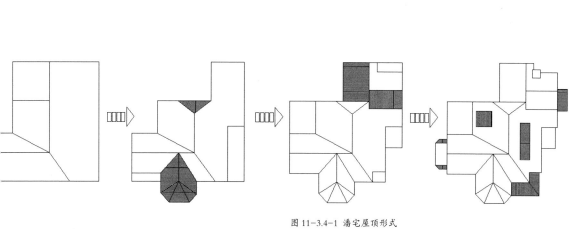

图 11-3.4-1 潘宅屋顶形式

图 11-3.4-2 潘宅

图 11-3.4-3 青岛老城区鸟瞰

图 11-3.4-4 老城市中心鸟瞰

图 11-3.4-5 屋顶特色

图 11-3.5-1 山花

虽然山花大多以三角形为母题，但它的变化非常复杂。如有些山花为弱化尖顶的形式，顶端多呈柔和的曲线。山花的两边各用连续的曲线装饰，这样形成的轮廓线优雅柔和。

山花的装饰图案不如其外部轮廓那样一目了然，这其中有简洁的墙面，也有更多复杂的装饰。可将这种装饰分为两种：单一墙面的几何划分和不同体块的组合。

单一墙面的几何划分。有些以横竖线条来划分，模仿半木构形式。有些以曲线线条的划分来做修饰，具有巴洛克的韵味。墙面划分还必须注意到中心开窗的形式。山墙面的开窗形式呈对称式，所开的窗洞很有变化，有圆形、长条形、券形不等，再配以窗套，装饰性极强。

不同体块的组合。这种方式是在山花或山墙顶端凸出一弧形体块，用以强调尖顶的中心。有的山花在三角形底座上用短柱装饰；有的短柱逐级重复出现，边界感和中心感更强了。

（3）实例分析——总督牧师官邸

该建筑的山花是完全对称的样式（图11-3.5-2）。纵向可分为三段：上段造型丰富，形式优雅，中段细部恰到好处，形式简洁，下段则细部减少，更加简练，从上到下是由繁到简过渡。人的远视点看到的是山墙的上中部，近视点关注建筑细部，更多的是入口或阳台，符合人的视觉心理。

山花的上端颇具巴洛克风格，做了卷涡和曲线的线脚，并用简洁的角柱将其顶端再横向三分。顶部是小短柱和相交的卷涡，圆形镂空的窗洞开于山墙上段中心，中轴线异常明确。小

圆窗下再开一瘦窄的长窗，外有弧线的窗顶套和优雅的线脚。山花的中段用隅石强化角部，中窗做大，与上部墙面产生对比，是上部形式的简洁过渡。

这一山花面的特点是摒弃了德国民居常用的半木构装饰风格，增强了古典的韵味。

11.3.5.2 山墙面

（1）山墙面的形式

山墙面多有窗洞，窗洞呈中心对称式，形状有圆形、长条形、券形等。长条形小窗往往是两个一组，成组布置；也有开大窗的，突出墙面，给山墙增添了立体感（图11-3.5-3）。

山墙面的另一种形式是外露半木构形式，或是其他仿半木构形式，并涂以鲜艳的色彩，装饰性特别强。在选取的实例中，多个山墙面采用这种半木构形式。其图案多是纵横交错的直木架，也兼曲线，窗洞多开在木格中，使墙、木构和窗融为一体。

独立于墙面的木构架。在这些山墙面中，有些木构、仿木构构件向前伸出支撑挑檐，装饰山墙面，层次感很强。这种屋顶往往出挑较大。有的紧贴着挑檐内侧；有的一端在檐上，另一端支在墙面上；有的干脆是一个镂空的屋架。这些做法的结构功能远小于它的装饰功能，是很有趣味的一种细部设计。

（2）材料和色彩

山墙面多是黄色粉墙或红色砖墙，也有的贴绿色薄瓦，屋檐侧面一般是鲜红色，木构架或半木构架也多如此，纵观山墙的整体色彩，多是醒目的颜色，与黄色墙面对比再以小窗洞做点缀，整个山墙面既有色彩变化，又有虚实对比。

通过德租时期青岛建筑细部设计分析可以勾勒出青岛建筑的主要形式特点。但是对比德租以后青岛建筑的发展，这些手法并非全部都被沿用下来。有的因为文化、气候、功能等方面的原因而发生变异演化，有的甚至逐渐消失。

尖塔这一基本形式被很好地保留下来了，但是纯德国传统形式的尖顶，包括复杂的绿尖顶和某些曲面尖顶很少使用。有些因为修复施工烦琐，维修时也将曲线变为直线。

山花和硬山墙的装饰性远大于其实用性，与现代建筑的简化大趋势不相符，因此德租之后这种原型的使用也日趋简洁。

图11-3.5-2 总督牧师官邸立面山花

图 11-3.5-3 山墙面

当今有些建筑将仿半木构的装饰线做在了山墙面上，以此呼应青岛建筑的传统特点。

红坡屋顶是青岛建筑最直观的形式元素，它作为一种表现城市风貌的基本元素一直被沿用下来，形式变化也很日趋丰富。在继续沿用红坡顶的同时，山墙面和老虎窗的细部处理手法也被继承了下来。

11.4 总督府邸的建筑原型

德据时期的青岛建筑中有一例兼有多种形式特征，既有复杂变化的红坡屋顶，又有极具特色的山墙面，而且还有体量颇大的尖顶角楼，这就是总督府邸（现为迎宾馆）。根据原型类型学的观点，它具有多种个体普遍相似性的特征，是最接近于青岛建筑原型的个体，可以将它当作青岛近代建筑原型的典型实例进行分析（图11-4-1、图11-4-2）。

作为德国人在青岛留下的最具特色的建筑实例，总督府邸有许多精彩的设计手法。

建筑师在自由浪漫的形式创作中，不时地运用对比手法完成整体构图的均衡、统一，尤其是西、南两个面突出表达了这种构图原则。在东、北两个面虽然形体变化更多，手法更复杂，但整体关系把握不够，使之与西、南两个面缺乏协调，设计手法也不统一，过于追求纷繁华丽。

图 11-4-1 迎宾馆

图 11-4-2 迎宾馆的建筑细部

11.5 结语

"判断新旧建筑物和谐只能以一个形体环境的整体感和连续性为标准。"[6] 对青岛的新建筑来讲，若想与旧建筑保持好这种整体感和连续性，应该对城市建筑基本形式类型有深刻的认识。华纳先生在《德国建筑艺术在中国》一书中写道："花岗岩在德国撤离青岛后70年再次流行……青岛重新发现了自身独特的建筑史及其本土的'现代主义'……新建的房均须与青岛特有的五种颜色相协调：红瓦屋顶，黄色的海滩和建筑立面，绿树，湛蓝的天空，碧蓝的大海……保持这五种色彩的特色无异于保持青岛的个性与魅力。"[7] 1980年代以来青岛进行了大规模的建设，青岛的城市风貌仍然保持基本完好，但是老城区及周边地段在发展过程中还存在着一些问题，如城市景观轮廓线的保持、新建筑尺度及风格的把握等方面处理不到位，影响了城市的整体形象。

注释

[1] 罗西. 城市建筑[M]. 施植明, 译. 台北: 博远出版有限公司, 1992: 8-14.
[2] Tendenza[J].PA, 1980（3）: 49-50.
[3] 马清运. 类型概念及建筑类型学[J]. 建筑师, 1990（6）: 15.
[4] 赵鑫珊. 建筑是首哲理诗[M]. 北京: 百花文艺出版社, 1998, 37.
[5] 陈志华. 外国建筑史: 十九世纪末叶以前[M]. 北京: 中国建筑工业出版社, 1979: 165.
[6] 沈玉麟. 建筑群与外部空间（城市设计类教材讲义）: 14.
[7] WARNER T. Deutsche Architektur in China Architekturtransfer[M]. Berlin: Ernst & Sohn, 1994: 15.

12 青岛当代城市建筑发展

　　青岛是一座独特的城市,经过了近代德日帝国主义殖民的统治和民国时期的建设,发展形成了独特的城市风貌。改革开放以来,三次城市总体规划使城市得以进一步扩展,形成了青岛城市发展的新格局。改革开放以来的青岛城市建设取得了巨大的成就,一大批优秀的建筑设计作品应运而生,但是同时,成就和问题并存,在城市风貌保持、老城改造等方面的处理不当也造成了对历史风貌的破坏。40多年来青岛的城市建设既有对历史形成的城市特色的传承和新时代的创新,同时也展示了美好的前景。

青岛是一座独特的城市，特殊的近代历史进程造就了别具一格的城市建筑，历史上数次城市规划一次次地演绎着青岛的城市发展历程，许许多多被标签为"青岛"的建筑流传开来，感动着世人。

青岛历经德租、日占、北洋政府、国民政府等若干历史时期的城市建设，形成了鲜明的城市风貌。青岛在城市建设各历史时期均遗留有大量文化遗产，同时具有临海丘陵的自然环境特征以及人工与自然融合的独特城市风貌特色。不同时期开发建设的片区均留下了鲜明的时代烙印，也形成了青岛建筑的特色。青岛的历史建筑遗存多元而丰富，小体量、依山就势、错落有致、因地制宜，在形式、色彩、材料方面具有异域风情。梁思成先生在《青岛——中国建筑学会专题学术讨论会的报告》的序中写道："青岛好，好在哪里呢？怎样好法？……在已经和正在改变中的青岛城市有什么优点？什么缺点？……这些更是值得我们好好思考的问题。"[1] 当代青岛的城市建设，既有对历史形成的城市特色的传承与呼应，也有通过富有时代感的创新来对城市精神进一步的丰富和塑造，值得人们去思考。

12.1 特殊的历史成就了独特的城市

青岛是经过科学选址论证的近代城市。1869 年德国地理学家李希霍芬在多次中国考察的基础上向德国提出了最初的殖民地选址构想：夺取胶州湾及其周边铁路修筑权，使华北的棉花、铁和煤等产品和资源获得一个出海口，把青岛打造成德国在远东的军事和经济据点。在 1897 年强占胶州湾之前，德国委派军事和工程技术人员进行了多次实地考察和选址论证。

青岛城市建设最突出的特点在于它是中国近代最早一个制定了完整现代意义城市规划的城市，1898 年德国殖民当局公布了第一个青岛城市规划方案，在一开始就按照符合现代城市发展方向的规划进行建设开发，并且体现在从制定到实施以及后期影响这一完整过程，这是中国近代城市发展史中非常难得的案例。德制青岛规划首先重点解决了港口与铁路的布局，合理利用胶州湾的海岸线，创造性地解决了城市与港口、铁路三者之间的关系，而且这种三位一体的结构影响了青岛这座城市百年的发展。时至今日，我们仍然可以从青岛组合港的演进、胶济铁路的升级、城区的拓展中隐隐看到这种结构脉络。青岛的每一个历史时期都制定了城市规划，用规划引领城市开发建设，完整地体现了从规划到实施的全过程，并在规划的指导下实现一个现代城市从无到有、从小到大的演进过程（图 12-1-1）。

12.2 1949 年以来三版重要规划

1949 年中华人民共和国成立，青岛所处的行政地位与以前有所不同，青岛成为山东省所辖的城市。随着工业化的开展，青岛的城市规划建设纳入全国统一规划的工业体系之中，工业布局成为城市总体格局的重要体现。比如青岛在 1949 年以后制定的第一个规划就是 1950 年编制的《青岛市都市计划纲要（初稿）》，将城市性质确定为"轻工业、吞吐口、海军基地、风景和疗养区"，规划面积 212 平方公里，规划人口 100 万人。1960 年编制的《青岛市总体规划》，城市性质确定为"具有国防、工业、对外贸易和修疗养多功能的综合城市"，规划建设用地 84.7 平方公里，规划人口 100 万人，规划面积比起 1950 年规划不增反减。规划内容仍然体现了工业化发展的要求，将台东、四方、水清沟、沧口、楼山 5 处规划为未来发展的工业区[2]。

青岛真正迎来城市发展的黄金时期是在改革开放之后。1978 年以来经过批复的青岛城市总体规划有 3 版，期间还存在几次调整和探索。在总体规划的引领下，城市规模和布局不断扩大，城市屡次以开发新区的方式沿胶济铁路和海岸线两个方向生长、拓展。

12.2.1 青岛市城市总体规划（1980—2000）

1984 年批复的《青岛市城市总体规划（1980—2000）》将城市性质确定为"轻纺工业、外贸港口、海洋科研和风景旅游城市"，城市布局以李村河、海泊河两条自然带将市区分为南、中、北三个组团和独立的黄岛区。1984 年中央确定青岛为 14 个沿海开放城市之一，在黄岛区内的薛家岛北部开辟经济技术开发区。

1989 年，根据城市发展的需要，对《青岛城市总体规划（1989—2000）》进行补充调整，在南、中、北组团布局结构的基础上，增加东、西两个组团，实现了城市空间的跨越式发展。规划建设用地 292.5 平方公里，规划人口 184.8 万人。1992 年，市政府办公大楼动工，开启了东部组团的大发展。

12.2.2 青岛城市总体规划（1995—2010）

1994 年，青岛被列为全国 15 个副省级城市之一，城市地位进一步提升。1996 月 4 日国务院批复的《青岛城市总体规划（1995—2010）》，将城市性质确定为"中国东部沿海重要的经济中心和港口城市，国家历史文化名城和风景旅游地"。规划布局结构以胶州湾东岸为主城，西岸为辅城，环胶州湾沿线为发展组团，城市建设用地 266 平方公里，规划人口 310 万人。形成"两点一环"的发展势态，主城和辅城规划为城市相对集中发展的区域。总体规划将重点聚焦在胶州湾，同时城市向东发展，拓展了更为广阔的发展空间，为全域统筹打下坚实基础，具有重要的战略意义。1990 年代中期，青岛市加快了城市东部的开发建设，设立青岛市高科技工业园、东部新区和石老人国家旅游度假区，东部成为新的政治、经济、文化中心。这一时期，青岛开发区也获得较快的开发建设（图 12-2.2-1）。

2007 年的《青岛市城市总体规划（2006—2020）》（征求意见稿）提出：合理引导城市功能布局，优化城市各类资源要素配置，调整、提升老城区功能，有序推进新城区建设，努力构建"环湾保护、拥湾发展"的城市空间格局，但这一版的总体规划并未获得批复。

12.2.3 青岛市城市总体规划（2011—2020）

在 2016 年最终获得批复的《青岛市城市总体规划（2011—2020）》[3]围绕国家战略和蓝色经济的新要求，将青岛性质定位为："国家沿海重要中心城市和滨海度假旅游城市，国际性港口城市，国家历史文化名城"。这标志着青岛从我国东部沿海经济中心向国家中心城市迈进，从我国东部沿海港口城市向东北亚航运中心迈进，从我国风景旅游胜地向国际海洋文化名城迈进。规划实施"全域统筹、三城联动、轴带展开、生态间隔、组团发展"的城镇空间发展战略。

所谓三城联动是指：东岸城区是城市空间转型发展的重点区域，彰显青岛历史文化特色，着力加快有机更新，改善人居环境，解决"城市病"问题，走内涵式发展道路；北岸城区是青岛市域城镇布局的空间中枢，以高水平打造科技型、生态型、人文型新城区为目标，合理控制开发时序，为建设青岛市未来的公共服务和公共管理中心预留发展空间；西岸城区是国家批复的青岛西海岸新区的核心区域，是实施国家海洋强国战略的主体空间，引领和带动青岛市产业的升级转型。在该版总体规划的指引下，位于北岸城区的青岛高新区进入了快速开发的时期；同期青岛市开始打造"蓝色硅谷"，发挥青岛涉海机构集中、海洋研发人才密集的优势，加快重点领域科技创新，抢占海洋产业技术发展前沿；黄岛区与胶南市合并为西海岸经济新区，2014 年成为获得国务院批准的第 9 个国家级新区。

2017 年，青岛市政府在此基础上提出了"三带一轴、三湾三城、组团式"，构建覆盖全域、面向未来的城市群主体形态。三个湾区主要指的是中心、东部、西部地理区域。中心湾区：以胶州湾群为依托打造中心城区，优化城市功能，聚集高端要素，延续历史文脉，彰显"红瓦绿树、碧海蓝天"城市风貌；东部湾区：以鳌山湾群为依托打造东部湾域，建设世界知名、以海洋教育科技为特色的"中国智谷"；西部湾区：以灵山湾群为依托打造西部湾区，建设董家口港城和古镇口军民融合的创新示范区，打造海洋强国战略支点。

12.3 当代的建筑创作

青岛建筑风格大致可分为旧有风格与城市新风格两种。旧有风格为青岛近代以殖民文化为时代大背景而形成的建筑风格，以德租、日占时期的建筑风格及其衍生建筑风格为代表。新风格则为新的历史条件下，以本土创作为大背景而形成的具有青岛地域性特征的建筑风格。

图 12-1-1 青岛老城鸟瞰

图 12-2.2-1 青岛东部新城

回顾改革开放以来青岛的城市建设，可以发现两条明显的脉络，一条是多年持续的老城改造，另一条是不断涌现的新区开发。老城改造包括1980年代集中于老城的拆旧建新、1993年开始并持续了20年的棚户区改造、21世纪初大规模的旧城改造。重大的新区开发包括青岛开发区、东部新区、高新区、蓝色硅谷、西海岸经济新区。在这两条建设脉络之中，出现了一批富有时代特点的建筑设计作品，其中一些追求传承青岛地域建筑特色，更多的则是彰显当代审美、经济发展和技术进步的新区建筑。在青岛城市发展中一些城市事件如奥运会帆船比赛、世界园艺博览会也留下了经典的建筑，此外还有一些设计精良的大型公共建筑、文化设施以及国内外著名事务所和建筑大师设计的建筑作品。当然，这些可以称之为建筑作品的大背景、大环境则是大量的普通新建筑的建设。

12.3.1 老城发展中的城市建筑

青岛新版总体规划批复意见中要求："保护好城市天际线和景观视廊，加强对建筑高度、体量和样式的规划引导和控制，延续城市文脉，形成集山、海、城于一体的空间格局和红瓦、绿树、碧海、蓝天有机交融的风貌特色。"这一段话清晰地表达了老城风貌的特点，同时也揭示了老城改造中建筑设计的难点。在老城中能够传承地域建筑文化，与老城风貌相协调，与历史建筑形成良好对话关系的建筑作品并不多。

总督府是德租时期建设的标志性建筑，统计局是1980年代在总督府北面修建的新建筑，在体量、尺度、材料等很多方面呼应了老建筑。虽然有人批评其过度模仿总督府，但能够隐藏于其后而不冲突、不突兀已经非常不易。这是在老城里新老呼应较好的例子，这个扩建工程成功地在原德总督府后面结合地形对称地扩建，原来凹形的建筑平面和镜像的新建筑组成了一个四面围合的内院空间，使新老建筑成为有机整体。新建筑建成之后，许多人第一次见到以为二者皆为原有的德国建筑，足见新建筑已经达到了以假乱真的程度。新建筑在城市风貌上是统一的，但在设计手法上却乏善可陈（图12-3.1-1）。

青岛日报社在很多方面呼应相邻的德租时期建设的栈桥宾馆，除了个别细节上尺度稍大以及材料颜色显新，算是太平路上最照顾老建筑和老城界面的新建筑了。1980年代建设的青岛海天酒店位于老城边缘、香港路海滨，设计将客房楼的短边对海，即建筑与海岸线呈垂直形态布局，这种布局方式使建筑的两个主立面都能够观海，也可以最大限度地减少楼体对海景的遮挡，为城市提供更多的观海廊道。

青岛火车站的拆除是城市建设中的一件大事。1898年德国人制定的青岛城市规划就已经明确了青岛火车站的位置，青岛站位于栈桥入口西北侧，但由于技术困难而在实施方案中将其调整至栈桥西北侧约200米处，也就是今天青岛站的位置。山东铁路公司采纳了锡乐巴的建筑设计方案，1901年春建筑竣工。青岛火车站一直是青岛老城区沿海的标志性建筑。1991年2月，青岛火车站候车楼改建工程开工，同年8月原有老建筑全部拆除，在原址重建。在原址北侧新建两层的候车厅，在原站址南约100米处模仿原有老火车站的建筑风格建造了南楼，作为新火车站的售票厅。该建筑直到现在还经常被误认为是德国时期的老楼，实际上已经毫无历史价值了。2006年11月至2008年7月青岛火车站又进行了改造扩建，新钟楼及南楼保留，北楼爆破拆除，新建了面积更大的候车厅，新建筑按照青岛近代建筑的材质特点，整体风格比较统一。无论如何，青岛老火车站的拆除对城市遗产而言都是无可挽回的巨大损失（图12-3.1-2）。

对于历史遗留的长期形成的青岛特色历史街区——里院的成片拆除，一直存在着争议。固然改变破旧的面貌，提升市民的居住质量有其积极的意义，但是对于不可再生的历史环境是否也应该多考虑其价值的所在，纳入城市保护的范畴呢？这期间青岛拆除了小港里院街区、云南路里院街区，建成了全新的社区，城市面貌固然焕然一新，然而文化尽失，新区毫无特色，不能不说其开发的失策。当前青岛老城区的里院建筑越来越少，成片消失，应该要引起重视了。

对于新建建筑，许多严重影响城市滨海轮廓线的实例也应引起了广泛的关注。老城的建设中有一些新建筑破坏了老城街道界面，甚至破坏城市风貌。中山路南段的发达、百盛等高层建筑，对于土地集约使用固然有贡献，但对百年老街和老城印象也有较大的冲击。由于高度破坏了历史城区天际轮廓的建筑还有东方饭店、黄海饭店等（图12-3.1-3）。

东海国际大厦突兀地矗立在海岸线上，破坏了汇泉角的自

图 12-3.1-1 青岛总督府及镜像仿建工程

图 12-3.1-2 青岛新火车站全景

图 12-3.1-3 青岛老城及百盛大厦

然环境形象和八大关历史建筑群形象。在临近的滨海地带和太平山、信号山、小鱼山，甚至越过山头从远处的栈桥都可以看到东海国际大厦，有人痛斥其为"汇泉角上的钉子"。刚刚建成的新海军博物馆体量巨大，对从栈桥景区看到的城市形象也产生了明显的影响。

历史城区的建设和改造是中国当代城市发展的一个广受关注的新课题，当前人们的关心程度和政府的保护力度与十几年前已经不可同日而语。从全国范围来看，青岛仍然是对历史城区保护较好的城市，但是问题和成绩同时存在，城市遗产保护任重道远。

12.3.2 新区开发中的建筑

青岛在一系列新区开发中涌现出了一批精彩的现代建筑。青岛市政府建筑群是1990年代东部开发的第一处标志性建筑，是政府贯彻改革开放政策的重大举措，是市区东移战略的主要部署工程。建筑简洁明快、庄重大气，圆弧造型面向大海敞开怀抱，体现出沿海城市的开放意识。

在东部新区，除了市政府建筑群之外，颐中皇冠假日酒店、香格里拉大酒店、青岛中银大厦、青岛大学图书馆以及位于崂山区的青岛第二中学等都很有特色，兼具时代性和青岛的传统文脉。

黄岛的区政府建筑和市民文化广场、黄岛光谷软件园，青岛高新区的青岛市工业技术研究院、华仁太医药业有限公司，西海岸新区的中德生态园（GMP规划设计）、中德生态园被动房技术中心等建筑群的竣工逐渐形成了新区的城市风貌。

其中，青岛中德生态园选址于中国青岛经济技术开发区国际生态智慧城内，规划面积约10平方公里，起步区面积约4平方公里，这里距青岛流亭国际机场 30 公里。生态园发展定位为："打造以高端制造业为核心，以生态商住、商务金融等现代生活服务业为支撑，生态自然为基底，功能高度复合、低碳生态、宜业宜居、可持续发展的国际合作园区"；在功能设计上，兼顾生态环保、经济发展与社会和谐三大目标；在产业布局上，大力引进和发展节能环保、绿色能源、电动汽车、环保建材、机器人、海洋装备等高端制造业以及科技研发、工业设计、电子信息、教育培训、金融服务等现代服务业（图 12-3.2-1）。

12.3.3 新建公共建筑

青岛新建的一些大型公建和文化设施的设计达到了较高的水准，在其功能为市民服务的同时，其形象也为城市做出贡献，如青岛图书馆、青岛档案馆、青岛博物馆、规划展览馆、颐中体育场建筑群、青岛市汽车东站、青岛国际会展中心、崂山区市民活动中心等。

一些国内外建筑大师和著名事务所设计的建筑为青岛增光添彩，如德国 GMP 建筑事务所设计的青岛大剧院和中铁青岛中心，美国贝氏建筑事务所设计的青岛财富中心，荷兰 UN Studio 设计的世园会主题馆，国内知名建筑师周恺设计的青岛动漫园、崔愷设计的东方时尚中心创意体验中心，澳大利亚建筑师科瑞·希尔（Kerry Hill）设计的青岛涵碧楼酒店，美国 HBA 室内设计事务所设计的青岛银沙滩温德姆至尊酒店等。

青岛胶东国际机场建筑方案竞赛中，中国建筑西南设计研究院有限公司和阿特金斯顾问（深圳）有限公司联合设计的"海星"方案成为航站楼最终的中选方案。方案采用集中尽端式的航站楼构型，与北京大兴国际机场构思有异曲同工之处，集中尽端式构型、放射式指廊，将旅客从值机厅至登机口的步行距离减至最小，各指廊单元可灵活分配，便于各基地航空公司独立运营。航站楼五指状对称布局中，国际指廊位于中间，国内指廊位于两侧，便于国际与国内航班的中转联系，机位布置可根据国际运量的增长灵活调整。

方案从造型设计到功能定位都体现了青岛海洋文化，"齐"字状的总体布局也蕴含齐鲁文化的底蕴。"海星"方案将新机场设计为以"齐"字状总体布局，建筑构型呈海星状，从建筑到室内，围绕海洋主题展开设计；景观设计通过对风和波浪的诗意描述，以波浪般的微地形、特色种植和风流动雕塑，营造波光粼粼的海面意境，与海星遥相呼应（图 12-3.3-1）。

青岛大剧院是青岛公共文化设施的标志性建筑，大剧院项目总建筑面积 8.7 万平方米，其中包括 1601 座的歌剧厅、1210 座的音乐厅和 448 座的多功能厅及其他附属设施，能满足歌剧、舞剧、话剧、戏曲、交响乐以及歌舞、曲艺、杂技和大型综艺演出等功能需求，并具有接待世界一流艺术表演团体演出的条件和能力。大剧院外观似两架白色钢琴，由德国 GMP 建筑事务所首席设计师麦哈德·冯·格康先生（Meinhard von Gerka）主持设计。青岛大剧院在国内具有一定的影响，与上海大剧院、国家大剧院、广州大剧院等被誉为中国十大剧院（图 12-3.3-2）。

著名建筑师张永和设计的北大（青岛）国际会议中心用现代建筑语言诠释了地域性，实现了建筑与环境的共生。北大（青岛）国际会议中心位于滨海的青岛市石老人风景区的一个陡坡，总建筑面积 5044 平方米。场地北侧的道路与南端的海边有 20 多米落差，建筑作为过渡元素参与到这个特殊的环境中，构成地形景观的组成部分。建筑充分适应青岛滨海山地地形，同时又考虑到与大海的关系，构成一个下行到海边的体验空间，建筑的形态因此是线性的，它的空间由一系列在不同标高上的既有室内又有室外的平台与楼梯组成。五个现有别墅被改造成住宿。新的屋面可上人，是地形变化中的又一个层次（图 12-3.3-3）。

建筑的三层楼板分别从不同海拔的真实地形上接出。在不遮挡海景的前提下，开放屋顶形成观海平台，使建筑与自然环境产生良好的互动。屋面板如同壮观的甲板，在端头还有错落的一折，显示出向海平面低落下去的趋势，明确了这些人造地层的归属。建筑实体与朝向大海的经验之间产生了有机的联系。

12.3.4 城市重大事件带动的建设

2008 年奥运会帆船比赛和 2014 年世界园艺博览会是青岛发展的重要事件，随之留下了一组经典的建筑与景观设计作品。青岛奥林匹克帆船中心的建设过程中紧紧围绕"绿色奥运、科

图 12-3.2-1 中德生态园规划设计

图 12-3.3-1 青岛胶东国际机场

图 12-3.3-2 青岛大剧院

图 12-3.3-3 北京大学青岛国际会议中心

技奥运、人文奥运"三大理念，按照"可持续发展、赛后充分利用和留下奥运文化遗产"的原则进行规划、设计、建设[4]。

奥林匹克帆船中心位于青岛市黄海近岸的市南区浮山湾畔，原本为北海船厂的厂区，改建为用于国际或国内赛事之用的帆船比赛场地，其总用地面积达45公顷，投资达33亿元，市内著名风景点"燕岛秋潮"位于基地内燕儿岛山的东南角，该地依山面海，风景优美。2008年第29届奥运会和第13届残奥会帆船比赛在这里举行，并分为水上及陆上两部分。前者如两个防波堤、突堤码头和奥运纪念墙码头，后者有行政与比赛管理中心、运动员公寓、运动员中心、媒体中心、后勤保障与功能中心。

奥林匹克帆船中心注重环境景观规划，通过三条南北向轴线：西轴—海洋文化轴、中轴—欢庆文化轴、东轴—自然文化轴，组成了意向的"川"字，以"欢舞·海纳百川"为主题，寓意开放的青岛正以宽广胸襟向世界敞开大门。奥林匹克帆船中心规划构思是一堤二坝三片：一堤是奥帆堤，体现人文奥运、浪漫情怀；二坝是祥云坝（祥云火炬、点燃激情）、吉云坝（海军文化、礼仪之邦）；三片为燕儿岛（休闲游憩、自然和谐）、国际风情区（异国风情、中西交融）、海上乐园（海上娱乐、动感时尚）。奥运历史文化街区是青岛第13个历史文化街区，已公布为青岛市级文物保护单位（图12-3.4-1）。

世界园艺博览会规划总面积2.41平方公里，涉及李沧、崂山、城阳三区，主展区选址于李沧区九水路街道毕家上流社区百果山水库周边，围绕约800平方米的水面建设。世界园艺博览会总体规划结合水库、河流、山地、林地等自然空间，形成了"一轴七片"的总体空间格局。总体布局可以概括为：天女散花、天水地池、七彩飘带。

园区的用地范围坡度比较平坦，而山林区正好可做背景，形成一个大的环境；园区背山向阳，可以形成很好的气候条件，利于各种植物花卉的生长。同时园区还与青岛文化相结合，与山海相结合，利用山上较多的制高点，在制高点设置观景平台，在观景塔上往东可看到大海，背面是崂山，和崂山道教相结合，这样游人和山海建立起一个很好的联系（图13-3.4-2）。

12.4 青岛新建筑特色

青岛新建筑的不断出现为青岛增添了生命活力，也为青岛这座近代城市注入了新的文化内涵。针对青岛这样拥有特殊文化背景的城市，建筑新风格的形成应该主要体现在以下几点：

作为中国历史文化名城，青岛拥有底蕴深厚的近代文化，青岛的新建筑须体现其特殊的历史文脉、环境特色和人文精神。青岛经历了德国、日本三代帝国主义的殖民统治，又经历了北洋政府和国民政府阶段，汇聚了多元文化，这种多元性应在建筑中有一定的体现。

12.4.1 青岛独特的"山""海"自然特色

青岛被称为山海之城，山文化和海洋文化是青岛地域文化的重要组成部分，也在青岛建筑风格中有所体现。在比较成功的青岛新建筑中海浪、船帆、海洋生物等海洋文化的符号经常被概括、提炼，应用到建筑创作之中，体现了海洋文化特有的自由、开放与包容。海尔洲际酒店在外观上借鉴了帆船的造型，胶东国际机场的设计也借鉴着海洋生物的造型，彰显着青岛的海洋文化。青岛建筑也经常表现出山地文化建筑的特质，如利用坡地特点体现错层空间及错落的形体变化，建筑的外立面运用当地的花岗岩石材进行装饰，表达独特的地方性特点。北京大学青岛国际会议中心在设计中巧妙地利用山势地形，获得了成功。

12.4.2 青岛传统建筑文化的关联

青岛老城区"红瓦、绿树、碧海、蓝天"的传统城市风貌，彰显出地域建筑独特的文脉环境。青岛新城区如果要体现城市的性格，增加可识别性，也应对文脉有所继承，不仅在建筑色彩上，而且在建筑造型上从青岛历史建筑中提取建筑外观、材料等细部的建筑符号，建构一种特有的建筑文化语境。

图 12-3.4-1 青岛奥帆中心

图 12-3.4-2 青岛园博会规划

青岛历史建筑的典型细部特征非常多，如红瓦屋顶、塔楼、石墙、檐廊等等，虽然有些建筑符号已经失去了在特定历史条件下的功能和作用，但建筑文化的象征意义仍然存在，并且体现出新旧两种建筑风格之间的呼应关联。新的建筑形式不能与青岛老建筑风格割裂开来，应当以继承与发展创新的眼光对待老建筑与新风格的产生。

12.4.3 青岛新建筑的跨越

当代青岛新建筑的创作不仅在于继承发展，更在于创新。建筑是一个复杂关系的承载体，一面体现了地区的历史文化、地理环境，另一面表达着新的科学技术和创作理念。建筑的发展反映了城市工业发展的一个侧面，当前生态与可持续发展的理念已经投射到了新建筑的领域，青岛中德生态园德式被动房示范小区即采用了被动式节能的生态理念。未来青岛的新建筑应会出现超越原有的思维方式、赋予其新的思想内涵的作品。

12.5 结语

1898年德国人的规划奠定了青岛城市发展的雏形，后来经过了日占时期和北洋政府、国民政府阶段，城市有了进一步的扩展，直至改革开放以来，青岛迎来了历史上最具深刻意义的发展变革，展现出新的风采。

在青岛改革开放以来的历史进程中，通过三版总体规划指引了青岛城市的开发建设，1992年城市建设跳出老城，开发新区，缓解了老城保护的压力，释放了拓展新区的能量，成为历史文化名城保护和城市新区建设中的经典案例。随着城市总体推进，尤其是改革开放40多年来，一大批优秀的建筑作品丰富和塑造了当代青岛的新城市特色，赋予了青岛这座城市新的生命力。青岛是中国改革开放的大背景下众多城市的一例，而它又时时刻刻地投射出改革开放这一前所未有的时代大潮，40多年来大步前行，即使伴随着各种问题和挫折，城市的那种朝气蓬勃的活力一如既往，给人以希望。

注释

[1] 中国建筑学会，中国建筑学会青岛分会.青岛[M].北京：中国建筑工业出版社，1958：8.

[2] 李东泉.青岛城市规划与城市发展研究：1897—1937[D].北京：北京大学，2003.

[3] 青岛市人民政府.青岛市城市总体规划（2011—2020）.

[4] 石峰，陈雳.青岛：历史造就城市特色[M]//《建筑评论》编辑部.中国建筑历程：1978—2018.天津：天津大学出版社，2019.

13 青岛近代城市建筑遗产的价值

近代城市青岛经历了19世纪末至20世纪初最激荡的岁月，东西方文化在此碰撞交融，留下了甚为珍贵的城市遗产，无论从历史角度，还是从其艺术性、科学性、城市文化和社会性角度来看，这些城市遗产都具有不菲的价值，值得当今的人们珍惜和深入研究。随着城市化的发展，青岛的老城区正面临着很大的问题，城市遗产保护受到越来越多的重视。历史城区遗产保护具有重要的意义，它体现在对城市整体发展战略以及经济、社会、文化、城市空间等诸多方面。

青岛的近代建筑是19世纪末20世纪初全球化发展进程的艺术、经济、技术等文化交流与传播的见证，体现了19世纪末20世纪初先进的城市规划理论及现代城市建设的经验，反映了青岛城市现代化的生产生活转变过程的状态。

青岛作为一个城市的历史并不久远，但是却经历了不平静的近代历史进程，它的城市记忆和城市建筑展示了与众不同的特质。青岛城市遗留下来的城市遗产见证了近代以来，德、日等帝国主义国家对中国的侵略和压迫，以及在此背景下城市产生和成长的历程，记录了中国近代半殖民地半封建社会的社会形态。青岛的许多城市建筑遗产是中国近代城市建筑的经典之作，反映了当时西方国家城市现代化的发展状态及其对东亚国家开埠城市的影响。

13.1 青岛近代城市遗产的历史价值

（1）历史大潮将青岛推向风口浪尖

历史价值是指文物古迹作为历史见证的价值，是由于某种重要的历史原因而建造，并真实地反映了这种历史实际；在其中发生过重要事件或有重要人物曾经在其中活动，并能真实地显示出这些事件和人物活动的历史环境。青岛近代的历史可谓色彩斑斓，甚至惊心动魄，与命运多舛的中国大地紧密地联系在一起。青岛德租时期的建筑反映了近代德国侵略中国、建造殖民城市的史实，记录了中国近代半殖民地半封建的社会状态，同时也见证了近现代青岛许多重要历史和重要人物的事件，从而对于研究和展示中国近现代历史以及青岛近现代历史有着重要的意义。

青岛的发展同西方资本主义国家的殖民扩张息息相关。1871年，德国完成了国家统一。虽然工业化迅猛发展，国力日强，但是后起的德意志帝国意识到此时的世界似乎已经被瓜分殆尽，在欧洲直面的竞争对手就是大英帝国。英、法、美等国家在此之前强迫清政府签订了一系列不平等条约，获得了许多通商口岸，德国欲图远东发展，必须步其后尘。通过详细缜密的调研，德国人将目光落在了胶州湾，立足潜在的优良海港，背靠辽阔的腹地和巨大的矿产资源，德国人开始制订周密的计划，以实现占领、开发建设和运营开展。正是世界局势和德国扩张政策的相关作用导致青岛最终成为德占殖民地。而胶澳租借的事实又促进帝国主义进一步掀起瓜分中国的狂潮，变本加厉地在中国强占殖民地、划分势力范围。

日本继德国之后侵占青岛，开始了日本人主导的城市统治。在经过1894年甲午战争和1904—1905年的日俄战争后，日本已经确立了亚洲强国的地位。作为英国的盟友，日本乘第一次世界大战之机，积极在中国扩大殖民占领，而守备力量薄弱、基础设施粗具规模的青岛自然成为其目标。占领青岛后，日本提出灭亡中国的"二十一条"，而第一次世界大战之后，1919年巴黎和会上日本欲图继承德国在山东的全部利益，最终导致了中国近代史上具有转折意义的"五四运动"。青岛问题成了中国社会政治巨变的开端，也是此后中日关系走向的分水岭。

（2）近代重要政治事件的发生地

1891年6月，李鸿章上奏在胶州湾设防"实为要图"，宣告了青岛近代的开端。1897年的"巨野教案"成为导火索，德国人开始了对青岛的侵略占领，同年11月德海军陆战队以借地操练为名，在胶州湾登陆。同时，德军突然向清军发起攻击。章高元守军退至沧口。青岛成为全世界关注的胶州湾事件的中心。翌年德国强迫清政府签订了丧权辱国的中德《胶澳租借条约》，宣布胶澳为自由港，向世界各国开放，随后德皇威廉二世正式命名胶澳租借地首府为青岛。

第一次世界大战时，青岛成为德军和日英盟军的战场，日本占领青岛之后袁世凯被迫接受"二十一条"，并最终由于在巴黎和会上对青岛及山东利益的不公正处理，导致了"五四运动"。1927年和1928年国民政府北伐时，日本两次借口保护侨民，先占青岛，再进济南，残杀中国军民，阻碍中国统一。1938年1月日本再次占领青岛，直至1945年日本投降，美国帮助国民党运兵占领青岛。青岛是一座具有革命传统的城市，在反帝反封建的斗争中涌现大量可歌可泣的英雄事迹。1949年青岛解放，结束了近代复杂多变的历史进程。

由于青岛处于中国城市的重要地位，一度成为中国近代的风暴眼，一系列重大军事、政治事件均与青岛相关，青岛的城市影响力一直持续到现在，大量的城市遗产是最好的历史见证。

（3）青岛近代的工业及交通发展的见证

修建胶济铁路以控制远东地区，攫取中国内地的资源是德国侵占青岛的一个重要的目标，因此在占领青岛伊始德国人就加紧步伐进行港口和铁路的建设。1901年青岛小港建成，1908年大港基本建成，当时还建成有东亚最大的浮船坞，至今青岛港仍是中国北方最重要的港口之一。青岛通过港口联系整个世界，航运可以达到东亚的日本和欧洲的德国、英国。

1904年胶济铁路建成通车，其后胶济线在济南与津浦铁路相连，青岛的影响力也由此延伸到了中国华北腹地，铁路和航运的连接，使青岛成为重要的交通枢纽。

近代德国殖民政府通过规划，着力在中国青岛推进近代化的城市建筑及基础设施、港口、铁路、要塞及工业建筑，青岛的很多建筑都是在这一社会背景下建造并遗留下来的，这些宝贵的城市遗产反映了青岛城市向近代化的生产生活转变过程的状况，具有特殊的历史价值。青岛的工业从德租时期开始发展，到日占时期加速发展，并从商贸港变成工商兼重的工业基地，而纺织业之强盛与上海、天津齐名，有"上青天"的美誉。青岛很多传统工业均始于德日时期，许多建筑遗产保留至今。

13.2 青岛城市建筑遗产的艺术性

青岛城市遗产具有重要的艺术价值。艺术价值是指文物古迹作为人类艺术创作、审美趣味、特定时代的典型风格的实物见证的价值，青岛城市遗产的艺术价值主要表现在：体现空间构成、造型、装饰和形式美的建筑艺术，体现城市景观艺术的创意构思和表现手法。

（1）唯美的建筑形式

青岛的近代建筑是青岛近代建筑中的典型代表，无论从建筑风格及表现，还是从建筑工艺、建筑技术、建筑质量上来看，它们都是中国近代建筑的经典之作。青岛的近代建筑在建筑造型、空间构成、建筑装饰等方面反映了与当时世界建筑现代化潮流同步的发展过程，对青岛、全国乃至东亚近现代建筑的发展都有着重要的影响。青岛建筑的风格主要有古典主义、新罗马风、青年风格派等类型，追求唯美的建筑形式。

古典主义风格的建筑浑然一体，气势宏伟，立面简洁而富有节奏感，多分为纵向三段或五段，横向三段。横向三段的下段基座，浑厚敦实；中部为柱廊，有韵律地展开；顶段为坡顶，舒展自然。墙体建筑材料为青岛特产的花岗岩石材，坚实稳重。并砌筑竖向构图的巨柱，与水平的南向外廊相垂直，符合严谨的古典构图比例。

新罗马风建筑是德意志的传统形式，这类建筑的选址多位于高处，是环境优美的景观视觉中心。建筑形式接近中世纪的城堡，体形活泼自然，富于变化，往往以一座塔楼高高耸起，均衡建筑体量，又成为该地段的制高点，塔楼的尖顶新颖奇特，造型多样。墙体材料富于变化，基座多为本地盛产的花岗岩，形体厚重，砌筑紧密，体形和屋顶的处理手法引人入胜。

青年风格派建筑式样是青岛建筑的特有形式，不仅仅是因为该类建筑在建筑史上占有重要的地位，还因为经过第二次世界大战的浩劫，这类建筑在德国本土已被严重破坏，而在当今的青岛却完整地得以保存。该类建筑既有现代主义的简洁端庄，又有精心设计的比例和细部曲线，是青岛近代建筑群中的别样风景。

（2）优雅的城市景观

青岛的城市形态最直接地体现了德国浪漫主义对唯美主义的崇拜。在青岛任职时间最长的德国总督托尔柏尔曾明确提出新城市应强调德国民族特性。因此青岛虽然是一个现代城市，但依然留有欧洲中世纪城市的风格，重要建筑物的位置都做了精心的安排。青岛的近代建筑及规划建设而成的港口、要塞、街区、街巷、城市建筑、绿地、公园、海水浴场、城市基础设施等与青岛特殊的山海之间的空间地形相结合，形成独特优美的城市历史景观。

在城市各个分区之间多通过顺应山丘、海湾地形地势的自然道路联系，主要道路走向都考虑以自然景物或人工建筑物作为对景。总督府布置规划在市区最显著的地方，背山面海，处于整个青岛湾的中心位置。总督府正对着市政广场，连接数条放射形的道路，以突出庄严的空间属性。基督教堂和天主教堂都坐落于市区内的小山丘上，位于城市的中心，成为城市的标志建筑物。城市轮廓线的视觉中心还包括警察局、火车站、观象台等重要建筑物，它们成为主要道路的对景，形成了精心设计的景观带。有时，为了建筑的主导性而改变了规划，如警察局在建设过程中修改了周围的路网形式，以突出这一建筑物的形象。

青岛的城市景观还包括滨海一线，植物园等人工雕琢的景观，它们沿海临山，造就了优雅的田园风光。

13.3 青岛近代城市的理性与科学

青岛的规划和建设是在科学和理性的原则基础上开展起来的，最初的设计构想不同程度地体现了欧洲先进的城市规划理念，其城市遗产表现了不容忽视的科学价值。这主要表现在：规划和设计，包括选址布局、生态保护、灾害防御以及造型、结构设计等方面；建筑的结构、材料和工艺以及它们所代表的当时的科学技术水平或科学技术发展过程中的重要环节。长期以来，因为近代侵略、殖民的历史性质，对于这段历史中的科学价值鲜有人涉足，其理性成分未客观地展示给世人，不能在城市化建设中发挥应有的作用。这些科学价值主要集中在城市规划和建筑两个方面。

（1）科学的城市规划与管理

青岛德国建筑是由德国殖民当局按照 19 世纪末 20 世纪初先进的城市规划理论，并结合香港、上海等殖民城市建设的经验进行规划建设的，其规划思想和理念具有研究及借鉴的价值。

先进的规划理念。青岛是 19 世纪末到 20 世纪初现代城市规划思想的重要实践地，田园城市、带形城市、工业城市、有机疏散理论等现代城市理论在欧美国家相继出现。德国人一手制定并主导实施了青岛的城市规划，德国花园城市运动的思想对于青岛前海地区风貌的形成产生了直接的影响，而整个城市的发展格局则明显受到带形城市理论的影响。1935 年的规划体现了当时流行的重视构图、注重环境的思潮，表面上是受到田园城市和古典主义城市规划思想的影响，实质上也是 1933 年《雅典宪章》注重城市功能分区和城市环境思想的体现。

1898 年德国人首先制定了青岛城市规划，并一直秉持规划先于建设的理念，这使得城市能够完整按规划实施。即使是在 1914 年被日本占领后，德国人的规划也几乎得以原样贯彻，为以后城市的扩张奠定了基础。

科学的城市管理。对一个新区域的开发建设，需要一个系统化的良性运转机制。近代城市青岛恰是这一管理体系的试验场。除去殖民者的侵略本质之外，青岛城市运行机制的设置有其理性的成分。德国为远东侵略而布局，对于开发地的选择建立在缜密、科学的考察和分析研究基础之上。德国人在统治青岛期间，创立了全新的社会组织机制，将西方民主社会三权分立的思想引入其中，甚至为受压迫的华人提供途径来表达自己的意愿。德国人建立的组织机制奠定了城市行政的基础，其行政效率非常之高，有效地保证了青岛城市化建设的顺利推进，甚至在生活基层上仍然能够实现有效的管理和控制，杜绝了其他殖民城市出现的黑社会势力的滋长。德国人在对青岛的统治过程中，没有把这一城市当成短期掠夺和据守的堡垒，而是将其作为展示文化的基地，即德国人自诩的"模范殖民地"城市。德国人的一系列文化制度值得关注。礼贤书院、德华大学是其文化建设的重要组成部分。

19 世纪末青岛的开埠、现代化港口和铁路的兴修，促成了山东经济重心的东移，由此改变了山东的经济地理，使山东地区旧有的市场结构逐渐解体，开始形成以口岸城市和中心城市为核心的新的市场结构。1906 年清政府启动了山东地区自开商埠的计划，济南、周村、潍县三地成为自开商埠，三地经济得到快速发展。当今我国山东半岛及华北经济地理格局在某种程度上依然倚重当时建立的经济网络。

（2）德国建筑科学的输入

德国从 17 世纪开始对城市建筑的技术性规范进行研究。1848 年布雷曼（G. A. Breymann）出版了 4 册《地上建筑普遍设计规范》，分别对石质、木质、铁质、不同类型的建筑进行介绍；1880 年施密特（E. Schmidt）编辑了《建筑手册》（*Handbuch der Architektur*）。这两部书是德国建筑走向成熟的标志，被称为 19 世纪以来最重要的建筑规范。两本书的出版略早于德国占领青岛的时间，青岛的建筑多是其范例的体现。

一方面，青岛的德国建筑在建筑空间格局、形式风格、装饰装修方面体现了德国建筑文化与技术在 19 世纪末 20 世纪初向现代建筑转变时的形态,以及德国建筑对青岛地方文化、气候及工艺、材料的考虑,具有一定的先进性。它们在建筑结构和建筑技术方面设计考究,部分建筑使用当时的新式结构、新式工艺及新型建筑材料,代表了德国的建筑技术水平及我国近代建筑的施工水平,具有一定的科学研究价值。

另一方面,在德国建筑文化进入的同时也带来了民族建筑产业的崛起。1900年前后,逐步形成包括建筑设计、施工、管理等全行业的标准化样本。此时在中国特定地区,处于德国建筑文化的影响下的地域建筑反而产生了明显的民族化特征。1920—1930年代,中国建筑业形成了共同参与、学习、融合直至角逐的时代舞台,带动了整个民族建筑工业向前推进。

13.4 特殊的近代城市文化

德租时期,青岛的特殊历史经历形成了特殊的城市文化,德国人一手主导了城市的规划和建设,自诩青岛为"样板殖民地"。青岛德国建筑体现了近代青岛地区西方文化与我国本土文化相交融而形成的文化多样性特征,青岛城市内及周边的自然景观环境与规划的高度契合,形成了青岛独特的近代城市历史景观。

列强对近代青岛的影响除了破坏中国独立的一面以外,还以其所涵容的西方文化对中国传统文化进行碰撞和交融,创建了一个无论从外观还是从内涵,更似西方城市的现代化模式。在这一城市体系中,德意志民族文化、中国文化掺杂,伴随着复杂的社会关系城市呈现出多变的社会形态。

青岛是近代文化发育良好的城市。由于德国人将青岛定位成样板殖民地,公共设施的配置一直处在比较领先的水平,体现在教育、宗教、体育等方面。

早在1901年,德国总督为解决德国侨民子女就学的问题就建立了小学,其服务范围达到整个东亚,后来教会还设立了"蒙养学堂",专门培养中国学生。1909年,德华大学成立,使青岛具有了近代大学。1930年,国立青岛大学(山东大学前身)正式建成,并荟萃了一批当时著名的文化人物,从而使近代青岛文化处于领先水平。

德租初期,德国人在汇泉湾兴建了跑马场,并在1902年将维多利亚浴场(今第一海水浴场)开辟成为一个旅游项目。南京政府统治时期建立了第一个体育场,并将海水浴场增加到六个。从近代起,青岛的体育发展就走在全国前列,体育人才辈出。

青岛的崂山是道教名山,历史悠久,传统的渔业发展则使海神崇拜(天后)影响广泛,1932年开始建设的湛山寺有"北方丛林明珠"之誉,外来的基督教和天主教随着德国殖民而输入,现在在青岛具有广泛的基础。

青岛在近代名人荟萃。由于文化基础较好,同时又远离战乱中的中原,青岛在近代汇集了包括康有为、老舍、沈从文等在内的一批名人,这些名人通过他们的文章给青岛增添了魅力。青岛近代教育科技文化发达,成立于青岛的山东大学在当时师资力量好,办学成功。青岛的海洋研究从民国开始至今保持着国家先进水平。

德租之后青岛又经历了日占时期,进入民国时期后,青岛的城市现代化得到了全方位的发展,进入了全面整合的新阶段,并由此达到了一个巅峰。但是近代青岛并非高度现代化的城市,社会各个层面凸显了诸多的差距和矛盾,传统社会依然以强大的惯性延续,殖民文化对青岛社会的影响依然根深蒂固。

13.5 城市遗产的社会价值

社会价值是指文物古迹在知识的记录和传播、文化精神的传承、社会凝聚力的产生等方面所具有的社会效益和价值,包含了记忆、情感、教育等内容。毋庸置疑,德租时期青岛的城市遗产蕴含着丰厚的社会价值,体现在经济、社会功能、教育、记忆和情感等各个方面。

青岛是国家历史文化名城,其中德国建筑群被列为全国重点文物保护单位,许多建筑以精湛的建筑艺术在海内外享有极高的知名度,是重要的文化资源和旅游资源,每年慕名前往青岛参观度假的海内外游客络绎不绝。青岛的文化遗产对当地的经济发展起到了积极的推动作用。

青岛德国建筑是展示青岛近代历史及中国近代历史的重要窗口，每一栋老建筑的历史都是中国人民从屈辱走向自强的见证，德日建筑本身就是爱国主义教育的重要基地；青岛德国建筑及其环境也是研究中国近现代史以及近代建筑、城市规划和风景园林的重要场所；近代许多名人雅士在青岛生活，青岛的德国建筑也是缅怀历史名人的重要载体。

13.6 青岛城市遗产保护的意义

如同其他快速发展的历史城市一样，青岛的老城区正面临着很大的问题，对历史城区遗产的保护必须提到重要的日程上来。历史城区遗产保护具有重要的意义，体现在城市整体发展战略以及经济、社会、文化、城市空间等各方面。

（1）遗产保护是对历史的积极回应

只有通过保护遗产，才能保护青岛作为历史文化名城的载体。青岛老城内的历史文化遗产承载了过去一百多年来社会、文化、经济、艺术等各方面发展的历程，是一百多年来青岛历史发展的见证。它们在产生的过程中既受到外来文化的冲击，又融合了中国本土内容。青岛在近代吸引了来自浙江、广东、天津等地的商人以及来自全国的文化人，他们给青岛带来了相关地域的文化特征和建设特征。例如里院这一青岛独特的建筑形式就是融合了西方建筑、传统合院建筑、南方走马楼等各种特征而形成的。

青岛统治政权在近代的多次转换也在社会、经济和城市建设上产生独特的影响，接替统治的政权既需要继承原来的发展，同时也会确立自己的发展思路。现在历史城区所反映的面貌正是那么多合力共同作用造成的结果，其本身即具有一种独特性。

青岛的历史遗产保存数量虽多，但多年来的新建设对很大一部分历史地段进行了更新，特别在2000年以后，大面积的历史地段在拆除后建设了高层住宅，不但破坏了作为历史建筑的单体和组群，也对历史城区的完整性、天际轮廓等造成了难以弥补的损失。整体保护工作迫在眉睫。在历史街区和建筑的改善中，不能完全追求经济平衡，应当看到保护工作的社会意义和文化意义。

（2）城市整体发展的深远意义

历史文化价值对于城市综合实力的提升具有不可估量的作用。世界上任何一个发达而富有文化气息的城市不仅拥有一定的历史文化，又能够把这种文化保护传承好，使其成为城市的特色和吸引力。欧洲的许多发达城市，无论是巴黎还是慕尼黑，在很大程度上都通过城市魅力来增加吸引力，从而提升城市的综合实力。

现在不少国际城市积极申报世界遗产，已经成为国家历史文化名城的青岛也在积极地考虑，大家都认为申报世界遗产将会带动城市整体知名度的提升，同时也会带动经济、社会、文化的全面发展。在历史上，青岛的崛起，尤其伴随着胶济铁路和大港航运的开辟，带动了整个山东腹地及华北的经济发展，而区域经济的提升更加凸显了青岛的城市地位。

只有切实地保护好文化遗产，才能获取文化遗产带来的发展机遇。从国内一些经济发达城市来看，无论上海、深圳、广州，在经过一段时间重视经济发展的过程后，都发现文化提升对城市的关键作用。反之，如果在发展过程中破坏了文化遗产，在未来则难以通过经济弥补。

（3）对城市经济发展的意义

通过对文化遗产的价值保护也可以盘活资源，使文化价值带来经济价值，反映在文化产业、旅游产业、会展产业等方面。对历史建筑的活化利用可以增加其使用价值，同时兼顾好历史资源的保护，而合理地利用能够提高遗产的经济价值，提升地段活力，利用资源特色使经济结构多样化。我国很多城市的历史建筑经济价值远高于相应地段的新建筑，历史建筑通过修缮，完全可以适应新的功能，并通过附加的文化内涵，吸引时代精英，从而获得更高的价值提升。

功能置换的产业建筑正在发挥它们的经济性。从北京的798到上海的老场坊，通过对产业建筑的再利用，发挥产业建筑本身独特的个性，结合城市新的功能，成为城市热点区域，吸引游人前往参观。这些产业遗产的经济性得到提升，以上海老场坊为例，其租金从修缮前的每年100多万元，增加到现在的每年5000万元，增长数十倍。同时整个地段的活力也得到提升，周边地价普遍上涨。

（4）对城市协调发展的意义

保护青岛的城市遗产对城市环境和居民社会生活的协调发展都具有重要的意义。历史城区保护对于城市空间品质的意义最为直接，保护历史建筑、街道等城市遗产可以提升局部空间品质，而保护遗产周边环境以及山、海、城格局，对整个城市的空间品质都具有重大作用；通过历史遗产保护，可以有效降低城市密度，增加开放空间，提供健康、舒适的生存环境；通过对历史建筑内外设施的改善，则可以切实地提高居民生活水平。

保护青岛的城市遗产需要在保护遗产本体的同时，对曾经的大拆大建模式进行反思，解决历史城区如居住、就业等的现实问题。通过合理的保护手段对社区进行改善可以避免粗放的开发模式，妥善解决历史城区面临的老龄化、大规模的旧城改造、离散的社会结构等社会具体问题，有利于和谐社会的建设。

（5）对城市文化发展的意义

城市的历史文化底蕴影响着在城市生活的每一个居民，文化底蕴深厚的城市的市民也会有更高的文化品位和追求。保护青岛历史文化价值有助于青岛城市文化的发展，并从长远看影响到城市未来的命运。

曲折的近代经历形成了青岛独特的城市文化，青岛文化内涵丰富，包含多种元素，而其中又良莠不齐，有一些消极的部分，不利于城市现代化的发展。应该调动并倡导积极的因素，推动城市文化品质向更高素质发展，摒弃其不利的影响。

在强劲经济推动力减弱后，能否继续健康地长期发展取决于城市的内涵。良好的文化底蕴能持续推动发展。历史文化作为文化中重要的一个方面，对城市居民产生重要的影响。青岛人杰地灵、人才辈出，这对青岛的形象及各方面发展都具有积极意义。

参考文献

中文文献

[1] 白文明. 中国古建筑艺术 [M]. 济南：黄河出版社，1999.

[2] 彼得·罗，关晟. 承传与交融：探讨中国近现代建筑的本质与形式 [M]. 成砚，译. 北京：中国建筑工业出版社，2004.

[3] 陈雳. 楔入与涵化：德租时期青岛城市建筑 [M]. 南京：东南大学出版社，2010.

[4] 陈志华. 外国建筑史：十九世纪末叶以前 [M]. 北京：中国建筑工业出版社，1979.

[5] 方汉文. 比较文化学 [M]. 桂林：广西师范大学出版社，2003.

[6] 弗兰姆普敦. 现代建筑：一部批判的历史 [M]. 张钦楠，等译. 北京：生活·读书·新知三联书店，2004.

[7] 胡绳. 从鸦片战争到五四运动 [M]. 北京：人民出版社，1981.

[8] 柯林斯. 现代建筑设计思想的演变：1750—1950[M]. 英若聪，译. 北京：中国建筑工业出版社，1987.

[9] 平森. 德国近现代史：它的历史和文化 [M]. 范德一，译. 北京：商务印书馆，1897.

[10] 李东泉. 青岛城市规划与城市发展研究：1897—1937[D]. 北京：北京大学，2003.

[11] 李明. 青岛：老房子的记忆 [M]. 济南：山东画报出版社，2004.

[12] 李振宇. 城市·住宅·城市：柏林与上海住宅建筑发展比较 [M]. 南京：东南大学出版社，2004.

[13] 刘善章，周荃. 中德关系史文丛 [M]. 青岛：青岛出版社，1991.

[14] 刘善章，周荃. 中德关系史译文集 [M]. 青岛：青岛出版社，1992.

[15] 陆安. 青岛近现代史 [M]. 青岛：青岛出版社，2001.

[16] 陆游，徐晓梅. 青岛老明信片：1897—1914[M]. 青岛：青岛出版社，2005.

[17] 罗荣渠. 现代化新论：世界与中国的现代化进程 [M]. 北京：商务印书馆，2004.

[18] 罗西. 城市建筑 [M]. 施植明，译. 台北：博远出版有限公司，1992.

[19] 米德尔顿，沃特金. 新古典主义与19世纪建筑 [M]. 邹晓玲，向小林，胡文成，等译. 北京：中国建筑工业出版社，2000.

[20] 谋乐. 青岛全书 [M]. 青岛：青岛印书局，1912.

[21] 宁越敏，张务栋，钱今昔. 中国城市发展史 [M]. 合肥：安徽科学技术出版社，1994.

[22] 潘谷西. 中国建筑史 [M]. 5版. 北京：中国建筑工业出版社，2004.

[23] 佩夫斯纳. 现代设计的先驱者：从威廉·莫里斯到格罗皮乌斯 [M]. 王申祜，译. 北京：中国建筑工业出版社，1987.

[24] 青岛市档案馆. 青岛地图通鉴 [M]. 济南：山东省地图出版社，2002.

[25] 青岛市博物馆，中国第一历史档案馆，青岛市社会科学研究所. 德国侵占胶州湾史料选编：1897—1898[M]. 济南：山东人民出版社，1986.

[26] 青岛市档案馆. 胶澳租借地经济与社会发展：1897—1941年档案史料选编 [M]. 北京：中国文史出版社，2004.

[27] 青岛市史志办公室. 青岛市志：纺织工业志 [M]. 北京：新华出版社，1999.

[28] 青岛市史志办公室. 青岛市志：市政工程志 [M]. 北京：新华出版社，1998.

[29] 青岛市档案馆. 帝国主义与胶海关 [M]. 北京：档案出版社，1986.

[30] 青岛市档案馆，青岛日报社. 百年青岛 [M]. 青岛：青岛出版社，2000.

[31] 任银睦. 青岛城市现代化研究：1898—1912[D]. 南京：南京大学，1998.

[32] 沙美. 胶州行政 [M]. 朱中和，译. 上海：民智书局，1923.

[33] 单威廉. 德领胶州湾（青岛）之地政资料 [M]. 周龙章，译. 台北：台湾当局地政研究所，1980.

[34] 施丢克尔. 十九世纪的德国与中国 [M]. 乔松, 译. 北京: 生活·读书·新知三联书店, 1960.

[35] 寿杨宾. 青岛海港史: 古代部分 [M]. 北京: 人民交通出版社, 1989.

[36] 寿杨宾. 青岛海港史: 近代部分 [M]. 北京: 人民交通出版社, 1986.

[37] 宋连威. 青岛城市的形成 [M]. 青岛: 青岛出版社, 1998.

[38] 宋连威. 青岛城市老建筑 [M]. 青岛: 青岛出版社, 2005.

[39] 孙瑞芹, 译. 德国外交文件有关中国交涉史料选译: 第一卷 [M]. 北京: 商务印书馆, 1960.

[40] 孙祚民. 山东通史: 上、下卷 [M]. 济南: 山东人民出版社, 1992.

[41] 同济大学, 东南大学, 清华大学, 等. 外国近现代建筑史 [M]. 北京: 中国建筑工业出版社, 1982.

[42] 王守中. 德国侵略山东史 [M]. 北京: 人民出版社, 1988.

[43] 徐飞鹏, 张复合, 村松伸, 等. 中国近代建筑总览: 青岛篇 [M]. 北京: 中国建筑工业出版社, 1992.

[44] 杨秉德. 中国近代城市与建筑 [M]. 北京: 中国建筑工业出版社, 1993.

[45] 叶春墀. 青岛概要 [M]. 上海: 商务印书馆, 1922.

[46] 余凯思. 在"模范"殖民地胶州湾的统治与抵抗: 1897—1914年中国与德国的相互作用 [M]. 孙立新, 译. 济南: 山东大学出版社, 2005.

[47] 袁荣叟. 胶澳志 [M]. 青岛: 胶澳商埠局, 1928.

[48] 中国德国史研究会, 青岛中德关系研究会. 德国史论文集 [M]. 青岛: 青岛出版社, 1992.

[49] 张复合. 中国近代建筑研究与保护 (1—10) [M]. 北京: 清华大学出版社, 1999—2016.

[50] 张松. 历史城市保护学导论: 文化遗产和历史环境保护的一种整体性方法 [M]. 2版. 上海: 同济大学出版社, 2002.

[51] 张玉法. 中国现代化的区域研究: 山东省 1860—1916 [M]. 台北: 台湾地方研究院, 1982.

[52] 赵靖. 中国近代经济思想史讲话 [M]. 北京: 人民出版社, 1983.

[53] 赵鑫珊. 罗马风建筑: 信仰与象征 [M]. 上海: 上海辞书出版社, 2008.

[54] 中国城市规划学会. 名城保护与城市更新 [M]. 北京: 中国建筑工业出版社, 2003.

[55] 中国德国史研究会, 青岛中德关系研究会. 德国史论文集 [M]. 青岛: 青岛出版社, 1992.

[56] 中国建筑学会, 中国建筑学会青岛分会. 青岛 [M]. 北京: 中国建筑工业出版社, 1958.

[57] 《中国近代史》编写组. 中国近代史 [M]. 北京: 中华书局, 1983.

[58] 邹德侬. 中国现代建筑史 [M]. 天津: 天津科技出版社, 2001.

[59] 朱建君. 殖民地经历与中国近代民族主义: 德占青岛【1897—1914】[M]. 北京: 人民出版社, 2010.

西文文献

[1] BRINGMANN M. Die Zeit der Staufer Geschichte-Kunst-Kultur[M]. Stuttgart: Württembergisches Landesmuseum, 1979.

[2] HINZ H-M, LIND C. Tsingtau Ein Kapitel Deutscher Kolonialgeschichte in China 1898-1914[M]. Berlin: Deutsches Historisches Museum, 1998.

[3] JOKILEHTO J. A History of Architectural Conservation[M]. Oxford: Butterworth Heinemann, 1999.

[4] MANN A. Die Neuromanik Eine Rheinische Komponente im Historismus des Hans-Martin Hinz und Christoph Lind, Tsingtau Ein Kapitel Deutscher Kolonialgeschichte in China 1898-1914[M]. Berlin: Deutsches Historisches Museum, 1998.

[5] MANN A. Die Neuromanik Eine Rheinische Komponente im Historismus Des 19[M]. Jahrhunderts: Greven Verlag Köln, 1966.

[6] STEFANIE H. Ein Musterlager Deutschen Könnens//Kuo Hengzü: Berlin und China[M]. Berlin: Dreihundert Jahre Wechselvolle Beziehungen, 1987.

[7] PETZET M, Mader G T. Praktische Denkmalpflege[M]. Stuttgart: Kohlhammer, 1995

[8] PEHNT W. Deutsche Architektur seit 1900, Wüstenrot Stiftung[M]. München: Ludwigsburg Deutsche Verlags-Anstalt, 2006.

[9] WARNER T. Deutsche Architektur in China Architekturtransfer[M]. Berlin: Ernst & Sohn, 1994.

[10] BEHME F, KRIEGER M. Guide to Tsingtau and its surroundings[J]. Bulletin of the American Geographical Society, 1907, 39(12): 762.

[11] BEHME F. Führer durch Tsingtau und Umgebung[Z], 1927.

[12] CHRISTOPH L. Die Gouverneursresidenz in Qingdao[Z].

[13] ESCHENLOHR. Das deutsche Aufforstungswerk in Tsingtau[Z], 1943.

[14] MATTHIAS A. Die Entwicklung der Deutschen Höheren Schule in Tsingtau im Kiautschougebiet: Zusammengestellt aus den[Z]. Denkschriften des Kaiserlichen Reichsmarineamts über die Entwicklung des Kiautschougebietes.

[15] MATZAT W. Kurzgefaßte Chronik der Deutschen Schule Tsingtau 1924-1946[Z], 2001.

[16] MATZAT W. Neue Materialien zu den Aktivitäten des Chinesenkommissars Wilhelm Schrameier in Tsingtau[Z]. zum 100jährigen Jubiläum der Tsingtauer Land- und Steuerordnung am 2.9.1998.

[17] WARNER T. Die Planung und Entwicklung der deutschen Stadtgründung Qingdao (Tsingtau) in China[Z]. Vom Promosausschuß der Technischen Universität Hamburg-Harburg zur Erlangung des akademischen Grades Doktor-Ingenieur genehmigte Dissertation, 1996.

[18] ZHAN Erpeng. Entstehung, Wandlung und Sanierung der "Hüttenviertel" in Qingdao: Siedlungsbau und Veränderung der Stadtstruktur als soziales Problem in den Küstenstädten der VR China[Z], 2002.

内部资料

[1] 班志鹏. 接收青岛纪念写真, 1922.

[2] 胶澳总督府. 胶州地区发展备忘录（1898—1908年系列）. 青岛市档案馆, 档案编号: A006951—A006961.

[3] 鲁案督办公署. 青岛, 1922.

[4] 青岛档案馆馆藏海关资料3号: 胶海关十年报告（1902—1911）.

[5] 青岛市工务局. 青岛市施行计画都市方案初稿, 1935.

[6] 青岛市文物管理委员会. 青岛胜迹集萃, 1986.

[7] 青岛市政协文史资料研究委员会. 青岛文史资料（内部发行）1—9辑.

图片索引

图 1-1.1-1 青岛地区的地形 图片来源：Eine Reise durch die Deutschen Kolonien, VI Band Kiautschou Berlin 1913

图 1-1.1-2 1863 年英国人测绘的胶州湾地图 图片来源：图说老青岛，青岛出版社，2018

图 1-1.3-1 19 世纪末青岛前海景观 图片来源：青岛市档案馆

图 1-1.3-2 李鸿章 图片来源：谷歌图片

图 1-1.3-3 青岛村原貌 图片来源：青岛市档案馆

图 1-1.3-4 青岛总兵衙门和天后宫一带全景 图片来源：谷歌图片

图 1-1.3-5 青岛总兵衙门 图片来源：谷歌图片

图 1-2.1-1 李希霍芬 图片来源：谷歌图片

图 1-2.1-2 德国人绘制的占领胶州的明信片 图片来源：谷歌图片

图 1-2.2-1 弗朗鸠斯的《胶州》一书 图片来源：作者自摄

图 1-2.2-2 李希霍芬标注的山东地理地图 图片来源：山东及其门户：胶州，青岛出版社，2014

图 1-2.2-3 1897 年德国军舰侵占青岛 图片来源：青岛市档案馆

图 1-2.3-1 1898 年青岛规划 图片来源：谷歌图片

图 1-2.3-2 胶澳租借地周边图 图片来源：山东及其门户：胶州，青岛出版社，2014

图 1-2.3-3 1898 年胶州湾图 图片来源：青岛市档案馆

图 1-3.1-1 胶澳租借地范围图 图片来源：谷歌图片

图 1-3.1-2 青岛市中心规划图 图片来源：谷歌图片

图 1-3.2-1 1752 年胶州海运图 图片来源：图说老青岛，青岛出版社，2018

图 1-3.2-2 塔埠头 图片来源：谷歌图片

图 1-3.2-3 1908 年胶州湾港区图 图片来源：图说老青岛，青岛出版社，2018

图 1-3.2-4 青岛港 1 号码头开启仪式 图片来源：谷歌图片

图 1-3.2-5 青岛港 1 号码头 图片来源：谷歌图片

图 1-3.2-6 山东省胶济铁路路线图 图片来源：图说老青岛，青岛出版社，2018

图 1-3.2-7 第一次日占时期山东铁道沿线守备军配备图 图片来源：青岛市档案馆

图 1-3.3.1-1 建设中的青岛中心城区鸟瞰 图片来源：谷歌图片

图 1-3.3.1-2 核心城区的路网和建成建筑 图片来源：谷歌图片

图 1-3.3.1-3 1900 年青岛城市绿化图 图片来源：青岛市档案馆

图 1-3.3.1-4 前海绿化景观 图片来源：谷歌图片

图 1-3.3.1-5 青岛周边的森林公园 图片来源：谷歌图片

图 1-3.3.2-1 1915 年青岛市街道 图片来源：图说老青岛，青岛出版社，2018

图 1-3.3.2-2 德国规划的青岛道路体系 图片来源：青岛市档案馆

图 1-3.3.2-3 青岛火车站周边环境 图片来源：谷歌图片

图 1-3.3.2-4 1912 年青岛的行政中心鸟瞰 图片来源：谷歌图片

图 1-3.3.3-1 管道管线铺设 图片来源：青岛市档案馆

图 1-3.3.3-2 德租时期青岛的道路和电线 图片来源：谷歌图片

图 1-3.3.3-3 青岛总督府屠宰场 图片来源：谷歌图片

图 1-3.3.3-4 麦克伦堡疗养院 图片来源：谷歌图片

图 1-3.4.2-1 德国的海外殖民地 图片来源：谷歌图片

图 2-1-1 卫礼贤 图片来源：谷歌图片

图 2-1.1-1 卫礼贤夫妇 图片来源：谷歌图片

图 2-1.1-2 青岛礼贤书院 图片来源：Deutsche Architektur in China Architekturtransfer, Ernst & Sohn, 1994；谷歌图片

图 2-2-1 1899 年单威廉全家照 图片来源：谷歌图片

图 2-2-2 1905 年单威廉和儿子 Alfred 图片来源：谷歌图片

图 2-3-1 建筑师罗克格 图片来源：罗克格家属

图 2-3.1-1 清国会大厦 图片来源：Deutsche Architektur in China Architekturtransfer, Ernst & Sohn, 1994

图 3-1-1 单威廉博士 图片来源：胶州行政，民智书局 1923

图 3-4.1-1 1913 年前后的青岛湾畔 图片来源：Deutsche Architektur in China Architekturtransfer, Ernst & Sohn, 1994

图 3-4.1-2 1910 年的青岛地图 图片来源：谷歌图片

图 3-4.1-3 德租初期拆除的青岛村 图片来源：青岛市档案馆

图 3-4.1-4 建设早期的青岛前海 图片来源：谷歌图片

图 3-4.1-5 建设早期的市区西部 图片来源：谷歌图片

图 4-1-1 柏林住宅 图片来源：城市建筑，博远出版有限公司，1992

图 4-1-2 青岛早期产业工人住区分布 图片来源：谷歌图片

图 4-1-3 大鲍岛规划平面 图片来源：青岛市档案馆

图 4-1-4 台东市场 图片来源：谷歌图片

图 4-1-5 台东镇和毛奇兵营 图片来源：谷歌图片

图 4-2.1-1 小港码头 图片来源：青岛市档案馆

图 4-2.3-1 大鲍岛区鸟瞰 1 图片来源：谷歌图片

图 4-2.3-2 大鲍岛区鸟瞰 2 图片来源：谷歌图片

图 4-2.3-3 中山路北段大鲍岛一带街景 1 图片来源：青岛市档案馆

图 4-2.3-4 中山路北段大鲍岛一带街景 2 图片来源：青岛市档案馆

图 4-2.3-5 中山路南段 1910 年代 图片来源：青岛市档案馆

图 4-2.3-6 中山路湖南路路口 图片来源：青岛市档案馆

图 4-2.3-7 中山路湖北路路口以南 图片来源：青岛市档案馆

图 4-2.3-8 中山路曲阜路至肥城路 图片来源：青岛市档案馆

图 4-2.3-9 水师饭店 图片来源：青岛市档案馆

图 4-2.3-10 青岛柏林大街商业楼 图片来源：青岛市档案馆

图 4-2.3-11 青岛贝格学生公寓 图片来源：青岛市档案馆

图 4-2.3-12 青岛胶澳旅馆 图片来源：谷歌图片

图 4-2.3-13 中山路商业楼 图片来源：青岛市档案馆

图 4-3.1-1 北方四合院 图片来源：谷歌图片

图 4-3.3-1 合院式住宅沿街立面测绘 图片来源：青岛理工大学

图 4-3.3-2 里院围廊细部 图片来源：作者自摄

图 4-3.4-1 广兴里合院式集合住宅 图片来源：作者自摄、谷歌图片

图 4-3.4-2 高密路、海泊路街区合院式住宅 图片来源：作者自摄

图 4-4-1 百盛商场 图片来源：谷歌图片

图 4-4-2 拆迁之前的云南路合院式集合住宅 图片来源：作者自摄

图 5-2.2-1 日本占领时期的青岛母市规划 图片来源：青岛地图通鉴，山东省地图出版社，2002

图 5-3.1-1 1935 年青岛都市计划 图片来源：青岛地图通鉴，山东省地图出版社，2002

图 5-3.2-1 青岛东部新市中心鸟瞰 图片来源：飞越青岛，青岛出版社，2003

图 6-0-1 德国维尔兹堡 1945 年、2013 年照片比较 图片来源：谷歌图片

图 6-0-2 德国罗斯托克 1945 年、1980 年城市面貌比较 图片来源：谷歌图片

图 6-0-3 意大利古城博洛尼亚鸟瞰 图片来源：谷歌图片

图 6-3-1 青岛历史城区现状问题总结 图片来源：青岛市规划局

图 6-3-2 青岛历史文化名城规划保护策略图 图片来源：青岛市规划局

图 6-3-3 青岛历史城区的社区人口密度分布 图片来源：青岛市规划局

图 6-3-4 青岛历史城区人口调整图 图片来源：青岛市规划局

图 6-4-1 青岛近代城市历史环境保护要素 图片来源：作者自绘

图 6-4.1-1 1900 年前后青岛城市沿海鸟瞰 图片来源：青岛市档案馆

图 6-4.3-1 青岛历史文化名城保护规划范围图 图片来源：青岛市规划局

图 6-5.2-1 青岛历史城区规划结构概念图 图片来源：青岛市规划局

图 6-5.2-2 青岛历史城区城市"两核一轴两带二区"概念图 图片来源：青岛市规划局

图 6-5.3-1 中山路片段沿街立面 图片来源：青岛理工大学

图 6-5.4-1 伏龙山谷居住区 鸟瞰 图片来源：作者自摄

图 6-5.4-2 伏龙山谷特色居住区保护结构 图片来源：青岛市规划局

图 7-1.2.1-1 青岛礼和洋行 图片来源：谷歌图片

图 7-1.2.1-2 礼和洋行现状 图片来源：谷歌图片

图 7-1.2.1-3 德租时期礼和洋行远景 图片来源：作者自摄

图 7-1.2.1-4 外廊建筑立面分类 图片来源：作者自绘

图 7-1.2.1-5 青岛总督临时官邸及总督副官官邸 图片来源：谷歌图片

图 7-1.2.1-6 青岛总督临时官邸 图片来源：谷歌图片

图 7-1.2.1-7 青岛德华银行 图片来源：谷歌图片

图 7-1.2.1-8 太平路上的德华银行 图片来源：谷歌图片

图 7-1.2.1-9 德华银行发行的货币 图片来源：谷歌图片

图 7-1.2.1-10 柏林信义会住宅 图片来源：青岛市档案馆

图 7-1.2.1-11 柏林传信义住宅远景 图片来源：青岛市档案馆

图 7-1.2.1-12 1900 年代青岛海滨浴场 图片来源：青岛市档案馆

图 7-1.2.1-13 1900 年代青岛海滨旅馆 图片来源：青岛市档案馆

图 7-1.2.1-14 当前的青岛海滨旅馆 图片来源：谷歌图片

图 7-1.2.1-15 德租初期德国胶州邮政局 图片来源：青岛市档案馆

图 7-1.2.1-16 德国胶州邮政局老照片 图片来源：青岛市档案馆

图 7-1.2.1-17 当前的青岛邮电博物馆 图片来源：谷歌图片

图 7-1.2.1-18 青岛邮电博物馆阁楼 图片来源：作者自摄

图 7-1.2.1-19 青岛广西路德租时期 图片来源：青岛市档案馆

图 7-1.2.1-20 青岛广西路 9 号 Bödiker 住宅 图片来源：谷歌图片

图 7-1.2.1-21 青岛广西路 9 号近景 图片来源：作者自摄

图 7-1.2.1-22 青岛兰山路及旧海关明信片 图片来源：谷歌图片

图 7-1.2.1-23 1902 年青岛太平路远景 图片来源：谷歌图片

图 7-1.2.1-24 海因里希亲王饭店 图片来源：谷歌图片

图 7-1.2.2-1 朗韩斯 图片来源：谷歌图片

图 7-1.2.2-2 辛克尔 图片来源：谷歌图片

图 7-1.2.2-3 柏林勃兰登堡门 图片来源：谷歌图片

图 7-1.2.2-4 柏林宫廷剧院 图片来源：谷歌图片

图 7-1.2.2-5 青岛总督府 1 图片来源：谷歌图片

图 7-1.2.2-6 青岛总督府 2 图片来源：青岛市档案馆

图 7-1.2.2-7 青岛军司令部 图片来源：谷歌图片

图 7-1.2.2-8 青岛总督府 3 图片来源：青岛市档案馆

图 7-1.2.2-9 太平路及纪念碑远景 图片来源：谷歌图片

图 7-1.2.2-10 胶澳总督叶世克 图片来源：谷歌图片

图 7-1.2.2-11 叶世克总督纪念碑 图片来源：谷歌图片

图 7-1.2.2-12 叶世克总督纪念碑近景 图片来源：谷歌图片

图 7-1.2.2-13 俾斯麦兵营远眺 图片来源：谷歌图片

图 7-1.2.2-14 俾斯麦兵营鸟瞰 1 图片来源：谷歌图片

图 7-1.2.2-15 俾斯麦兵营鸟瞰 2 图片来源：谷歌图片

图 7-1.2.2-16 俾斯麦兵营 图片来源：谷歌图片

图 7-1.2.2-17 海大地质馆 图片来源：谷歌图片

图 7-1.2.3-1 1900 年前后的青岛城市风貌 图片来源：青岛市档案馆

图 7-1.2.3-2 基督教堂初建成 图片来源：谷歌图片

图 7-1.2.3-3 基督教堂原方案 图片来源：Deutsche Architektur in China Architekturtransfer, Ernst & Sohn, 1994

图 7-1.2.3-4 基督教堂 图片来源：谷歌图片

图 7-1.2.3-5 基督教堂塔楼立面分析 图片来源：作者自绘

图 7-1.2.3-6 基督教堂侧立面 图片来源：作者自摄

图 7-1.2.3-7 基督教堂正立面 图片来源：作者自摄

图 7-1.2.3-8 伯恩尼克住宅历史照片 图片来源：谷歌图片

图 7-1.2.3-9 伯恩尼克住宅旧址正面 图片来源：作者自摄

图 7-1.2.3-10 伯恩尼克住宅旧址背面 图片来源：作者自摄

图 7-1.2.3-11 伯恩尼克住宅形体分析 图片来源：作者自绘

图 7-1.2.4-1 胶澳总督官邸远眺 图片来源：谷歌图片

图 7-1.2.4-2 胶澳总督官邸远景 图片来源：谷歌图片

图 7-1.2.4-3 胶澳总督官邸鸟瞰 图片来源：作者自摄

图 7-1.2.4-4 大理石细部 图片来源：作者自摄

图 7-1.2.4-5 青岛总督官邸西立面 图片来源：作者自摄

图 7-1.2.4-6 青岛总督官邸西面山花 图片来源：作者自摄

图 7-1.2.4-7 胶澳总督官邸南侧 图片来源：作者自摄

图 7-1.2.4-8 总督官邸内部 图片来源：作者自摄

图 7-1.2.4-9 麦克伦堡疗养院 图片来源：谷歌图片

图 7-1.2.4-10 麦克伦堡疗养院背面 图片来源：谷歌图片

图 7-1.2.4-11 麦克伦堡疗养院远景 图片来源：谷歌图片

图 7-1.2.5-1 奥托·艾克曼的青年风格派张贴画 图片来源：谷歌图片

图 7-1.2.5-2 达姆施塔特的路德维希之家入口 图片来源：谷歌图片

图 7-1.2.5-3 恩代尔设计的柏林邦特剧院 1901 图片来源：谷歌图片

图 7-1.2.5-4 德国医药商店 图片来源：谷歌图片

图 7-1.2.5-5 青岛广西路 1906 图片来源：谷歌图片

图 7-1.2.5-6 红房子餐厅 图片来源：作者自摄

图 7-1.2.6-1 国画中天后宫和总兵衙门并立 图片来源：谷歌图片

图 7-1.2.6-2 天后宫与总兵衙门鸟瞰 图片来源：谷歌图片

图 7-1.2.6-3 青岛天后宫 1 图片来源：青岛市档案馆

图 7-1.2.6-4 青岛天后宫 2 图片来源：青岛市档案馆

图 7-1.2.6-5 青岛天后宫背面 图片来源：青岛市档案馆

图 7-1.2.6-6 青岛天后宫室内神像 图片来源：青岛市档案馆

图 7-1.2.6-7 青岛总兵衙门全景鸟瞰 图片来源：谷歌图片

图 7-1.2.6-8 青岛总兵衙门门口影壁 图片来源：谷歌图片

图 7-1.2.6-9 青岛总兵衙门大门 图片来源：谷歌图片

图 7-1.2.6-10 青岛市人民会堂及老衙门遗存 图片来源：谷歌图片

图 7-2.2.1-1 青岛日本中学校平面图 图片来源：谷歌图片

图 7-2.2.1-2 青岛日本中学校全景鸟瞰 图片来源：谷歌图片

图 7-2.2.1-3 青岛日本中学校建成初期 图片来源：谷歌图片

图 7-2.2.1-4 青岛日本中学校 图片来源：谷歌图片

图 7-2.2.2-1 青岛神社建筑 图片来源：谷歌图片

图 7-2.2.2-2 青岛神社之前的鸟居 图片来源：谷歌图片

图 7-2.2.2-3 青岛神社大庙建筑 图片来源：谷歌图片

图 7-2.2.2-4 青岛普济医院 图片来源：青岛市档案馆

图 7-2.2.2-5 青岛普济医院现状（市立医院）图片来源：作者自摄

图 7-3.2.1-1 东海饭店 1935 图片来源：青岛市档案馆

图 7-3.2.1-2 东海饭店 1938 图片来源：青岛市档案馆

图 7-3.2.1-3 青岛东海饭店 图片来源：作者自摄

图 7-3.2.2-1 德租时期栈桥 图片来源：谷歌图片

图 7-3.2.2-2 1930 年代栈桥北望（回澜阁未建）图片来源：青岛市档案馆

图 7-3.2.2-3 改建后的栈桥和回澜阁 图片来源：谷歌图片

图 7-3.2.2-4 1950 年代青岛海产博物馆全景 图片来源：青岛市档案馆

图 7-3.2.2-5 栈桥南段回澜阁改筑钢筋混合土设计图 图片来源：谷歌图片

图 7-3.2.2-6 青岛海滨公园及水族馆 图片来源：谷歌图片

图 7-3.2.2-7 青岛水族馆平面设计图 图片来源：青岛市档案馆

图 7-3.2.2-8 青岛红卍字会总平面图 图片来源：青岛市档案馆

图 7-3.2.2-9 青岛红卍字会鸟瞰 1950 年代 图片来源：青岛市档案馆

图 7-3.2.2-10 青岛红卍字会中院山门 图片来源：作者自摄

图 7-3.2.2-11 青岛红卍字会前院建筑 图片来源：作者自摄

图 7-3.2.2-12 青岛红卍字会后院伊斯兰风格建筑 图片来源：作者自摄

图 8-1-1 威廉二世 图片来源：谷歌图片

图 8-1-2 威廉二世的新皇冠 图片来源：Die Zeit der Staufer Geschichte-Kunst-Kultur, Württembergisches Landesmuseum, Stuttgart, 1979

图 8-1-3 晚期斯陶芬形式的乡村教堂 图片来源：Jahrhunderts, Greven Verlag,1966.

图 8-1-4 斯规奇顿设计的柏林新罗马风住宅 图片来源：Die Zeit der Staufer Geschichte-Kunst-Kultur, Württembergisches Landesmuseum, Stuttgart, 1979

图 8-1-5 斯规奇顿设计的柏林磨砂玻璃工厂 图片来源：Die Zeit der Staufer Geschichte-Kunst-Kultur, Württembergisches Landesmuseum, Stuttgart, 1979

图 8-1-6 法国梅斯火车站 图片来源：谷歌图片

图 8-1-7 德国威廉皇帝纪念堂修复之后 图片来源：谷歌图片

图 8-1-8 德国威廉皇帝纪念堂原建筑 图片来源：谷歌图片

图 8-1-9 新天鹅城堡 图片来源：谷歌图片

图 8-2-1 青岛伊尔蒂斯兵营 图片来源：谷歌图片

图 8-2-2 青岛德国警察署 图片来源：青岛市档案馆

图 8-2-3 广西路两侧的尖顶 图片来源：谷歌图片

图 8-2-4 青岛团岛灯塔 图片来源：青岛市档案馆

图 8-2-5 青岛胶澳皇家观象台 图片来源：谷歌图片

图 8-2-6 1930年代青岛观象山 图片来源：青岛市档案馆

图 8-2-7 青岛欧人监狱 图片来源：谷歌图片

图 8-2-8 当前的青岛欧人监狱 图片来源：作者自摄

图 8-2-9 1910年代天主教堂基址：青岛河南路曲阜路路口 图片来源：谷歌图片

图 8-2-10 青岛天主教堂 图片来源：作者自摄

图 8-2-11 青岛天主教堂室内 图片来源：作者自摄

图 8-3-1 建筑师罗克格 图片来源：罗克格家人提供

图 8-3-2 基督教堂的两个对比方案 图片来源：Deutsche Architektur in China Architekturtransfer, Ernst & Sohn, 1994

图 8-3-3 改造之后的正阳门 图片来源：谷歌图片

图 8-3-4 万国医疗卫生博览会中国馆 图片来源：马维利教授提供

图 8-3-5 建筑师马尔克 图片来源：马维利教授提供

图 8-4-1 德国人在多哥洛美设计的总督宫 图片来源：Deutsche Architektur in Togo 1884-1914, Ein Vorbild Für kologisches Bauen in den Tropen, Karl Krmer Verlag Stuttgart, 1993.

图 8-4-2 耶路撒冷的 Mariae-Heimgang 教堂 图片来源：Die Zeit der Staufer Geschichte-Kunst-Kultur, Württembergisches Landesmuseum, Stuttgart, 1979.

图 8-4-3 津浦铁路沿途车站建筑 图片来源：Deutsche Architektur in China Architekturtransfer, Ernst & Sohn, 1994

图 9-0-1 青岛村原貌，1900年的青岛湾 图片来源：青岛市档案馆

图 9-0-2 狄特立克斯石 (Diederichsstein) 图片来源：谷歌图片

图 9-0-3 青岛发行的纸币上中西建筑并立 图片来源：谷歌图片

图 9-0-4 德国人关于青岛的漫画 图片来源：谷歌图片

图 9-0-5 德租时期青岛的场景 图片来源：青岛市档案馆

图 9-1-1 西门子公司商务中心大门的柱头 图片来源：Deutsche Architektur in China Architekturtransfer, Ernst & Sohn, 1994

图 9-1-2 总督官邸的柱头花饰 图片来源：作者自摄

图 9-1-3 阿里文的住宅 图片来源：Deutsche Architektur in China Architekturtransfer, Ernst & Sohn, 1994 和作者绘制

图 9-1-4 总督副官住宅 图片来源：Deutsche Architektur in China Architekturtransfer, Ernst & Sohn, 1994

图 9-2-1 基督教堂、天主教堂和总督府及原规划位置 图片来源：作者根据早期规划图制作

图 9-2-2 德华大学 图片来源：谷歌图片

图 9-2-3 礼贤中学建筑及总平面 图片来源：谷歌图片

图 9-3-1 青岛的别墅群形象 图片来源：青岛市档案馆

图 9-3-2 总督牧师官邸 图片来源：作者自摄

图 9-3-3 明水路、安徽路、曲阜路三处住宅 图片来源：作者整理自 Die Planung und Entwicklung der deutschen Stadtgründung Qingdao (Tsingtau) in China, Vom Promosausschuβ der Technischen Universität Hamburg-Harburg zur Erlangung des akademischen Grades Doktor-Ingenieur Genehmigte Dissertation, 1996

图 9-4-1 三江会馆 图片来源：谷歌图片

图 9-4-2 大鲍岛区鸟瞰 图片来源：青岛市档案馆

图 9-4-3 大鲍岛区 图片来源：右上图作者自摄，左上和下图青岛市档案馆

图 9-4-4 芝罘路73-74某合院式集合住宅 图片来源：平面图为作者测绘，照片为作者自摄

图 10-0-1 科隆电缆厂 图片来源：亚琛工业大学 Walter Buschmann 教授提供

图 10-1.1-1 胶济铁路 图片来源：Deutsche Architektur in China Architekturtransfer, Ernst & Sohn, 1994

图 10-1.1-2 青岛铁路工厂 图片来源：谷歌图片

图 10-1.1-3 青岛四方铁路工厂远景（日占时期） 图片来源：谷歌图片

图 10-1.1-4 青岛四方铁路工厂车间（日占时期） 图片来源：谷歌图片

图 10-1.1-5 坊子煤矿 图片来源：谷歌图片

图 10-1.2-1 小青岛灯塔 图片来源：谷歌图片

图 10-1.2-2 小港 图片来源：谷歌图片

图 10-1.2-3 船坞工艺厂 图片来源：Eine Reise durch die Deutschen Kolonien, VI Band Kiautschou Berlin 1913

图 10-1.2-4 青岛港的船坞 图片来源：谷歌图片

图 10-2.1-1 青岛总督屠宰场远景 图片来源：青岛市档案馆

图 10-2.1-2 青岛总督府屠宰场全景 图片来源：青岛市档案馆

图 10-2.1-3 青岛总督府屠宰场 图片来源：青岛市档案馆

图 10-2.1-4 青岛总督府屠宰场内景 图片来源：青岛市档案馆

图 10-2.1-5 青岛督署屠宰场办公楼旧址 图片来源：作者自摄

图 10-2.2-1 青岛日耳曼啤酒厂 图片来源：谷歌图片

图 10-2.2-2 青岛啤酒厂（日占时期照片） 图片来源：谷歌图片

图 10-2.3-1 青岛电灯厂 图片来源：谷歌图片

图 10-2.3-2 青岛发电所（第一次日占时期） 图片来源：谷歌图片

图 10-2.3-3 发电厂内部 图片来源：谷歌图片

图 10-2.4-1 德华沧口缫丝厂 图片来源：谷歌图片

图 10-3.1-1 台东镇工业1 图片来源：谷歌图片

图 10-3.1-2 台东镇工业2 图片来源：谷歌图片

图 10-4-1 制砖厂 图片来源：谷歌图片

图 10-4-2 胶济铁路线上的火车站 图片来源：Deutsche Architektur in China Architekturtransfer，Ernst & Sohn, 1994

图 11-1-1 建筑类型简化分析图 图片来源：谷歌图片

图 11-1-2 基本图形和建筑平面的关系 图片来源：谷歌图片

图 11-2-1 青岛伊尔蒂斯兵营 图片来源：谷歌图片

图 11-3.1-1 建筑入口 图片来源：作者自摄

图 11-3.1-2 建筑开窗形式 图片来源：作者自摄

图 11-3.1-3 老虎窗形式 图片来源：作者自摄

图 11-3.2-1 建筑环境用石材 图片来源：作者自摄

图 11-3.2-2 建筑用石材 图片来源：作者自摄

图 11-3.3-1 青岛胶澳警察局 图片来源：作者自摄

图 11-3.3-2 塔楼形状类型 图片来源：作者自绘

图 11-3.3-3 建筑尖顶 图片来源：作者自摄

图 11-3.4-1 潘宅屋顶形式 图片来源：作者自绘

图 11-3.4-2 潘宅 图片来源：作者自摄

图 11-3.4-3 青岛老城区鸟瞰 图片来源：http://www.j.17dd.com

图 11-3.4-4 老城市中心鸟瞰 图片来源：http://www.simiankaige.com

图 11-3.4-5 屋顶特色 图片来源：作者自摄

图 11-3.5-1 山花 图片来源：作者自摄

图 11-3.5-2 总督牧师官邸立面、山花 图片来源：作者自绘

图 11-3.5-3 山墙面 图片来源：作者自摄

图 11-4-1 迎宾馆 图片来源：作者自摄

图 11-4-2 迎宾馆的建筑细部 图片来源：作者自摄

图 12-1-1 青岛老城鸟瞰 图片来源：谷歌图片

图 12-2.2-1 青岛东部新城 图片来源：谷歌图片

图 12-3.1-1 青岛总督府及镜像仿建工程 图片来源：http://www.xinhuanet.com/world/2018-06/08/c_129891016.htm

图 12-3.1-2 青岛新火车站全景 图片来源：http://www.zhihu.com/question/33739221

图 12-3.1-3 青岛老城及百盛大厦 图片来源：http://bbs.dji.com

图 12-3.2-1 中德生态园规划设计 图片来源：http://www.sgep.cn/index.htm

图 12-3.3-1 青岛胶东国际机场 图片来源：百度图片

图 12-3.3-2 青岛大剧院 图片来源：百度图片

图 12-3.3-3 北京大学青岛国际会议中心 图片来源：谷歌图片

图 12-3.4-1 青岛奥帆中心 图片来源：谷歌图片

图 12-3.4-2 青岛园博会规划 图片来源：谷歌图片

附录：青岛课题的探究

14 初识青岛

笔者出生于青岛，一直到大学毕业，都没有真正离开过这座城市，甚至没有离开过一片特定的区域，上学、放学、吃饭、睡觉，天天就在这座城市之中，笔者自认为对青岛再熟悉不过了。从四方到台东，走过海泊桥，两边有一大片棚户区，那时还是小学生的笔者，觉得城市真的很大，要走很久，市场、商店、公园，从大马路到小街巷，现在都依稀记得。上中学时还是在这一片，每天步行，或骑着自行车随着上下班的队伍，穿行于威海路和台东整齐的小街道之中。那时觉得行人已经很多，熙熙攘攘，后来成为繁华的商业中心，更是人头攒动。今天回到这里，虽然变化很多，但是许多道路和标志物还在，在街上走一会儿，顿时就感觉到了轻松和亲切，还经常能偶遇小时的同学、邻居和长辈。高中毕业后，在青岛建筑工程学院读大学，于是笔者又从台东回到了四方，还是在这一片区域，人长大了，去的地方也多了，忽然间觉得城市变小了。当时除了上学、生活过的几点一线，笔者对青岛这座城市的了解还有中山路、海水浴场、中山公园、鲁迅公园等，这些地方离家远一些，也并不经常去。至于李村和崂山，那是更远的地方，每年或有一次全家去崂山春游。现在仔细想起，还会有很多很多点点滴滴的少时回忆。那时对青岛全部的印象，大致是这样了。

师从姜传宗先生

真正详细了解、深入思考青岛这座城市，还是在读研究生的时候。笔者的硕士导师是姜传宗先生，姜先生同样和青岛有很深的渊源，他出生于烟台，青少年时光是在青岛度过的，得知笔者准备将青岛建筑作为硕士论文的研究内容，他很高兴，滔滔不绝地即兴讲起他的青岛往事。

姜先生1990年代从合肥工业大学调到福建泉州的华侨大学建筑系主持工作。其父姜可训，民国时期担任过青岛市政府秘书长，与时任青岛市市长的沈鸿烈共事多年，参加了沈鸿烈主政青岛时的许多工作，还领导抗日游击队参加过战斗。姜先生的童年经历了青岛从繁华到战乱的动荡年代，笔者将调研的一大堆照片给他看时，激活了他尘封多年的青岛记忆，对于熟悉的老建筑一个一个地娓娓道来。

偶然间，他在照片中发现了他家的老宅——位于黄台路的一处日本风格的老建筑，然后非常兴奋地讲述起对1930年代青岛的印象和老宅的故事，随手画出了原建筑的平面，指给笔者看哪里是门厅，哪里是卧室、厨房，告诉笔者室内采用了和式地板，甚至日本传统建筑特有的神木柱。他还讲述了许多关于这座建筑的曲折历史：最初为日本人所建，房主是日本军官，后来日本人撤离，被民国政府没收。抗日战争期间，日本人第二次占领青岛，原房主又回来了。抗日战争胜利之后他们家一直住在这座建筑里，直到"文化大革命"期间被没收。后来落实政策，老宅返还，姜先生一家发扬风格，只接受其中的两间，其余房间让给其他困难群众居住⋯⋯

姜先生对论文开题非常支持，谈到他对硕士论文的要求，他提出论文的努力重点应该是在掌握基础资料的前提下，聚焦历史建筑相关的建筑设计，解决城市发展带来的问题。当时笔者做学术研究，没有什么研究基础，要在论文中兼顾建筑历史和建筑设计两个领域，则需要大量的积累，对于那时的笔者而言几乎是不可能达到的。从现在标准看来，姜先生的要求也是很高的，即使在今天，这一课题仍正在探索之中。

实地调研

1997年冬天寒假回家，笔者开始了紧张而充实的调研工作，也真正开始重新认识青岛的城市和建筑。刚一接触，就有了完全不同的感觉。尽管在这里生长了20年，青岛并非呈现于以前那种感性的认识，关于它的历史、建筑、城市风貌、文化方面面知之甚少，现在才算是真正地初识青岛。

当时研究青岛建筑的资料中有两本比较重要的书：一是《中国近代建筑总览·青岛篇》，主编是徐飞鹏老师，另一本是《中国近代城市建筑》，主编是杨秉德老师，其中青岛章节也由徐飞鹏老师撰写。徐老师是笔者大学时的老师，调研开始时一直向他请教，得到他很多的指点。

在基本了解了青岛的历史片区之后，笔者开始实地考察。考察前穿好羽绒服，戴上帽子和能露出手指的手套，还要带着笔、小本子、相机和备用电池、旅游地图，在旅游地图上面要事先标好每天要去的地点和规划的路线。

1990年代还没有数码相机，全部用胶卷，成本很高。国产的乐凯胶卷，有24张和36张两种，色彩偏蓝，价格比较实惠，36张的一卷大概14元，进口的富士和柯达胶卷质量好，价格更高，一卷大概21~24元。当时无论哪一种都是不菲的成本，进行大面积的城市调研，再小心节省也不会少于50卷，对于一个学生来说那是很大的一笔开销。

作为北方城市，青岛的冬天要冷很多天，尤其在沿海一线，阴天的时候，寒风刺骨，不敢露出手和耳朵。但是如果这时候外出调研，却是好时节，因为冬天树木凋零，能够最清楚地看到建筑全貌。

有时候赶上艳阳天，在和煦的阳光之下，穿行于老城街道，感受不到一点儿寒冷，那真是一种说不出来的享受。每一次从规划的路线开始，不知道最后会走到什么地方。青岛的老街区，尤其是以前的欧洲人居住区的街道是自由布局的，顺着地势，崎岖蜿蜒，道路布局变化多端，建筑、道路和景观各有特色，令人不知不觉地忘掉原先的计划，从岔路走到另外的岔路，越走越远。计划虽没有实现，却有更多新的收获。直到今天，每到历史街区，笔者都要情不自禁地走一圈，其中的乐趣只有经历过才能切实地体会到。

无论如何，每天的勘察都会有新发现：首先是精彩的新画面，比如在院落之中或一些沿街不起眼的角度可以见到很多新的画面，感受到不一样的建筑风格和文化；其次是生活化场景，主要体现在老城的居住区域，左邻右舍、柴米油盐的生活化场景随处可见，充满了生活气息，也平添了繁忙和嘈杂；还有就是无法掩盖的破败和改建状况，1990年代中后期，虽然经济发展，城市面貌更新，但是建筑的保护意识并没有那么强，只要不是机关和公共的设施，作为居住用途的建筑，为了争取每一寸的使用面积，其改建、加建的状况就会发展到极致。对于非沿街的立面则任其破损，没有人管理，改建之后的内部空间更无从谈起。

有一座建筑给笔者的印象颇深，那就是伯恩尼克住宅。现在通用的伯恩尼克的名字来自华纳的《德国建筑艺术在中国》一书，1990年代初华纳来过这里，并且查阅了这座建筑的档案资料，将其作为典型的例子载入书中。调研时，笔者从海滨浴场一线走到黄海饭店之后的八关山，经过福山路现在康有为故居的位置再到栖霞路，这时一座奇特的建筑映入眼帘。建筑的红色大屋顶一坡到底，极具气势，屋顶切削、转折的处理手法很有现代韵味，还建有德意志传统风格的塔楼，材料和细节也存在变化，经过之人，无论是否学习建筑专业，都免不了驻足一看。笔者在面对这样精彩的建筑时，兴奋得忘记了冬日的寒冷，并想方设法地去调研了解。这一片建筑属于军事管理区，原为德国占领时期的别墅区，很难查到相关的档案。当时海军的一位首长的一家居住在里面，他们很支持笔者进行调研。建筑室内的层高高于我们日常的建筑，原貌保持很好，木梁上有精细的雕饰。论文进行了一多半后，1998年冬天在进行第二次调研时，笔者又来到了这里，还是在父亲的帮助下对建筑进行了测绘，取得了一手的资料。

老行政中心是青岛的形象标志，也是青岛老城的脸面。老市府广场是规划中心，广场上的总督府面海背山，雄伟高大，采用典型的古典主义风格。总督府前是短短的道路青岛路，直指青岛湾中心，横贯太平路、广西路、湖南路三条马路，两条斜边道路莒县路和日照路极具形式感地插入进来，广场之后是沂水路、观海一路、观海二路，呈U形环绕，构成了西方国家才具有的放射状路网格局。梁思成先生在1958年《青岛》一书中特别提到了青岛老城独特的城市布局，还附上了当时的行政中心平面图。城市表面的光鲜只限于沿街的立面和公共开放的广场空间，走进建筑的内部和院落就会有不同的感受。

在很早的记忆里笔者就知道广西路14号院，在上小学的时候还来这里买降价图书，这次来调研又找到了小时候的感觉。这里是离行政中心最近的地方，位于青岛路的右侧，前面临海的是青岛湾中心，后面就是高高耸立的总督府。广西路14号院的院墙之内安静而开阔，不规则地矗立着几栋独立的建筑。院内的建筑虽然破败，因为面积大、密度低、有人在居住使用而并不太显凌乱，虽然没有经过修缮，但建筑原有的精美细节和风格特征仍清晰可见。院中有德华银行、山东路矿公司等重要历史建筑，有的为砖石结构，有的为木结构，有的为日本风格，有的为德国风格，很有特色。这个丰富、经典的居住区仍然没有得到有效的修缮和整治，具体原因尚不清楚。

和广西路14号院相似的另外一个院子鱼山路36号，原来是山东大学的宿舍。这一个大院同样很有特色，建筑数量不多，采用德日风格，细部特点鲜明。这个院子现在已经整饬一新，甚至成为参观旅游的景点。

与高档公寓的建筑不同，平民居住的杂院当时是另一番景象。1997年冬天，笔者走进了车站饭店，这里由德国人规划设计，紧邻老火车站。从外立面来看，塔楼、黄墙、红瓦不可谓不精致，但是内部杂乱不堪、污水横流、地面部分结冰，中间垫着砖头，人们经过时须小心前行，居住条件令人揪心。后来查阅档案资料，找到了日占时期的室内装修图，对建筑内部结构有了一些了解。数年之后该建筑遭遇火灾，又经历了改建，外墙被保留下来，内部包括院落被纳入新的大空间内，这样建筑利用的问题就彻底解决了，但笔者还是喜欢原有的院落。今天的康有为故居已然修缮一新，在笔者调研时还非常破败，内部走道空间窄到只能容身，多户人家杂居在院内，中山路的大多数建筑的情况差不多都如此。笔者在写硕士论文时，没有深入地调研青岛老市区的居住建筑内部，只是偶尔走进去几处。老市区的居住建筑，给人的感受都差不多，那其实就是一片片密集居住的棚户区。但以后数年中每次回青岛时，都亲见着这里在一天天地改变。

查阅文献

在笔者开始调研的阶段，为了查阅文献去过很多地方，收获最大的当属青岛市图书馆和房产档案馆。有的地方原本计划得很好，跑过去一问，对方就说没有你想要的资料或是查找困难，无法检索，后来经历多了才知道，主要原因并非如此，而是对方并不愿意接待。空手而归是时常有的事，其中的辛劳只有自己知道。

青岛图书馆有一间善本的阅览室，有一些原版的资料，不能复印。想看什么资料，向工作人员提供书名，每次最多可借阅两本，看完后再换，可以手抄摘录。笔者提出要翻拍，工作人员请示领导之后答应可以，但是翻拍是要收费的。笔者用的还是那一架雅西卡（Yashica）的老式胶片相机，需要手动对焦。近距离拍书很费眼力，书要摆好，因为是善本，不能有大的折叠，折腾一上午，腰酸背痛的。翻拍最多的资料是《胶澳志》，图书馆里有原版书，经笔者一再请求，工作人员才同意拿出来让笔者翻阅。真是如获至宝，摘抄、拍照，忙得不亦乐乎。当时翻拍书的人很少，旁边工作人员很好奇，也很认真，拿着笔在记录，每翻拍一张，就要收一张的钱。单价是多少都已经记不清楚了，记得最多一次收了18块钱。以当时的消费水平，这真是一笔不小的花费，现在想起来很有感触，不知那时候哪儿来这么大的决心。

那年冬天，收获最大的要数房产档案馆，工作人员特别热情，提供了很多的帮助，现在再去时，当时的工作人员都已经退休了。那时为了研究而来查档案的人很少。笔者说要找某个建筑，给出了门牌号，工作人员却没有很快找到，原来档案中的地块编号和实际的门牌号并不都是一致的。那时最想了解的建筑是青岛的迎宾馆。终于工作人员找到了一大卷蓝图，轻轻打开一看，眼前为之一亮，惊喜异常：因为这些都是原始图纸，有德国建筑师的签名，绘图的基本功令人叫绝，线条自然、流畅，建筑立面精细到每一块石头，配样的人、云彩、树木，栩栩如生……摆在眼前的蓝图就是100多年前的历史啊。因为逐渐适应了查找的规律，笔者最想了解的几处建筑的档案都找到了，感觉基本能够满足论文的需要了，就不再深入下去，当时心里还在想：以后做研究的时候再来。

毫无疑问，在这些单位中，青岛市档案馆的资料是最丰富的，不止一个老师跟笔者说过，若想彻底了解一个城市，在档案馆中蛰伏十年是必不可少的，这一次只能算是浅尝辄止。

刘善章先生和《德国建筑艺术在中国》

调研之前查到了两本论述近代中德关系的书：《中德关系史文丛》和《中德关系史译文集》，两本书都是刘善章先生主编的。刘善章先生是岛城研究中德关系的知名学者，这一次特地去大学路的青岛博物馆慕名拜访刘善章先生。

来到博物馆，说明来意，工作人员说刘先生已经退休在家，有时会来单位看一看，但是家就在龙江路，离博物馆很近。给刘先生打了电话，还记得当时工作人员说"刘老先生，有一个小先生来找你……"电话那边很热情，刘先生招呼博物馆的工作人员找到那两本书送给笔者，还让告诉笔者他的联系方式。这是和刘先生的第一次接触。

与刘善章先生的第二次接触是寒假调研快要结束、离开青岛的时候。几天前实地调研经过了福山路、栖霞路一带，对伯恩尼克住宅印象深刻，又恰恰在青岛图书馆见到《德国建筑艺术在中国》一书中专门介绍这一建筑的内容。该书是德国汉堡大学博士华纳的专著，也是他在中国研究近代德国建筑的资料专辑。华纳在青岛调研时，徐老师和刘先生都帮助过他。

见到刘先生时笔者谈了调研的心得，刘先生送给笔者一份青岛历史建筑的目录资料。当提到了华纳的这本书时，刘先生告诉笔者在国内书店是买不到的，但在上海的德国领事馆可以买到。

回学校的时间是漫长的，当时都是在上海转车，打问询电话，转到了德国驻上海领事馆的教育部，对方告诉我，确有这一书。于是第二天一早就到了位于永福路181号的德国驻上海领事馆。终于拿到了这本印刷精美的原版书，总价180元，这是那个年代笔者买到的最贵的书。以后好多年里，这本大书一直伴在笔者左右，书中很多线索对于青岛研究起到了重要的作用（图14-1-1）。

完成硕士论文

论文的撰写是极其辛苦的，还是写文章爬格子的年代，台式电脑昂贵，互联网还没有普及，记得整个研究生楼内只有三五个同学有电脑。笔者在论文定稿时买了一台台式机，花了近一万元，是朋友帮忙从福州买的，再带到泉州。后来回青岛工作时又从厦门空运到青岛，修理过多次，用了5年多，随后逐渐淘汰了。一个工薪家庭，为了供儿女读书，支出那么大的开销，想想当年父母给予了笔者多么大的支持啊。

开始写论文时，还是有些忐忑，手中一大堆的资料、书、复印件、照片，一一分类整理，理清思路。在建筑理论方面，更多时间花费在了解类型学的理论上，那时国内的类型学理论与实践的研究比较少。笔者在图书馆找到了罗西的《城市建筑》的英文版和台湾的中文版两个版本，研读起来。虽然有些晦涩，但确实有很大的收获。当时对类型学的理解是，历史建筑可以进行分类研究，分类的依据可以是风格和形式，每一种建筑类型都有一个原型，可以由提炼和推导得出，原型又可以产生无数变化，因此类型学既可以看作研究方法，也可以看作设计方法。

论文成形再反复修改至少有三稿，经常累得手酸眼花，那一大沓稿纸现在还保留着。今天看来，那篇关于青岛的硕士论文尚还稚嫩，但已是用尽了当时的全部力量了。论文修改过程中，武云霞老师给予了不少帮助。论文答辩是非常紧张的，当时的硕士答辩相当于现在的博士答辩，我们一共两个同学，从早上答到中午1点，论述、提问、回答、专家点评，最终姜先生还算满意。

相比而言今天的研究生们太安逸了，看到今天写论文的同学，就会想到以前我们那几届同学的经历，然后按照当时的要求来激励大家。刚刚开始接触青岛城市研究时令笔者印象深刻的人和事很多，经历的事情多，帮助过笔者的人也多。青岛这一主题一直伴随着笔者的成长。对近代城市青岛的解读只是一个开始，一旦打开这扇门，就会认识到有更多的内容需要去探究。

图14-1-1《德国建筑艺术在中国》一书

15 青岛认识的新视野

天津读博

2004年开始，笔者在天津大学建筑学院攻读博士学位，有幸入杨昌鸣老师的门下。杨老师对我们非常民主开放，强调发挥大家的主观能动性。关于建筑历史的定义，杨老师曾经讲过"昨天发生的事就是历史"。杨老师的定义与克罗齐的"一切真历史都是当代史"的论述有异曲同工之处，使我们拓展了研究视野。杨老师知道笔者来自青岛，以前做过青岛的研究，在论文开题时就鼓励笔者继续深化这一课题，因为此前有了一定的基础，继续这一课题可以少走弯路，更容易有所突破。杨老师讲话言简意赅，经常用短短几句话就能切中肯綮，解决问题，每次找杨老师答疑解惑都会有醍醐灌顶之感。对于研究的方法、论文的结构、资料的选择、关键创新点，杨老师都给过重要的建议。

在天津大学读书的过程中，邹德侬先生给予了很多关怀和帮助。邹先生是建筑历史研究的大家，著作等身，有学生向他请教时总是那么平易近人。他给笔者讲了很多过去在青岛四方机厂工作时的故事，纵使条件那样艰苦也没有放弃学习，这些都是宝贵的精神财富。提到近代建筑研究，邹先生说，近现代建筑是不可分割的一体，为了研究我们人为地将其区分成近代和现代，学术研究上应该将二者作为一个整体思考。对于很多时髦的当代建筑思潮，邹先生的感觉非常敏锐，他提醒我们建筑是实实在在的东西，不能被表象迷惑。在研究方面，邹先生赞成及时发表成果，提出问题、解决问题，单刀直入，这样可以实时和学术界交流沟通，一味埋头长篇大作并不可取。以笔者的理解，长篇大作并非不需要，而是长期积累的结果，完成许多局部的成果之后，你的理论体系就水到渠成了。

刚进入天津大学的时候，很长一段时间做的是中德建筑文化交流融合这一题目，这也是博士论文研究的重要部分。2004年参加杨老师的中欧交流课题"Euro-China Exchange Technology and Culture of Generative Design Approach"，笔者做的就是青岛近代建筑中的中德建筑文化的融合。为了完成这次任务，笔者挖掘整理了很多资料。德租时期青岛的建筑很少有中国传统式样，更多的是德国人主导的西洋风格，但是建筑形式的细节之中含有很多中国的元素，可能是建筑师有意为之，更大的可能是中国工匠的习惯性添加，这就形成了很多有意思的现象，即中国符号附着在西方建筑的立面上。

研讨会首先在意大利大使馆进行，参会人员除了意大利学者之外，还有来自同济大学、西安建筑科技大学和天津大学的老师和同学们。虽然那一次的演讲不是很流利，但是大家对笔者的题目特别感兴趣，因为笔者提到了意大利建筑理论家阿尔多·罗西（Aldo Rossi）的城市建筑理论，意大利米兰理工大学的恩丽卡·考拉贝拉（Enrica Colabella）教授特地问笔者，如何看待罗西的作品，如何看待罗西对历史建筑的观点。记得当时的回答是不应该因循守旧，而应在继承历史的基础上创新。她对笔者的回答是满意的。中欧课题的下一阶段是意大利罗马的研讨，虽然以后多次出国，参加研讨会，但第一次出国去意大利，特别兴奋。研讨会在罗马大学举办，当时笔者的报告是"The Forming, Developing and Crisis of the Identity of Tsingtao City"，讲的是青岛城市的可识别性。笔者在参与课题的过程中，前一阶段探讨的是建筑细部，后一阶段探讨的是城市风貌，不知不觉中就已经按着杨老师所指导的研究方法在推进博士论文了。

博士论文比起之前的研究完全不同，在资料掌握、理论运用及成果方面均有着更高的要求。那是2004年，此时距离做硕士论文已经七八年了，青岛在城市发展、文献资料方面已经有了很大的不同。延续之前的工作，继续穿行在老城区的大街小巷中，因为有了数码相机，以前的照片都更换成了数码照片。在朋友的帮助下一段时间里一直在青岛市档案馆重新查阅档案资料，这时真切地感受到档案规模的庞大和自己的渺小。随着查阅范围的不断扩大，接触到的新领域越来越多，近代的青岛太复杂了，涉及政治、经济、文化等方方面面。笔者的关注点在于城市建设的内容，根据论文的需要在城市建设领域翻阅。查阅档案经常花费很多精力，也没有找到自己预想的东西或者收获很少，但经常能够发现其他的线索。此时才有了体会：许多文史大家成就之前甘于寂寞，在文献资料中一坐就是若干年，如果没有韧性是做不到的。国家图书馆和北京大学图书馆也藏有很多近代青岛的相关文献资料，北京大学的李东泉老师给予了重要的帮助。

德国亚琛访学

2005年笔者申请获得了德意志学术交流中心的资助，来到亚琛工业大学古迹保护研究所做短期的研究访问，导师是哈特维格·施密特教授。初到亚琛时正值假期，施密特教授不在亚琛。亚琛的冬天白天很短，好多天不见阳光，外面是寒风和积雪，而室内暖气充足，安静舒适。前几天赶写论文，准备答辩，再加上旅途劳顿还没有恢复，初到的几天就完完全全在休息了，直到开学后见到施密特教授。那天助教老师告诉笔者下午教授有课，笔者赶到了教室，第一次见到施密特教授。他身材高大，声音洪亮，很有热情，当天讲了遗产保护的内容。讲课结束时，同学们都敲桌致意。笔者才知道，在德国课堂上向老师致谢的传统方式是敲桌子，相当于我们的鼓掌。施密特教授见到笔者特别高兴，将笔者带到办公室，把研究所里其他老师两个助教、一名做行政的老师、一名博士也叫来了，准备了点心、咖啡、饮料、红酒，大家边吃边聊，互相介绍，第一次见面成了一个小小的聚会（图14-2-1）。

记得每周二下午是施密特教授会面会，教授让笔者介绍青岛，笔者把答辩的PPT修改补充了一下，做了介绍。很多德国人知道这段历史，也有相当多的人不知道。像施密特这样年长的教授虽然知道，但是并不清楚细节。教授听得很认真，讲完时敲了几下桌子说好。

一个星期之后，教授带笔者来到学院的建筑历史图书馆。亚琛工业大学不仅有几个大型的学校图书馆，还有两个附属于建筑学院的图书馆，一个是建筑历史图书馆，一个是艺术史图书馆。建筑历史图书馆的老建筑室内净高有5~6米，书架一通到顶，如果高处有需要的书，需要登着梯子才能拿到。图书馆有夹层，空间很狭窄，书架上、桌子上、地上都摆满了书，还有古建模型。有的书是两三百年前的，还有1米高的大开本，有的古书材质很特别，可能就是传说的羊皮制作吧。图书的内容都与建筑历史相关，包括历史建筑类型、建筑技术、建筑改造、建筑保护利用等等。印象最深的是老建筑的构造图集，于100多年前出版，共三册，每册有10厘米厚，纸质虽然很陈旧了，但详图全面而精致，笔者见过的几乎所有青岛建筑的式样都有对应的详图。教授将笔者介绍给图书馆的管理员，然后指着一个工作桌说："你就在这做研究，好吗？"桌上还有一台苹果台式机，初接触时，感觉无论是外观，还是里面的系统，都怪怪的。以后的日子里，经常去图书馆，施密特教授隔一段时间就给笔者一份书目清单，指导笔者的研究。平心而论，很多书是很难读的，但是笔者非常珍惜这次机会，对于教授介绍的书，尽量地复印、翻拍，尤其是老书的图片。那个年代普通的扫描仪和数码相机是最常用的工具，而后来去德国，已经有了高拍书籍的扫描仪，效率要高好几倍。

在这里最给力的查找资料途径是远程借阅，即利用亚琛工业大学的图书系统，借阅德国全境内所有高校图书馆的书籍。有的是直接复印，这是有偿服务，每一本2欧元，只要在网上订好，一个星期之内基本能寄到学校图书馆。100年前的原版书直接送到你手上，是一件很令人兴奋的事。有的必须在馆内阅读，有的甚至可以借回宿舍。亚琛曾经是欧洲的政治中心，也是一处地理中心，来到亚琛可以方便地到德国乃至欧洲各地。

弗莱堡军事档案馆据说是馆藏青岛城建资料最多的地方，威尔勒姆·马维利教授特别提及：对笔者做研究有帮助的并非德国的城市档案馆，而是弗莱堡军事档案馆，1918年之前德意

图14-2-1 施密特教授

志帝国海军的文件存于此处。1898—1914年间对青岛的管理，并非殖民部，而是海军部。去档案馆之前须提前预约座位，越早越好。邮件发出两天之后，档案馆给了回复，他们已经准备了一些胶州（青岛）的档案，档案馆的工作人员又热情、又周到。到了档案馆，笔者看到靠墙堆了一堆蓝图和档案卷宗，足有1米高。工作人员说：这些都是为你准备的……笔者是带着几个问题来的，几天都泡在档案馆之中，虽然文件里的花体字德文比较难辨识，收获还是不少。档案馆承接复印、扫描的业务，但是收费很高，不能翻拍，只好复印、手抄一些重要的材料。毫无疑问，对于青岛研究而言，这里是一座巨大的宝库，如果有人做青岛的研究，就来这里吧。

柏林有两处档案馆分别在里特希菲尔德（Berlin-Lichterfelde）和维尔默斯多夫（Berlin-Wilmersdorf），笔者认为前者更好一点，更加开放，在那里不仅收获大，还遇到了一些研究青岛问题的专家学者，有中国人，还有日本人、德国人。

在亚琛的时候笔者就有计划地进行城市遗产考察，几乎每一个月外出一次，每次十天左右，几个城市一条线，虽辛苦却也有趣，每次考察前必制订一个周密的计划。青岛的城市结构确实比较特殊，在德国的行程中还真没有找到与青岛城市结构相似的德国城市，但是1900年前后的建筑遗产在德国比比皆是，威廉二世时期的风格、青年风格派的古建筑遗产特别多，可以将它们与青岛的建筑遗产进行比较。

施密特教授因为健康原因提前退休了，每隔一段时间笔者就将学习计划和心得报告给他。出乎意料的是施密特教授向笔者推荐马维利教授和华纳博士，其实来德国之前笔者已经联系他们了。后来笔者到上海工作以及第二次到德国访学，施密特教授都给予了笔者很多无私的帮助。施密特教授一直身体状况不太好，当年本来已经订好的莱茵河流域的行程也因为健康原因取消了，长期在家休养，我们后来也一直没有能够再见面，2016年施密特教授因为心脏病去世。亚琛那一年经历的事情太多了，时间过得也特别快，至今想起来，那真是一段难忘的人生经历。

笔者和马维利教授

威尔勒姆·马维利（1930—2016）是波恩大学地理学教授，他出生于山东青岛，父母都是德国的传教士，在青岛度过了他的童年时光，于德国第二次世界大战战败之后的1946年返回德国。马维利教授有一个特殊的身份，他是青岛问题的文史专家，青岛是他的第二故乡。他多次往返于波恩和青岛之间，收集、整理、出版发表了大量近代青岛历史的文章和专著，对近代青岛历史研究做出了卓越的贡献。

笔者和马维利教授的交往要从2005年申请德意志学术交流中心奖学金、准备赴德研究说起。去德国访学、进一步研究青岛城市建筑是笔者多年的愿望。当时申报了两个德意志学术交流中心项目，一是作为博士生的短期研究项目，一个是中国国家留学基金管理委员会和德意志学术交流中心合作的联合培养项目。先是第二个课题被同济大学留德预备部录取，公费学习德语，学习不久，第一个项目开始受理，通知笔者由于邀请信的格式有些问题，要德方再出具一封邀请信。后来得知，邀请信是一年多前开具的，此时多特蒙德大学的乌塔·哈斯勒（Uta Hassler）教授刚刚退休，德意志学术交流中心联系不上她了。经过多方联系，笔者找到了哈斯勒教授，但是她说她已经被聘为瑞士苏黎世联邦理工学院（ETH）大学的教授。她给出两个解决方案，一是来苏黎世联邦理工学院大学访学，瑞士也有类似的奖学金可以申请，一是来亚琛工业大学，她帮笔者介绍另外一位教授，笔者表达了希望能到德国访学研究的意愿。哈斯勒教授推荐的正是施密特教授，两位教授是德国古迹保护领域的知名专家。

但是这一期申请的最后期限快到了，施密特教授那边情况怎么样还没有消息，那几天很难熬地等待着。这时候朋友给了笔者马维利教授的联系方式，于是写信向他咨询，在信中做了自我介绍，说明了自己现在的状况，希望马维利教授给予帮助。很快收到马维利教授的回信，他在信中说：

"我已经收到了你10月28日的邮件，当时是周五晚上，波恩德意志学术交流中心总部办公室已经下班了，周末也不能开门。我能做到的是星期一早上去德意志学术交流中心办公室见一下埃琳娜·施密德（Elena Schmid）女士，她能给我信息，告知这件事怎么处理。但是星期二（11月2日）是这里的一个假，我担心德意志学术交流中心办公室星期一（11月1日）也关门，员工们可能有一个周末四天的长假，从周六到周二。如果真是这样，我只能在周三（11月3日）见到施密德女士。

对我来说，有一个疑问，你到底是在什么地方，你是青岛的讲师，接着又说是天津大学的博士生，但你多前的地址是上海的同济大学？……"

信的最后，他就指导教授的问题向笔者推荐了他所认识的几位德国的教授，希望能对笔者能有帮助。笔者回信对马维利教授的疑问一一解答，之后还是等待。

11月2日，马维利教授的邮件终于到了，带来了期盼已久的消息："几分钟以前，我见到了波恩德意志学术交流中心办公室的施密德女士。她确认，亚琛施密特教授已经联系她了，邀请信将在两天内到达。看来事情变得顺利起来，将不会再有什么障碍了，尤其是你更加偏爱的短期访问。施密德女士说，你大概可以在12月1日开启你的德国之旅。我希望你的申请最终获得成功。……你在亚琛期间，非常欢迎能来波恩。"

难能可贵的是马维利教授还在信中提到了笔者的一篇文章，给笔者详细解释了文中提到的青岛中山路"夏日旅馆"的历史，其严谨和博学让人惊讶。几天之后，笔者顺利地收到了奖学金的通知，对两个德意志学术交流中心项目如何取舍，犹豫了一番，事不宜迟，最终终止了留学预备部的德语课，放弃了第二个德意志学术交流中心联合培养的项目，回到天津大学，准备出发了。

2006年1月2日到达亚琛，安顿了下来之后，首先和马维利教授联系，亚琛和波恩同处于北莱茵—威斯特法伦州，交通很方便。1月26日，一大早就出发了，虽然处于深冬，并没有感觉特别的寒意。马维利教授和太太热情地接待了笔者，教授问笔者身体怎么样，眼疾是不是痊愈了，德国生活还习惯吗，研究的状况怎么样……笔者一一回答，并将带来的小礼物赠送给他，他非常高兴。马维利教授不懂中文，但是会说一些简单的词句，感觉这些词句带有明显的李村、崂山那边的口音，这也难怪，他的童年是在青岛度过的。

寒暄之后，他把笔者带进了书房，这间房间有十几平方米，通高的书柜摆满了大大小小各种书籍。他跟笔者说，他专门收集和阅读青岛的书，书架中还有一些中文图书。与青岛历史相关的书和资料居然有这么多，真的让人惊奇。马维利教授告诉笔者，他只看青岛的书，只要书中有青岛的内容，他就想方设法地得到，如果书中涉及内容很多，他只看关于青岛的那一部分，

他随手拿起余凯思（Klaus Mühlhahn）的专著《在模范殖民地胶州湾的统治与抵抗：1897—1914》（*Herrschaft und Widerstand in der "Musterkolonie" Kiautschou Interaktionen zwischen China und Deutschland: 1897—1914*）说，"Klaus的这本书还写了青岛之外山东的很多地方，可我只看青岛的那部分内容"，他还翻着书比画了一下青岛内容的厚度，大概有1/3的样子。

还有一本青岛时期的德华小词典，有一百多年了，纸都泛黄了，马维利教授翻给笔者看，按照中文读了几个句子："上学、吃饭……酸菜在德文里是Sauerkraut……"他说现在这本书一样能用，说到高兴处，神采奕奕，就像一个小孩子。

马维利教授问笔者小学是在哪儿上的，笔者说是青岛的台东六路小学，他问了小学在台东镇的位置，然后告诉笔者最初那是德国人办的一所蒙养学堂，当时小学校都由政府出资设立，免学费。谈话间让笔者回想起读小学的日子，还有那栋古老的教学楼，可惜后来因为学校扩建给拆除了。

马维利教授谈到了青岛时期的教育，谈到了德华大学，朋友问起当时德华大学的教授古瑟兹（Gutherz），马维利教授居然也清楚，古瑟兹是法学教授，1911—1912在德华大学任教。

马维利教授从青岛的教育制度又讲到了单威廉的土地制度，拿起他的书《单威廉和青岛土地法》（*Wilhelm Schrameier und die Landordnung von Tsingtau*）翻给笔者看，指着图片说，这就是单威廉，这是他的住所，这是汇泉湾，还有这是单威廉的太太，看看多漂亮……谈话进入了马维利教授熟悉的领域，老先生满面红光，眉飞色舞。

讲起青岛的发展，马维利教授给笔者看一百多年前的《胶澳发展备忘录》（*Denkschrift betreffend die Entwicklung des Kiautschou-Gebiets*），这是青岛总督府每年向德国政府递交的城市的施政报告，每年一册，既有当年已经完成的政绩，也有下一年的政府计划，详细地介绍城市建设方面的内容，还附有大量的图片，从1898年的第一次报告，到1910年的最后一次报告，马维利教授有完整的一套。在轻松的聊天交谈中，马维利教授拿出1898年的那一册，翻开其中的图纸和照片，介绍青岛当时的主要工程，他对青岛的城市建筑如数家珍，记忆力惊人，让笔者大开眼界。

笔者感兴趣的是在青岛的德国建筑师，马维利教授给了笔

者一连串的名字，罗克格、马尔克、拉查鲁维茨、西迪布兰、比贝尔、毕娄哈……研究青岛问题的学者，无论是中国的还是德国的，几乎无一例外都向他请教过。马维利教授记忆力惊人，不论提到谁，他都能清晰、准确地娓娓道来。

中午在马维利教授家吃饭，老人有了些倦意，笔者便告辞离开了，老先生的热情、幽默、严谨和博学深深印在了笔者的脑海中。

此后和马维利教授一直有联系，或是有疑问请教，或是春节、圣诞节问候，我们还在青岛见过面。2013年笔者得到了德意志学术交流中心王宽诚奖学金的资助，第二次来到了德国，又去探望了老人家。这时候马维利教授已经83岁高龄了，比起7年前苍老了很多，期间他动过几次手术，身体恢复得还不错，只是见面时需要戴助听器来交谈。

依然还是坐在当年的那张书桌旁，马维利教授拿出来几本近年新出版的德文著作，语速很慢地给笔者介绍，还取出中文书，讨论其中的勘误。过两天，德国媒体还将对他进行采访，老先生需要休息好，做些准备，马教授夫妇招待笔者在家里吃过午饭，笔者就告辞了。

这是笔者见到的马维利教授的最后一面，2016年10月，马维利教授因病去世，消息传来，青岛的文史界的朋友们特地举办了一个追思会，缅怀他和青岛朋友们几十年交往的点点滴滴，纪念他为研究青岛文史、促进中德文化交流所做的巨大贡献。笔者和马维利教授见面不多，但是一直保持着联系，来往100多封邮件。每当忆起这位慈祥、博学的老人时，心里都时满满的钦佩、感激（图14-2-2、图14-2-3）。

图14-2-2 马维利教授墓地
（王栋先生提供）

图14-2-3 在马维利教授家

华纳博士和罗克格

华纳博士，毕业于汉堡大学，1996年完成了他的博士论文《近代青岛的城市规划与建设》（Die Planung und Entwicklung der deutschen Stadtgründung Qingdao (Tsingtau) in China，1996），此外《德国建筑艺术在中国》（Deutsche Architektur in China Architekturtransfer）一书，也是他在读博士期间的著作。他是早期研究青岛城市建筑的德国学者，对青岛城市建筑进行了非常深入的研究，他的成果直到现在还是青岛历史研究和城市建设的重要参考。

经过一些准备，笔者和华纳博士约好，于2006年10月2日下午在他家中见面。在位于汉堡郊区的家中见到热情的华纳先生，也见到了他的太太和小孩，小孩刚5岁，见到生人直躲，华纳用中文慢慢地说，"小孩子害怕生人……"

华纳先生的真诚、朴实和严谨给笔者留下了深刻的影响。我们的谈话很轻松，他谈起了青岛的发展，中德两个国家的不同，他对中国的发展大加赞扬，他说德国虽然是发达国家，但这些年发展很迟缓，人们的生活状态多年来没有什么变化了。

华纳博士告诉笔者，他于1990—1992年在中国进行研究，当时获得了两年的德意志学术交流中心留学资助，1995年获得博士学位，后来对中国现代建筑的关注就减少了，现在正在汉堡的一家建筑公司工作，担任建筑师和工程师。

华纳博士谈起来在华研究的经历，不仅在青岛、济南、北京、上海、香港等很多城市调研过，还在同济大学进行学术研究。德意志学术交流中心安排他参加了汉语的强化训练，所以在中国生活起居都没有问题。

提起《德国建筑艺术在中国》这本书，华纳先生说那本书一共印刷了3000本，除了图书馆和机构收藏之外，有一半在中国，就是笔者以前去过的德国驻上海领事馆，由此可见在国内如果想读到这本书应该没有问题。

他回忆说，完成博士论文是一项艰苦的劳动，为此跑过很多地方，查阅了大量的一手档案，与专家学者及当地居民交流，结交了很多中国朋友。华纳跟笔者提起他的博士论文，其内容包含很多方面，以后人们的研究可以在每一方面继续进行扩展。关于青岛城市建设的重点领域，他认为最突出的有两个，即青岛的城市绿化和卫生防疫，这两方面的突出成就在当时的亚洲城市中是绝无仅有的,并使得青岛独树一帜,成为现代化的城市。笔者想起同样的问题,马维利教授则认为青岛最突出的成就是教育制度和土地制度,可见这两位学者的关注重点是不一样的。

他这样描述青岛：近代青岛从荒山秃岭到绿树成荫,也是经过了艰苦的工作,政府领导下的园林绿化发挥了重要的作用,当时青岛的育林政策、技术手段都处于欧洲领先地位。

青岛建置伊始就是传染病多发的地区,出现了大规模的伤寒和疟疾,德国士兵都因此大幅减员。德国人最早建立了野战医院,建立了严格的医疗制度,对于居民聚居区,完善了上下水等市政设施建设,建立了土地消毒制度。几年之后,青岛逐渐消灭了传染病,而且成为东亚地区卫生条件最好的城市……

华纳博士说,青岛的德国建筑差不多都是德国的原版输入,与同时期德国建筑相比几乎没有区别。1880—1900年间的建筑在德国城市中随处可见,虽然在1944年由于战争的因素遭受了严重的破坏,但如果想要详细了解同时期德国本土的建筑,可以去很多德国的城市,可以非常容易地在像慕尼黑、柏林这样的城市中找到它们,还可以在像汉堡或吕贝克这样的北方海滨城市中看到很多有趣的建筑。

至于在青岛的建筑师,华纳博士提到了罗克格,他对此做过调研,并给了笔者一份他掌握的罗克格的资料。这样面对面地交流,收获特别大。不觉天色渐渐暗了下来,华纳博士将笔者送到了小火车站,就此话别。

罗克格是笔者最感兴趣的德国建筑师,马维利教授和华纳博士都研究过他。他的传奇经历、专业水准,在近代建筑历史中的地位都是不可替代的。罗克格1876年出生于德国西里西亚的大斯托里茨市,1903年来到青岛,其后与建筑师伯赫曼合作成立了建筑事务所"营造式画师罗克格",在天津成立了罗克格营造公司。1914年秋,罗克格在日德青岛战役中被俘,在日本俘虏营中被囚禁6年。1920年,被释放回到中国,继续在北京、天津和上海从事设计活动,1929年返回德国。罗克格不同于近代租界活动的商业建筑师,他曾受到清政府的委托承担前门改造以及清朝资政院、国会大厦等重要工程的设计工作,有政府的背景,在天津、沈阳、北京、青岛、厦门都有其作品,青岛的很多精品保留到现在,最著名的就是江苏路的基督教堂。

2006年年底,离开亚琛之前笔者给罗克格的儿子赫尔穆特·罗克格去了一封信,挂号寄出时赫尔穆特·罗克格已经90多岁高龄了,没有电子邮箱,信由亚琛寄往南非。赫尔穆特·罗克格曾经担任过南非驻德国的大使,长年定居于南非。那时笔者并不确定能收到他的回信,令人惊喜的是笔者从亚琛回青岛之后收到了老先生的回信。他在回信的第一句就说,"使我惊奇的是在德国撤离青岛92年之后还有人向我咨询有关青岛德国建筑的事"。信由老式的打字机完成,末尾有老先生笔触颤抖的签名。除了亲笔信之外,还附上了建筑师库尔特·罗克格的一生职业简历以及笔者要的罗克格的照片。

笔者回复了一封信,并且特地买了一张青岛基督教堂的明信片随信一起寄出,以示感谢,并祝福老人健康长寿。不久以后笔者被告知,赫尔穆特·罗克格先生去世了,去世时间是2007年5月27日,享年95岁。他给笔者的信大约是半年前寄出的。笔者感到很惋惜,但也很幸运,因为几乎在最后的时刻联系到了他。

罗克格的儿子赫尔穆特·罗克格先生的来信如下。

亲爱的陈雳先生：

谢谢你从亚琛的来信,使我惊奇的是在德国撤离青岛92年之后还有人向我咨询有关青岛德国建筑方面的事。

我的父亲,库尔特·罗克格,1865年出生在奥德河边的西里西亚的大斯托里茨市,祖父弗朗兹·罗克格是当地的一名教师。当弗朗兹被调动到西里西亚的尼斯时,我的父亲去了西里西亚的克沃兹科,在那里成为一名石匠学徒。以后,他在布莱斯劳大学学习建筑。最终,在青岛得到了建筑师的工作。

1901年,他穿过西伯利亚来到青岛。今天我被告知父亲设计的德国教堂安然无恙。大约1905年,他搬到天津,在海河旁边。华纳先生已经给了你我父亲在天津的活动细节资料。三年以前,我收到了一封德国康迪亚俱乐部的信,还附有照片。信上说建筑经历了两次革命和两次战争之后,状况良好。

1909年父亲穿过西伯利亚来到德国,与格特鲁德·齐默尔曼在尼斯（波兰）结婚。第二年夫妻俩过西伯利亚来到天津。在天津,我的哥哥弗朗兹·瓦尔德马出生了。1911年全家移居北京,1912年我在那里出生。

父亲的第一个大项目是拆除正阳门两旁的高大城墙,以便使交通便利,安置了四个大的通道,以使交通通过,以及重新加固城墙。

接下来一个大项目是国会大厦的设计，由于辛亥革命而终止了。

1914年7月，我父亲加入了在青岛的德国军队。德国军队投降日本之后，他被俘入狱转运到了日本。6年之后，1920年，父亲获释回家。

1922年我哥哥死于脑膜炎。

1923年，全家经西伯利亚到德国。那年我上学了。我父母过西伯利亚回到中国，但不是北京，而是奉天（沈阳）。5年后父母最终回到德国。

在波斯坦，父母买了一处房子，在Hoehenstrasse街6号，位置极佳。以后，他们搬到了意大利蒂罗尔南部。1945年父亲去世。

我相信，这些信息会给你充分的关于我父亲一生的细节。

我特意送给你这些照片，但他们来自纳米比亚，而不是此处，所以要花上一段时间才能寄出。

最好的祝福！

赫尔穆特·罗克格（Helmut Rothkegel）

现在看这封信，依然不少感慨。正如所有的历史都是当代史，当代历史都是昨天的延续。在做论文的这些年，许多给予笔者关怀和帮助的老人都一一逝去，他们的精彩人生不仅仅在于事业的成就，更在于对于后人的善意和帮助。缅怀他们。今天仍然关注青岛这个题目，与青岛相关的过往似乎近在眼前，却已成为陈年往事。现在距离博士论文结束已经有14年了，这期间师长、朋友们很多给予过的帮助，只要看看留下的那些文字和照片，就能一一记起。

采撷这些花絮，作为对过往的一种回忆和纪念。

16 后续的探究

2007年在天津大学结束了博士阶段的学习,但是有关青岛的思考并没有结束。之后笔者到同济大学从事博士后的工作,经常接触青岛的课题,对这一领域的学术感受逐步地丰富和深入。同济大学和德国有着特殊的渊源,同济大学的前身是德国医生埃里希·宝隆(Dr. Erics Paulum)在上海创办的德文医学堂,而同济大学的建筑学前身主要来自上海的圣约翰大学,采用了德国包豪斯建筑教育体系。与德国和青岛均有历史渊源的则是同济大学的土木专业,中德合办的青岛特别高等专门学堂(即德华大学),因第一次世界大战中的日德战争而停办,43名学生包括土木科30名学生并入同济大学,同济大学土木工程教育就此开始。

关于德国时期青岛的土地制度是一个非常有意思的题目,马维利教授对此非常关注,收集了不少相关的资料,上海图书馆也有这方面的资料,笔者索性将其梳理一遍。《近代单威廉土地政策述评》一文完稿之后,同济大学德国问题研究所的李乐曾教授提出不少建议,比如对内容的深化扩展、补充参考文献等,李老师还找到了马维利教授关于单威廉的文章与笔者讨论。经过几番修改,这篇论文在《德国研究》上发表了。后来笔者写的另一篇文章《单威廉的土地政策与近代青岛城市发展》也发表了(《建筑学报》学术专刊),文中对单威廉的土地政策的阐述超出了笔者以往在建筑、城市形态方面的认识,它涉及城市发展深层的机制,是对于城市思考视野的拓展。

之前研究的基本概念主要聚焦在"近代建筑"和"近代城市"的范围,大多是在建筑学的研究范围之内。后来更多地关注遗产保护的领域,思考问题的角度产生了很大的变化,无论是建筑遗产或城市遗产,相比以前的概念理解都增添了新的含义。"遗产"与"价值"有着明确的关联关系,而且"遗产"也必然对应着"保护",这样也就明确了研究城市遗产的两个主要目的:价值的提取和科学保护的实施。施密特教授和张松教授对此都有过明确和详细的概念阐述。理论概念的更新将带来新的研究视角,就青岛而言,其丰富的近代城市遗产在价值和保护意义上都值得进一步的思考和挖掘。

笔者生活过的几个城市(青岛、天津、上海)都有丰富的近代历史及大量的城市遗产,这也为认识和比较近代遗产提供了便利的条件。从城市规划的整体性来说,青岛的城区无疑是非常完整的,且建筑的风格也比较统一,整体风貌更加和谐;天津近代租界一开始就人为地划分为八个部分,天津老租界区的建筑呈现了突出的多样性,小洋楼是一大特点;上海由于区位优势,城市格局更大,出现了像外滩那样成组的大型公共建筑群和数量众多的近代建筑遗产。近代德国的元素在三个城市中均有所体现,笔者曾经想,对"上青天"三座近代重要城市的城市遗产进行比较将会是一个非常有趣的课题。

近代德国对青岛城市的影响是一个比较大的题目,其中很多内容值得进一步的探究。比如施密特教授在讲授古迹保护的概念时曾指出,古迹包括的内容有可移动的文物、历史建筑、历史园林、工业遗产、历史街区等内容,工业遗产是城市遗产中的一个重要部分,但是笔者2006年在德国时并没有考虑工业遗产。认识张松老师之前,笔者对工业遗产还没有那么深刻的认识,直至2009年与张老师一起去德国鲁尔区进行工业遗产的考察才感受到了工业遗产的震撼力。此前去德国关注更多的是建筑遗产,如公共建筑、居住建筑等,并没有特别关注工业这一部分。2009年德国考察期间,我们除了去法兰克福、亚琛、吕德斯海姆、科布伦茨等城市之外,特意参观了一些有重要工业遗迹的城市,如科隆、多特蒙德、杜伊斯堡、杜塞尔多夫、埃森、波鸿,亚琛工业大学的布什曼(Bushmann)教授着重带我们参观了科隆的大量工业遗迹。

对比德国工业遗产的保护来思考青岛早期的工业遗产会有很多新的认识。德国时期青岛的工业呈点状分布,虽有局部的规模，但不成体系，后来经过了日本时期、民国时期，青岛的工业形成了规模，尤其是轻纺工业颇具影响力。工业遗产是青岛城市遗产不可缺少的一部分，可惜的是过去由于城市化进程的矛盾和认识上的局限，相当多的工业遗产都遭到了破坏。

德国制定实施了大量的近代建筑遗产的设计规范。众所周知，德国是特别讲求技术的民族，从17世纪就开始了城市建筑的技术性规范的研究。在亚琛工业大学建筑学院的图书馆中找到了约翰·威廉（Johann Wilhelm）的《民居建筑》，这是详细地介绍木建筑构造与施工的较早的著作。几乎同时期，约翰·雅各布·舒伯勒（Johann Jacob Schübler）出版了《对不可或缺的建筑技术的实用指导》。1848年布雷曼出版了4册《地上建筑普遍设计规范》，它们分别是石质、木质、铁质、不同类型的建筑；1880年施密特编辑出版了《建筑手册》，包括"地上建筑的一般理论""建筑风格，历史和技术发展""地上建筑设计""建筑设计、规划和布置"等内容。这二者被称为19世纪以来重要的建筑规范，标志着近代德国建筑业的成熟。第两本书出版的时间，恰恰是德国入侵青岛并实施城市建设的前夜。在青岛的德国建筑构造措施比较独特，反映在保护修缮过程中必须要小心谨慎地揣摩其构造特点，而在当时德国的规范之中却有清晰的图样。

德国人在青岛构筑了以重要建筑为节点的市政、军事一体化网络。很多人都知道老青岛的下水道网络发达，排水通畅，在近代城市中堪称典范，其中的细节却有很多猜测，说法不一，这也是大多数人感兴趣的话题。可以肯定的是德国治理青岛期间，建造了一个市政、人防一体化的网络，这是一个庞大的市政工程系统，在近代中国城市中也非常独特。德国学者特奥多尔·弗里奇（Theodor Fritsch，1852—1933）在1896年出版的《未来城市》一书提到了城市地下工程的重要性，街道之下建设地下通道，所有的管道、线路均贯穿其下，这样城市功能才更加清晰完善。青岛不仅实施了这一先进的城建思想，而且还添加了军事用途。作为军事要地，青岛的海岸、陆路严密布防，根据丘陵高地及军营位置设置三道军事防线。为了军事物资储运和兵力流动调配，利用隐蔽的壕沟与地下掩体，连接炮台、堡垒、兵营、野战医院、铁路、公路、船厂、海滨码头、总督府。为此，殖民政府的总督府建设管理局下辖四个处，中有一个专门为街道和地下工程。曾有中外学者关注过这一领域的研究，但并没有深入地揭示与探讨。

德国人在青岛实践了早期的城市生态设计。德国技术对青岛的影响体现了城市发展的生态化理念，如城市上下水系统，工业、民用、军事设施，产业工人住区，卫生事业，城市绿化等。近代青岛老城中心，尤其是沿海区域，绿树成荫，环境优美，这是大多数人对青岛的美好印象，但是这只是青岛大区域的一部分，很多资料表明即便是青岛的中心地带，最初也并非如此。德国占领青岛之初，城市土地荒芜，水土流失严重，城市生态体系缺失。德国人1898年所做的森林规划勾画了未来城市环境设计远景，营造了太平山、青岛山、海岸岬角地带的防风沙林，在崂山及李村河、张村河、海泊河、白沙河两岸大片营造水源涵养林，各种资料数据表明德国统治后期青岛的造林面积达到了2万多亩。

在占领青岛期间，德国殖民政府采取了一系列的卫生防疫措施，例如：解决饮用水问题，建设下水道，采取污水粪便处理、垃圾处理等措施以改善卫生状况；设置专职的防疫机构：疫情管理机构、疫情报告机构、疫情免疫机构、疫情治疗机构等，以应对疫情；颁布了一系列以预防传染病为主的法规和法令，并由警察局加以监督、执行。这些措施在汉口租界实行过，在青岛则将卫生防疫体系行政化、法制化和职业化，实现了卫生防疫机制的近代转型。

当前德国采用的净化污染源的土地污染治理方法，在20世纪初青岛台东镇的建设中就已经实施，并从根本上治理了华人居住区的土地污染问题，改变了华人的卫生习惯。青岛成为东亚卫生设施最好的城市，华人社区也成为东亚卫生条件最好的产业工人社区。在中国近代的城市中，能将城市环卫做到如此程度实属罕见。华纳博士关注青岛早期的卫生事业建设，提及这方面的研究非常重要，也有很大的研究空间。

除了城市本体之外，德国人在青岛建立的城市运行、管理机制也是值得研究挖掘的内容，这方面的内容在老青岛人口中被津津乐道，在学术上也有一些研究。三年前笔者开始主持人文社会科学研究一般项目的课题"近代德国城市运行机制和工程技术对中国城市化影响之研究"，接触到德国近代在青岛的管理及城市运行机制的问题。以下几个部分是城市机制方面的有趣的话题，值得在后续研究中深入思考。

首先是德国城市规划的制定。近代德国城市规划理论一度处于世界领先水平，17世纪德国诞生了《普鲁士土地公法》，第一次对私有经济中土地拥有者完全拥有自由支配自己土地的权力提出了否定，并要求对土地的使用权加以约束，这一点在规划史上具有革命性意义，奠定了城市规划后续发展的基本社会学管理基础。18世纪后期的《建筑红线条例》《分级建筑法令》标志着德国区划的诞生，也宣告了世界区划思想的产生，世界各国的区划 (Zoning) 都直接或间接地受到了德国建造规划的影响。这些法规也对青岛产生过一定的影响。其中青岛殖民地的华洋分区制度就有《分级建筑法令》的影子，包括青岛的大鲍岛区和台东镇、天津和汉口的德国租界周边都有类似的华人社区规划，它们有中国传统因素，也有德国在17世纪工业化兴起时高密度工人住宅"租赁营地"（Mietskaserne）的影子。前文多次提过的青岛的土地政策也是德国法规在青岛的成功实践。

新城区的开发与管理是一个系统，包括城市建设、区域经济网络建设、生态建设、文化建设等诸多方面。对一个新区域的开发建设，需要一个系统化的良性运转机制。近代城市青岛恰是这一管理体系的试验场，在这一过程中中国民众处于底层，其受欺压的地位从来没有改变过。除去殖民者的侵略本质，青岛城市运行机制的设置有其理性的成分。德国人在统治青岛期间，创立了全新的社会组织机制，将西方民主社会的政治体制引入其中，青岛虽小，却运行了一个完整的社会体制，行政、司法等功能一应俱全。德国人建立的组织机制奠定了城市行政的基础，而且行政效率非常高，有效地保证了德国人主导的青岛的城市化进程。此外青岛组织机制在生活基层仍然能够实现有效的管理和控制，杜绝了其他殖民城市出现的黑社会势力滋长的现象。

德国人对青岛进行殖民文化输入，在其统治过程中，没有把这一城市当成短期掠夺和据守的堡垒，而是将其作为展示其文化的基地，即德国人自诩的"模范殖民地"城市。德国人的一系列文化制度值得关注，礼贤书院、德华大学是其文化建设的重要组成部分，德国的区域构想与胶济铁路铺设是德国人占领、建设青岛的初衷。近代德国对铁路的作用十分看重，在中国非常倚重铁路进行扩张和掠夺。1905年在汉口租界外缘，德国人竭力修成三阳路一段铁路，连接到京汉铁路干线；1910年前后在天津租界，德国人要求津浦铁路穿过租界，最终没有得逞；1898年德国联合英国承办津浦铁路的修建，与胶济铁路会合，山东段为德国出资修建。近代青岛是德国世界政策在远东的重要基地，德国通过青岛向中国腹地渗透，构筑势力范围，攫取中国的资源。近代德国对中国一些地区施加了不小的影响力，胶济铁路的建设是实现其野心的重要手段。胶济铁路是山东省内最重要的交通线路，完全由德国规划和出资修建，是研究山东地区近代发展的重要线索。对胶济铁路的研究是对青岛研究的重要扩展，也是青岛课题思考的新视点。

德国在远东侵略的布局，对于开发地的选择是建立在缜密科学的考察和分析研究基础之上的。19世纪中叶，德国地理学家李希霍芬在山东考察，完成了山东地理环境和矿产资源报告，提出了在胶州湾设立基地，修建铁路、港口，以便掠夺资源，向腹地渗透的主张。其后德国海军部河海专家乔治·弗朗鸠斯对胶州湾进行了更为细致的考察，其调查报告直接服务于德国侵华决策。铁路网络的建立使得整个山东完全成为德国的势力范围。铁路延伸的同时也伴随着工程技术的延伸与规划布局的拓展，除了风格独特的新式铁路车站建筑，沿途的道路、桥梁、绿化、铁路邮政、电报、铁路医疗、铁路警察应运而生，潍坊坊子（Fangtze）小镇就是由胶济铁路通车而形成的。1904年清政府在山东境内自开商埠，对西方控制的被动局面做出了主动回应，对华北甚至华东地区近代城市化起到重要的推动作用。

19世纪末青岛的开埠、现代化港口和铁路的兴修，不仅促成了山东经济重心的东移，而且由此改变了山东的经济地理，使山东地区旧有的市场结构逐渐解体，以口岸城市和中心城市为核心的新的市场结构开始形成。1906年清政府启动了山东地区自开商埠的计划，济南、周村、潍县三地成为自开商埠，三地经济得到快速发展。当今我国山东半岛及华北经济地理格局在某种程度上也倚重当时建立的经济网络。

总之，对青岛的研究从单一的外观造型、建筑风格，到城市风貌、区域规划，直至近代社会人文，涉及方方面面。对青岛这一课题接触得越多，就越会发现存在更多的未知领域，有更多的东西值得思考，这也是该课题的魅力所在。

后 记

经过一年多的努力，这本书终于完稿，此时距离博士毕业已经有17年，距离青岛的专著《楔入与涵化》的出版也已经有10年了。出于对青岛城市的特殊情缘，笔者对青岛城市遗产这一课题的研究一直都在继续。在这期间，2006年和2013年两次获得德意志学术交流中心（DAAD）资助赴德国高校学习工作，相继发表了20余篇关于青岛的学术论文，但是青岛这一课题总是那样充满活力，探求不尽。本书的完成是对20余年这一课题研究的一次总结，但并不是结束。

2018年笔者获得国家留学基金管理委员会的资助，在南澳大学访学。2019年一年的时间，除了课题之外，投入不少的精力对该书稿进行整理、补充。难得有这么完整的一段学习时间，于是笔者回顾这些年的文稿和记忆，搜寻最新的理念和图文，力求完整，可是直至访学结束，并没有完成终稿。

2020年春节探亲，又来到了南澳大学，本当做短暂休整，又逢罕见的肺炎疫情，航班被取消，返校被延迟，这是人类百年一遇的灾害，意外使笔者有了空闲时间重拾书稿。本书的完稿过程，有快乐的回忆，也有不可缺少的艰辛。

对于青岛课题的开展与成果的取得，笔者要感谢很多很多的老师和朋友。

感谢杨昌鸣老师多年来对笔者的关怀，感谢南澳大学顾宁教授、克里斯蒂娜·加诺特教授提供的无私帮助。

感谢国际古迹遗址理事会20世纪遗产国际科学委员会的谢里登·博克教授对本书出版给予的关怀。

也以本书缅怀已经去世的姜传宗先生和马维利先生。

让我们一起继续探究青岛这座充满传奇的城市，并为当前我国的历史城市保护与发展共同积极地讨论和思考。

图书在版编目（CIP）数据

城建溯踪：青岛近代城市遗产发展研究 / 陈雳著
．－－南京：东南大学出版社，2020.8
　ISBN 978 – 7 – 5641 – 9106 – 1

　Ⅰ．①城… Ⅱ．①陈… Ⅲ．①城市 – 文化遗产 – 保护
– 研究 – 青岛　Ⅳ．①K295.23

中国版本图书馆CIP数据核字（2020）第 168226 号

书　　名：	城建溯踪 ——青岛近代城市遗产发展研究
	CHENGJIAN SUZONG – QIGNDAO JINDAI CHENGSHI YICHAN FAZHAN YANJIU
著　　者：	陈　雳
责任编辑：	魏晓平
出版发行：	东南大学出版社
地　　址：	南京市四牌楼 2 号　邮编：210096
出 版 人：	江建中
网　　址：	http://www.seupress.com
电子邮箱：	press@seupress.com
印　　刷：	江苏扬中印刷有限公司
经　　销：	全国各地新华书店
开　　本：	787 mm × 1092 mm　1/12
印　　张：	24 ⅓
字　　数：	596 千字
版　　次：	2020 年 8 月第 1 版
印　　次：	2020 年 8 月第 1 次印刷
书　　号：	ISBN 978-7-5641-9106-1
定　　价：	98.00 元

（若有印装质量问题，请与营销部联系。电话：025-83791830）